U0941796

西南政法大学知识产权研究中心主办

西南知識產權評論

Southwest Intellectual Property Review Vol. 2 （第二辑）

主编 张玉敏　**执行主编** 黄汇

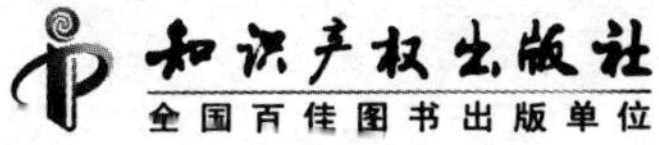

知识产权出版社
全国百佳图书出版单位

责任编辑：熊　莉　　　　　　　　责任校对：董志英
封面设计：张　冀　　　　　　　　责任出版：卢运霞

图书在版编目(CIP)数据

西南知识产权评论（第二辑）/张玉敏主编，黄汇执行主编．—北京：知识产权出版社，2012.1
ISBN 978-7-5130-0759-7
Ⅰ.①西…　Ⅱ.①张…　Ⅲ.①知识产权-文集　Ⅳ.①D913.04-53
中国版本图书馆 CIP 数据核字(2011)第 162031 号

西南知识产权评论（第二辑）
Xinan Zhishichanquan Pinglun(Dierji)
主编　张玉敏　执行主编　黄　汇

出版发行：知识产权出版社
社　　址：北京市海淀区马甸南村1号　　邮　　编：100088
网　　址：http://www.cnipr.com　　邮　　箱：bjb@cnipr.com
发行电话：010-82000860 转 8101/8102　　传　　真：010-82000893/82005070
责编电话：010-82000860 转 8176　　责编邮箱：xiongli@cnipr.com
印　　刷：北京富生印刷厂　　经　　销：新华书店及相关销售网点
开　　本：787mm×1092mm　1/16　　印　　张：21
版　　次：2012年1月第1版　　印　　次：2012年1月第1次印刷
字　　数：283千字　　定　　价：38.00元
ISBN 978-7-5130-0759-7/D·1287（3658）

编 者 语

这是一个开放的时代、包容的时代，也是一个创新的时代、信息的时代和知识产权日益崛起的时代。然而，与之不相映衬的是，昔日，介于政治国家控制、市民社会表达诉求和私人财产权性质之间的知识产权，正日益变为主权国家争夺、商业巨头攫取、私权个体控制和占有的对象。如此，内孕于该制度体系内的服务于“人类的知识创新和文化进步”、服从于“跨国间的文化对话和文明成果共享”的终极制度目标被日益扭曲了。因此，出于对完美制度的祈盼，“检讨和反思”开始成为我们这个时代的主旋律，“良性回归”和“合理重构”也自然成为这个时代的最强音。

当然，作为一种制度文明和文化现象，知识产权既是古老的，有历史的，也是现代的，有强烈时代感的；既具有国际共性和普世价值，也具有政治国家的内部差异，需考虑不同主权国家的历史传统、文化差别和社会发展状况。因此，在我们通过“集体争辩”之方式，逼近对知识产权真理性认知的同时，必须处理好“一和多”的关系，注意省察这套机制在不同法域的运作条件和施行状况。在考虑知识产权制度“国家间性”的同时，应考虑它在异国他乡立地生根的可能条件和现实空间，以及它对不同民族和文化的影响。只有这样，这套制度机制才能在不同文明的国度，焕发出充满魅惑的生命活力！

时下，有着数千年创造和创新传统的华夏古国，正集全民智慧向着现代化国家和信息社会阔步迈进。而思考从农业文明向工业文明转型变迁的中国，如何走出一条具有本国特色的知识产权法治之道，使这套已有数百年历史的知识产权机制在华夏文明焕发出新的现代活力，不仅是当下思考者的精神任务，也是炎黄子孙百年来的夙愿！这个夙愿一经实现，必将成为华夏文明贡献给世界知识产权制度发展史的一个东方样板！

不过，该种成就的取得不可能一蹴而就，它终将依靠智慧的国人脚踏实地、一步一个脚印的实践努力，《西南知识产权评论》正是该种努力的一部分。如果说书必有序，那么以上寥寥数语可谓为本辑之序，与国人、吾辈和知识产权界有识之士共勉！

2011年7月15日

于西政·毓秀湖畔

目　录

理论与思考

比较与争议

检讨与反思

知识产权的域外经验

理论与思考

…… ……

关于权利弱化与利益分享理论之研究

——一种新的知识产权理论范式

曹新明*

1995年成立的世界贸易组织(World Trade Organization,WTO)是一个由《关税与贸易总协定》、《与贸易有关的知识产权协定》(Agreement on Trade-related Aspects of Intellectual Property Rights,简称TRIPs协议)和《服务贸易总协定》三大支柱构成的一个超级国际游乐场。在此游乐场中,每一个成员都必须依据共同的游戏规则博弈,而且游戏不相信眼泪。知识产权是其中一个非常重要的游戏规则。为了适应这样的游戏规则,许多国家已对其原有的知识产权法律规范作了修订或重建,制定知识产权战略,提高保护水平,加强保护力度,使之向着强劲的方向发展。与此相伴而生的是近年来西方国家兴起三股知识产权思潮:知识产权怀疑论、反知识产权论和知识产权僵化论。这种境况使知识产权在理论研究、制度构建与实务运作诸方面朝着两个相反的方向发展,使其基本理论面临着两难困境。为了稀释这种困境,本文提出了以"权利弱化与利益分享"作

---

* 曹新明,法学博士,中南财经政法大学知识产权研究中心教授,博士生导师,教育部人文社科重点研究基地中南财经政法大学知识产权研究中心常务副主任。本文写作过程中,得到了作者的研究生蒋岩岩同学的帮助,包括资料搜集和文稿整理等工作,在此表示感谢。本文原载于《中南财经政法研究生学报》2007年第1期。

为重构知识产权制度的理论。相对于现有知识产权理论而言，这是一项全新的理论，本文将对该理论进行解读，以供参考。

一、知识产权制度面临的困境

随着科学技术的发展，当代世界经济比以往任何时候都更加依赖于知识的创造、保护、扩散和应用。① 面对如此景况，知识产权制度的反应非常灵敏。起源于封建垄断特权、成长于商品经济环境以及成熟于科技发展的知识产权制度，通过保护智力劳动者的合法利益，以促进科学技术繁荣与发展。② 知识经济时代对创新能力的更高要求，导致知识产权保护朝着更高更强的方向演进。近10年来，知识产权制度在理论与实践方面面临着诸多挑战，具体表现如下。

（一）知识产权制度在实践中所面临的困境

新技术革命、互联网、传统知识以及知识产权国际化等因素，对传统知识产权制度产生了深刻影响，迫使许多国家或地区对其知识产权制度进行整合与重构，使之逐渐走向强势。

在版权领域，受强势保护理论的影响，许多国家对作品独创性的要求已大大降低，这意味着许多原属公共领域的信息可能进入私有的版权范围。根据“额头出汗”原则，美国法院明确指出：某作品能否获得保护，并不依赖于作者是否收集了含有公共利益的信息，也不依赖于此种信息是否显示了文学性、艺术性或独创性，只需勤

① 李京文：《迎接知识经济新时代》，上海远东出版社1999年版，第1页。

② 袁泳：“知识产权法与技术、文化创新”，载《北京大学学报（哲学社会版）》1997年第5期，第99～107页。

奋收集足矣。[①] 此种理论对公众来说是一个危险的信号，其原因在于该理论意味着投资者只需投入一定的资金或者代价，就可以把原属于公共领域的信息纳入其版权之中。虽然美国最高法院在 Feist Publications Inc. V. Rural Telephone Service Co. 一案中消除了“额头出汗”原则在版权法中的适用，但是，近年来对数据库的保护却仍然遵循该原则。[②] 对于本身并不具有创造性的数据库的保护，实际上就演化为一种对投资的保护，使传统知识产权保护的底线被突破。[③] 计算机软件的版权保护也日益成为人们关注的重心，其原因在于可版权对象的扩张使得公共资源与私有财产的界线变得愈益模糊。版权技术措施现在也正在成为人们关注的焦点，版权人通过对其作品设置版权技术措施，可以使其权益获得更加有效的保护。一般情况下,未经有关权利人许可,其他人不得擅自规避版权人设置的禁止访问或者使用的版权技术措施，否则就可能构成侵权。[④] 这种现象对版权保护只及于思想的表达形式的原则构成冲击,同时版权技术措施的设置和保护对传统版权制度中的合理使用形成某种限制，破坏了原有利益格局。[⑤]

在专利领域，一个总的趋势是逐渐模糊发明和发现的界线。Peter Drahos 认为,传统专利法在发明和发现之间的区分，不仅有利于将许多特定的智能创作物保留在知识资源中供社会公众使用，也有利于丰富知识资源集合。[⑥] 但强势保护主义者认为此种区分是没有必要的，因为“发现”也是人们花费智慧、金钱、时间和劳动探

---

① 袁泳：“知识产权法与技术、文化创新”，载《北京大学学报(哲学社会版)》1997 年第 5 期，第 99 ~ 107 页。

② Peter Drahos, *A Philosophy of Intellectual Property*, Dartmouth Publishing. 1996, p. 218.

③ 袁咏：“版权:激励创作还是保护投资?”，载《电子知识产权》1998 年第 11 期，第 2 ~ 8 页。

④ 《中华人民共和国著作权法》第 47 条第（6）项。

⑤ 李扬：《知识产权基础理论与前沿问题》，法律出版社 2004 年版，第 146 ~ 187 页。

⑥ Peter Drahos, *A Philosophy of Intellectual Property*, Dartmouth Publishing. 1996, p. 209.

索出来的，具有相当高的商业价值。当前对植物、动物、人类基因、微生物等成果的专利保护，集中体现了强势保护要求及其转向，同时说明知识产权可以延及太阳下任何人为的事物。① 另外，对人类基因、疾病诊治方法的保护显然对人类的伦理道德底线造成冲击。对植物新品种的保护则造成产业垄断，与农民权发生冲突，对生物多样性也有一定的负面影响。②

在商标领域，现已表现出三大变化：(1)对驰名商标提供跨种类的保护；(2)将商标的构成要素扩展到色彩、声音、气味以及数字化代码；(3)放宽对商标流转的限制。这些变化标志着在强势主义理论的影响下，商标保护的重心正在由社会本位向私权本位转变。例如，JustinHughes 从财产权人格理论出发，认为以消费者的权利来解释商标权是无力的，商标权是生产者的人格表达权利，而不是消费者接受信息的权利。③ 针对上述理论与实践，Peter Drahos 指出，商标法有逐渐迎合那些寻租机会主义者的倾向。④

（二）知识产权制度在基础理论上所面临的困境

知识产权制度不仅在实践中面临着上述困难，而且在其基础理论上也面临着困境，不断地受到人们的非难和质疑。

洛克的财产权劳动理论曾经是支撑知识产权合理性的主要学说，也是知识产权强势主义者经常引用的理论。对知识产权劳动理论的挑战始于对洛克文本的解读。Peter Drahos 认为洛克的财产权劳动理论影响非常大，学者们经常按照自己的需要解读洛克的文

---

① Peter Drahos, *A Philosophy of Intellectual Property*, Dartmouth Publishing. 1996, p. 210.

② 李扬：《知识产权基础理论与前沿问题》，法律出版社 2004 年版，第 188 ~ 246 页。

③ Justin Hughes, The Philosophy of Intellectual Property, 77 *Geo. L. J.* 287, December, 1988.

④ Peter Drahos, *A Philosophy of Intellectual Property*, Dartmouth Publishing. 1996, p. 206.

本,为自己的学说找到依据。① 所以，重要的不是劳动，而是隐藏于劳动背后的观点，那种认为仅凭劳动就可以从知识资源中获得一定权利而不考虑其背后理念的观点是不科学的，也会造成对知识资源的掠夺。②。 财产权劳动理论的支持者总是从洛克理论的两个先决条件以及智慧创作物的非消耗性特征出发，来主张其强势主义的保护立场。 Peter Drahos 指出，智慧创作物虽然可能是无限的，但由于人类的能力所限，任何社会几乎都面临着知识资源在一定程度上的匮乏。③ 财产权劳动理论的另一个缺陷是，仅凭劳动不能有效地界定智慧创作物的边界，比如，诺齐克就曾举例说不能因为一个人将番茄汁倒入大海就认为对大海拥有财产权。

财产权人格理论在英美法国家的影响力已经有所衰落，对之也有较多的批评,但由于其所具有的自然权利色彩，也颇受强势主义者的青睐，更重要的是，它在大陆法系国家仍是一种颇有影响的学说。 财产权人格理论的支持者多以黑格尔的法哲学理论作为其立论的出发点。 财产权人格理论常受责难的一点是：依据经验似乎有的财产上体现的人格多一点,有的财产上体现的人格少一点，是不是要给予它们差别保护呢？同是财产中体现的人格，那么这种差别保护的依据又何在呢？黑格尔关于私有财产权是个人人格在世界上实现的主要过程的观点，并没有说某些人格获得特别的资格。④ Justin Hughes 认为，对知识产权中各种人格的探寻应该看其因受外在限制而表达的人格，受限制越多，表达的人格越少,重要的是看其专业领域对该人格的认识。⑤ 这似乎存在问题，且不说以专业人士

---

① 比如 Tully 和 McPherson 经过解释洛克的劳动学说得到了截然对立的观点。

② Peter Drahos, *A Philosophy of Intellectual Property*, Dartmouth Publishing. 1996, pp. 41 – 47.

③ Ibid. , pp. 47 – 51.

④ Ibid. , pp. 80 – 82.

⑤ Justin Hughes, The Philosophy of Intellectual Property, 77 *Geo. L. J.* 287, December, 1988.

对人格的确认来立论似乎于法律的一般性保护不符，按此逻辑如以公共利益为由对知识产权加以限制，它似乎就成了多数人共同人格的体现，此理论也就失去了其意义。财产权人格理论还有两个缺陷，第一，它容易导致对知识产权保护条件的过分降低，因为人们可以不断地主张因智慧创作物中包含有其人格而应给予保护；第二,它容易导致个人权力的膨胀，因为在智慧创作物中的人格是不可抹消的，则权利人就有可能依据人格理论来主张其对智慧创作物及其派生物的控制，而他人为实现其人格必须拥有的财产因此受到知识产权所有人的控制，以致妨碍他人人格的发展。

经济激励理论因其具有较强的实证主义倾向，而且又有现代经济学理论作支持，对立法和司法实践有较大的影响。[①] 但由于知识产权强势主义的抬头，经济激励理论也常常陷入自相矛盾的境地。从经济学角度看，由于智慧创作物的公共物品属性以及其所具有的外部性，在智慧创作物的生产上存在市场失灵，为解决这种市场失灵，国家就在智慧创作物上创造出一定期限的私人财产权，以使市场发挥其在作为一种资源的智能创作物的配置上的基础性作用，使智慧创作物的生产者和投资者能收回其投资，也激励更多的智慧创作物被生产出来与公众分享。但是,由于知识产权具有较强的垄断性，以及智慧创作物的边界模糊性，因此，知识产权所有人能够获得较为优势的竞争地位或者更多的竞争机会。面对激烈的市场竞争，知识产权所有人会利用其禁止权来排挤他人，同时还可能利用智慧创作物边界的不确定性来扩张其控制领域，以获得更大的市场份额或者直接的利益。此外,由于智慧创作物具有无形性、可扩散性、易于复制性，通常情况下，知识产权所有人不可能对智慧创作物实行占有和控制，所以，它又具有易受侵犯性。因此,知识产权所有人，一方面要求对智慧创作物给予高水平保护，另一方面也会

---

① ［美］墨杰斯等：《新技术时代的知识产权法》，齐筠等译，法律出版社 2003 年版，第 10～18 页。

采取有效措施以排挤其他竞争者。由此产生了一个深刻的内在矛盾，即为了生产更多的智慧创作物并用于传播而授予创作人以权利，但同时授予权利人以专有控制权往往又阻碍了智慧创作物的传播。① 经济激励理论还有一个常受诟病的地方在于它所主张的“最大多数人的最大多数利益”常常无从界定，反而在强势保护主义的影响下对知识产权给予了越来越强的保护，使经济激励理论渐渐迷失了自我。

(三)权利弱化与利益分享理论的提出

根据如上分析可知，目前，知识产权在理论和实践两方面都面临着哲学上的两难困境。从实践的角度看，一方面，为了促进智慧创作物的创作与传播，需要知识产权制度，为智力劳动者提供必要的保护；另一方面，知识产权制度的强保护趋势导致人们的非议和责难。面对这样的现实，现有的理论明显感到力不从心。这种窘境为新理论的诞生提供了适宜的环境。权利弱化和利益分享理论，则能够在某种程度上解决目前的困境。该理论遵循着这样一种科学研究的进路：首先发现和解决具体问题，其次从解决该问题的方法中提取一般性的东西并加以论证，最后再回到实际中去加以验证。因此，我们需要先从对目前知识产权所面临的两大难题——传统知识的保护和互联网环境下版权保护的讨论及解决此两个难题的设想入手。②

在上文中，我们已经谈到了知识产权在实践中所面临的诸多挑战，如果说上述挑战多少还能在现行知识产权制度理论框架内得到解决的话，那么传统知识和互联网带来的挑战则具有颠覆性，也是

① Peter Drahos, *A Philosophy of Intellectual Property*, Dartmouth Publishing. 1996, p. 122.

② 曹新明：“知识产权法哲学理论反思”，载《法制与社会发展》2004 年第 6 期，第 60 ~ 71 页。

我们必须注意并要能成功解决的。[①] 传统知识是“传统的知识、创新和实践”的简称，所包括的范围非常广泛，例如传统农艺知识、与生物多样性有关的知识、医学知识以及传统文化。世界知识产权组织和联合国教科文组织曾对其中的传统文化进行过专门的定义并寻求对其的保护。由于一大批发展中国家的强烈主张，对传统知识的保护已经越来越成为全球关于知识产权和贸易谈判的中心问题，并且对这个问题的争论还将在贸易谈判中持续下去。[②] 以传统知识产权架构来保护传统知识的弊端也非常明显，根据现在各国的知识产权法律规定可知，任何一项智慧创作物必须符合法律规定的条件才能取得相应的知识产权：权利客体须具有某种特质；权利主体须适格且确定；权利内容表现为“权限加禁止权”。这样的架构难以适用于民族民间传统文化的保护：首先，民族民间传统文化历经数个世纪的演绎发展并适用本地文化和环境，因袭传统而不断发展变化，基本不符合作为知识产权客体的实质条件。其次，民族民间传统文化的主体为某一群体或某一小区，不具有作为知识产权主体的严密而确定的组织结构，历史上的边界变动、政治区划与文化领域界限的分歧等都使得确认民族民间传统文化的主体出现困难。最后，一种民族民间传统文化可能并非一家独有，授予几个不同的主体以排他性权利，就有违一般的知识产权法理。

此外，随着互联网技术的迅猛发展，在互联网环境下对数字元作品的复制已呈普遍化的趋势。数字元作品权利人对其作品的控制力以及禁止他人复制其作品的能力由于技术方面的原因已极大的减弱。正如Gervais所指出的，版权在此种情况下将会逐渐丧失其

---

① Daniel J. Gervais, The Internationalization of Intellectual Property: New Challenges from the Very Old and the Very New, *Fordham Intellectual Property, Media & Entertainment Law Journal*, 2002, Sprig.

② Daniel J. Gervais, The Internationalization of Intellectual Property: New Challenges from the Very Old and the Very New, *Fordham Intellectual Property, Media & Entertainment Law Journal*, 2002, Spring.

作为一种禁止或排除他人使用其作品的权利的锐利。① 传统版权的“权限加禁止权”的模式在此已无法真正适用，因为版权人似乎无从许可，也无从禁止。

正是由于以上的诸多原因和状况，民族民间传统文化和互联网环境下版权的保护问题已成为当前反知识产权思潮的重要论据。在国际范围内，目前至少有三股思潮对知识产权制度提出了严峻挑战：一是以美国的 Anatoly Volynets 为代表的“知识产权怀疑论”学者，对知识产权制度进行质疑，认为知识产权保护不是对社会、经济、文化、教育等产生了促进作用，而是相反地产生了阻碍效应；二是以美国的 Richard Stallman 为代表的学者主张限制知识产权的扩张，甚至主张废除之，引起了强烈的社会反响；三是以加拿大的 Davis Genius 为代表的学者，在研究传统知识保护过程中，认为现在的知识产权制度过于僵化，难以适应现实社会的客观需要，应当对现行知识产权制度进行改造。以上三种理论虽然不能从根本上动摇知识产权制度的根基，但它们所提出的各种质疑和建议也不乏理论借鉴意义，并促使我们反思传统的知识产权理论，以使其具有更强的包容性、灵活性和开放性，使知识产权制度能够从容面对民族民间传统文化、传统知识和互联网的挑战。对此，加拿大学者提出，将传统知识产权改造为知识产权所有人与智能创作物使用者之间的利益分享权，而不是现行法律所创设的“权限加禁止权”模式。例如给传统知识授予一种公共权性质的小区权，实际上就是一种利益分享权。需要利用传统知识进行研究开发的自然人或者法人，首先须获得传统知识小区权人的授权；其次是由此所获得的权利，不仅不能对传统知识所有者产生限制作用，而且还须将其所获得的利益按照一定的标准与传统知识小区权主体进行分享，从而使知识产权制度具有了灵活性，以增加其适应能

① Daniel J. Gervais, The Internationalization of Intellectual Property: New Challenges from the Very Old and the Very New, *Fordham Intellectual Property, Media & Entertainment Law Journal*, 2002, Spring.

力。再例如，知识产权所有人通过一揽子形式，将其知识产权授予网络经营商，由网络经营商进行经营管理，然后根据点击率向相应的权利人支付报酬，从而使知识产权人、网络经营者和公众(网络用户)三者的利益都能得到保护。

我们将这种范式理论称之为“权利弱化与利益分享”的理论,并以此作为21世纪知识产权法哲学建构的理论基础。“权利弱化与利益分享理论”的基本含义是：除法律另有规定外，知识产权所有人有权从其受法律保护的智慧创作物中取得相应的利益；任何他人未经知识产权所有人许可，擅自以营利目的实施其智能创作物，知识产权所有人有权请求其赔偿损失，并且依法可请求该侵权行为人以合理的条件与其签订知识产权许可使用合同；只有当该侵权行为人无正当理由拒绝以合理条件与知识产权所有人签订知识产权许可使用合同时，知识产权所有人才有权请求其停止侵害行为；但法律另有规定的或者有其他特别情形除外。

二、权利弱化与利益分享理论的法哲学论证

(一)自然权利观念的衰落与权利的弱化

1. 自然权利观念与权利弱化理论

近代财产权制度是建立在个人主义和自由主义的理念之上的，[①]表现在一些基本模式上即是抽象的人格(每个人至少在法律形式上是平等的)和财产权保护的绝对化，每个人在其财产范围内都享有绝对的、不受他人干涉的自由。为这种个人主义和自由主义的

① 肖厚国：《所有权的兴起与衰落》，山东人民出版社2003年版，第135页。

财产观提供理论依据的，主要是中世纪以来的自然权利观，其中尤以洛克的财产权劳动理论最有影响力。[①] 有学者认为，近代以来洛克的财产权劳动理论主要作出了三个伟大贡献："其一，天赋权利的学说倡导一种权利本位，成为财产个人主义、所有权绝对思想的基石；其二，劳动价值学说为财产权找到了合法性基础，并确立了社会发展的核心价值；其三，扩张了人格权(创造物是自己人格的扩张)，使财产权具有人格基础。"[②]但自19世纪以来，西方国家的工业化取得了快速发展，工业化和绝对的自由主义所造成的贫富悬殊和公正的缺失也在19世纪末达到了无以复加的地步，于是人们展开了反思，表现在思想上便是对绝对自由主义的批判和各种社会化理论、福利国家思想的兴起；表现在制度上就是民法本位的变迁：由抽象人格发展为具体人格，由对财产权保护的绝对化发展到对财产所有权的限制，由私法自治发展到对私法自治的限制，由自己责任发展到社会责任。[③] 德国法学家耶林认为，"没有什么绝对财产，不存在着可以不考虑公共利益的私的所有权。 历史已然向所有民族教导了这一真理。"[④]

强势主义支持者常常从自然权利观出发，认为能首先产生经济价值的活动也同时必然会创造出财产权，不应该有对通过此种活动所指向对象的限制。 他们信仰："所有者能拥有一切，所有者的特权在共同利益和世界之上，所有特权的内容是向所有人开放的。"[⑤]所以，不应该对知识产权客体作太多限制，也不

---

① 肖厚国：《所有权的兴起与衰落》，山东人民出版社2003年版，第120~148页。

② 易继明："评财产权劳动说"，载《法学研究》2000年第4期，第95~107页。

③ 梁慧星："从近代民法到现代民法——20世纪民法回顾"，见梁慧星主编：《民商法论丛(第7卷)》，法律出版社1997年版，第20页。

④ 转引自肖厚国：《所有权的兴起与衰落》，山东人民出版社2003年版，第200页。

⑤ Peter Drahos, *A Philosophy of Intellectual Property*, Dartmouth Publishing. 1996, p. 202.

应该对知识产权内容作太多限制。相反，应该把尽可能多的智能创作物纳入知识产权保护范围，尽量降低保护标准，丰富权利内容，实现其利益。此种理论有其合理性，也有其弊端，不能草率否定，也不应盲目接受。事实上，知识产权源于封建时代的垄断特权，在其产生之初就受到诸多限制，以使其在保障权利人利益的同时服务于公共利益。知识产权是一种私权，但其垄断性使之与其他私权产生许多方面的差异。① 反知识产权论者 Stallman 指出："版权是与公众讨价还价的结果，而不是一种自然权利。版权政策的焦点在于什么样的协商结果有利于公众，而不是在于出版者和读者应该有什么样的权利。"②智慧创作物是一种抽象物，其边界通常是模糊的。虽然人们通常认为界定智慧创作物是一个事实问题，但实际上它与社会的、心理的和意识形态的因素等组成的复杂系统有关，其中包含价值判断。③ 由于智慧创作物的此种不易确定性，又由于其可以将自身体现在众多的有形物上，所以知识产权所有人往往拥有极大的潜在权利，可以借助智慧创作物的不易确定性来控制更多的无形物和有形物，成为资源的垄断者以寻求其最大的经济利益。④ 所以法律通常对知识产权创设不同程度的公共规制，以防止知识产权所有人个人权利膨胀给社会带来威胁。由此可见，在智慧创作物上不可能存在着不受限制的绝对的自然权利。

因此，在充分保护知识产权所有人合法利益的同时，还要考虑公众利益、社会利益，所以有必要对知识产权加以适当限制，弱化其过分刚性的禁止权。

---

① Peter Drahos, *A Philosophy of Intellectual Property*, Dartmouth Publishing. 1996, p. 213.

② Richard Stallman, Innovation and the Information Environment: Reevaluating Copyright: The Public Must Prevail. http://home. worldweb. net/dfc/press. html, 2005-08-16/2006-04-15.

③ Peter Drahos, *A Philosophy of Intellectual Property*, Dartmouth Publishing. 1996, pp. 154-155.

④ Ibid., pp. 156-163.

2. 自由、正义与权利弱化理论

不管自由财产的辩解者如何努力，历史演进到今天，自由财产已无可挽回地走向衰落。魏德士认为："任何国家法律制度的变化都是以价值观、世界观以及意识形态的变化为基础的。"①因此，我们有必要从价值论出发对此制度演进作一番思考。从价值论角度看，自由从来都不是法的唯一价值，英国法学家彼得·斯坦和约翰·香德认为，法律制度的三个基本价值就是秩序、公平和个人自由。② 那种以个人自由为唯一价值或最高等级价值的观点是不足取的，并且自由本身包括两种情况：不受干预的否定性自由和实现个人能力与社会能力的肯定性自由。自由论者往往片面强调排除外部约束和免受专断控制的消极性自由，而忽略了追求和实现目的的积极性自由。博登海默指出："由于个人的发展需要得到文化制度和社会的帮助，所以增进肯定性自由，在今天便被公认为属于作为一种普遍福利工具的法律的范围之中，即使这种可能需要不受限制的否定性权利作出牺牲。"③因此，那种仅片面主张知识产权所有人享有的消极禁止他人干涉自由的观点是不可取的，在对知识控制这一层面上，它会严重危及他人追求科学文化进步、发展自身能力的积极性自由，也会危及他人所享有的不受干预和控制的消极性自由。④ 并且，对自由的极端追求也可能会导致反知识产权的倾向，因为自由主义者可能要求完全信息自由，主张废除知识产权以免受其束缚。从法益衡量角度看，财产性利益在价值位阶上应低于公众的信息自由权。在某些场合为保护

---

① [德]魏德士：《法理学》，吴越、丁小春译，法律出版社2003年版，第22~24页。

② [英]彼得·斯坦、约翰·香德：《西方社会的法律价值》，王献平译，中国法制出版社2004年版，第2页。

③ [美]博登海默：《法理学(修订版)》，邓正来译，中国政法大学出版社2004年版，第204~205页。

④ Peter Drahos, *A Philosophy of Intellectual Property*, Dartmouth Publishing. 1996, pp. 54–68.

知识产权所有人的利益，可能造成使用者或者社会公众利益的巨大损害，这样的结果明显不符合利益最大化原则。在这个意义上，权利弱化与利益分享理论有助于制约过分刚性的禁止权，同时使社会利益最大化，使知识产权应有之效用最大化。①

现代法理学一般都倾向于认为法律的最高价值是实现正义，而正义所“赋予个人的自由、平等和安全应当在最大程度上与共同福利相一致”②。然而，自由论者更愿意突出其中的一个方面，很少将这三个基本法律价值作为一个整体加以考虑。“在今日西方社会，这三个基本价值都是不可缺少的，而且，三者之间的平衡十分微妙”③。所以，为平衡法律价值之间的关系，实现正义，有必要弱化过分刚性的禁止权。从正义内部的角度看，罗尔斯提出了两个著名的基本正义原则：第一，给予每个人“以一种与所有的人同样的自由体系相一致的最为广泛平等的基本自由体系的平等权利”，第二，主张像财富或权力的不平等一样，社会和经济的不平等只有在满足下述两个条件时才是正当的：(1)它们所依附的职务和地位在机会均等条件下向所有的人开放；(2)它们必须补偿每个人尤其是社会中受益最少的人的利益。此处的第一条原则被称为平等原则，第二条原则被称为差异原则，平等原则优于差异原则。④从第二正义原则的角度讲，知识产权所有人依法享有的过分刚性的禁止权可能无法实现使“最不幸者获得最大利益”的目标，因为在无形物上的禁止权与有形物上的排他权不同，后者只是意味着排除他人对某一物的控制，而并不影响他人对同一领域其他物的控制，而前者则

① ［德］拉伦茨：《法学方法论》，陈爱娥译，商务印书馆2003年版，第258～286页。

② ［美］博登海默：《法理学（修订版）》，邓正来译，中国政法大学出版社2004年版，第234～235页。

③ ［英］彼得·斯坦、约翰·香德：《西方社会的法律价值》，王献平译，中国法制出版社2004年版，第2页。

④ ［美］博登海默：《法理学（修订版）》，邓正来译，中国政法大学出版社2004年版，第596～597页。

由于无形物附着于有形物上的特性，意味着将他人彻底排除出某一领域。从第一正义原则和第二正义原则关系的角度看，在差异原则下赋予知识产权所有人的禁止权，可能会因为智慧创作物的难以界定性而使其拥有过分的权利，也可能会威胁他人在平等原则下所享有的其他基本自由，以至违反第一正义原则。因此，有必要建立一种有效的制度，对知识产权所有人禁止权的行使加以适当限制。

（二）利益分享理论的展开

如上所述，在科学技术高度发达的当今社会，知识产权所有人已不可能完全控制其权利客体，绝对的行使禁止权。既然如此，有两种可选择方案使之加以改进：一是强化知识产权力度，完善其实施禁止权的条件；另一种就是弱化知识产权的禁止权，实现利益共享。从形式上看，这两种选择似乎是矛盾的，但实质上是一致的，其目的都是为了矫正现行知识产权制度存在的某种缺陷，使知识产权所有人的利益受到更加有效的保护，使由知识产权所产生的经济利益与社会利益最大化。传统的知识产权法哲学理论对知识产权制度的创建具有重要的意义，新兴的三股知识产权思潮相当于助推器，将知识产权制度向前推进，而此两种方案则相当于牵引机，将知识产权制度向前拉动。因此，这两种方案的目的是一致的。尽管如此，两者的区别仍然是明显的。第一种方案侧重于保护知识产权所有人的利益，让知识产权所有人形成更加强势的垄断权，让使用者的利益和社会公众的利益受到较大的限制。第二种方案不仅注意对知识产权所有人利益的保护，同时兼顾使用者和社会公众的利益，使由知识产权可能产生的经济利益和社会利益最大化。这样的价值理念体现在以下方面。

1. 资源本位、强制自治与利益分享

资源本位，是指以人类生活资源为规范之对象，与其对应的是

行为本位，即以人类行为为规范之对象。曾世雄指出：以农业为主，简单而纯朴之社会背景所制定之民法，在行为本位与资源本位中，选择行为本位为其规范之基础。[①] 但现代已远远不是约翰·洛克所处的那个资源无限丰富的时代，现代面临的一个重要问题就是资源的匮乏和短缺。因此，应使资源本位与行为本位具有同等重要的地位，在“制度内之异常利益概括调回”的理念中，因发明专利等形成独占市场而获致之异常利益，民法亦应有节制之规定。[②] 也许有人持不同见解：人类发展至今，知识资源的积累已经达到了一定的程度，故智能创作物是无限的，对它的使用也不会导致浪费。对此，Drahos 认为，抽象物虽然可能是无限的，但人们发掘它的能力却是非常有限的，几乎任何社会都面临着知识资源相对匮乏的状况，并且，抽象物虽然不会因使用而减少，但可能因过分强势的垄断而浪费。[③] 因此，现代社会的知识资源也是匮乏的，而知识资源对每一个人发展其自身能力并参与社会进步都是不可或缺的，并且智力劳动者用于创作的资源是公共的，创作本身就是对知识资源的利用。由此可见，任何创造、创新或创作都离不开前人的贡献，是人类社会共同投资和开发的结果，所以，建构一种让所有参与知识产权创造和传播的自然人、法人或者其他组织共同分享利益的机制，不仅必要，而且可行。在此种资源本位理念的指导下，利益分享不失为一种好的调整模式。

但应当注意，根据私法自治理念，知识产权所有人有权拒绝他人实施其知识产权或请求禁止他人实施，以阻碍他人与其进行利益分享。由此所引发的结果有三种可能：一是形成知识产权滥用，妨碍公平竞争；二是造成有限资源的浪费，使有限的知识资源不能产

---

① 曾世雄：《民法总则之现在与未来》，中国政法大学出版社 2001 年版，第 6～9 页。

② 同上书，第 13～14 页。

③ Peter Drahos, *A Philosophy of Intellectual Property*, Dartmouth Publishing. 1996, pp. 47－51.

生最大化的效用，三是引发许多无为的纠葛，影响社会和谐。面对这样的情况，为了确保让尽可能多的主体参与利益分享，就需要弱化知识产权所有人的禁止请求权，引入一种强制自治的观念。其具体表征就是：迫使当事人双方就某项具体的知识产权，按照合理条件，缔结许可使用协议。此种做法，既不同于当事人意思的完全自治，也不同于政府的管制，有学者将之称为“第三条路”。[①] 例如，对未经许可擅自使用受知识产权保护之智能创作物者，知识产权所有人不是首先行使禁止权，尤其不得草率地提出撤销在后权利的主张，而是行使损害赔偿请求权，继而行使实施许可合同缔结请求权，合同的内容，国家则不予干涉。在当事人双方不能以合理条件达成协议的情况下，知识产权所有人才可以行使停止实施请求权。这种模式不同于法定许可和强制许可，只是对当事人(尤其是对知识产权所有人)私法自治权一定范围的限制，却能达致利益共享的效果，也有利于社会财富的增加。

2. 功利主义、反面功利论与利益分享

功利主义以“最大多数人的最大幸福”作为其目标，也可称为共同福利或共同利益。共同利益是一个极其不确定的概念，著名的社会法学家庞德对此作了深入研究，他将个人利益之外的利益(可称之为共同利益)分成公共利益和社会利益，并进行了详细探讨，似乎使之有了某种程度的确定性。但是，庞德将法律视为一种社会系统工程，随着时代的前进而变化，因此，共同利益实际上也是一个变量，而非常数。[②] 但知识产权强势主义者认为，共同福利就是推动强势保护的工具，因为他们确信：强势的知识产权保护，能够

---

① 苏永钦：《走入新世纪的私法自治》，中国政法大学出版社2002年版，第61～64页。

② 转引自张忠利：“庞德的社会法学思想”，载《吉林大学社会科学学报》2000年第6期，第84～87页。

确保权利人的利益，能够促进人们的创作热情，丰富创作成果，增加社会利益。反知识产权论者则会以推动社会多数人的利益为口号，将公共利益绝对地凌驾于知识产权私人利益之上，进而限制甚至剥夺其私人利益。因此，法哲学家在使用共同福利或共同利益这些概念时都是小心翼翼加以限定的，比如博登海默对共同福利的概念设下了两个限制："它不能被等同于个人欲望和个人要求的总和，也不能被视为是政府当局所作的政策决定。"①

基于"最大多数人的最大利益"的不确定性，一些法哲学家提出了反面功利论。考夫曼指出，反面功利论有以下两项基本认识：(1)幸福无法普遍化，除非其意义是空洞的；(2)正面的功利论的利益是对尽可能的多数人幸福，并不在乎少数人的不幸，当对多数人的"幸福"有必要时，就可牺牲少数人。反面功利论的倡导者以为，公益正义必须以此种方式追求："尽可能消除或减轻现存之苦难，不制造可避免的苦难，减少不可避免的苦难，且尽可能不施加于社会个别成员身上。"②从反面功利论的立场出发，权利弱化与利益分享理论并不是主张将所谓的"大多数人的信息自由"、"多数人的利益"绝对的凌驾于知识产权所有人个人利益之上，去牺牲知识产权所有人的个人利益以增进公共福利。权利弱化和利益分享的核心在于在资源匮乏和权利人实际上利用了有限公共资源进行创造的前提下，既使知识产权所有人的利益得到充分保障，同时也创造一种由尽可能多的人来分享利益的局面。这样的效果，不论是对知识产权所有人，还是对社会和具体的实施人，都是一种较优的选择，也符合罗尔斯的第二正义原则。

---

① [美]博登海默：《法理学(修订版)》，邓正来译，中国政法大学出版社 2004 年版，第 325 ~ 326 页。

② [德]考夫曼：《法律哲学》，刘幸义等译，法律出版社 2004 年版，第 257 ~ 258 页。

三、权利弱化与利益分享理论的经济学论证

（一）从产权分析理论上看权利弱化与利益分享理论

产权经济分析的两个核心原则就是霍布斯定律和科斯定理。霍布斯认为在市民社会中往往出现意见不一和不能合作，应尽量减少这种损失，但除非有一个强有力的第三方迫使他们同意，否则人们天生的贪婪将引诱他们争吵不休，所以需要建立法律以使私人协议失败造成的损害达到最小。科斯认为，人们在合作中的障碍主要是诸多的交易成本，所以建立法律的一个中心目的是，消除私人谈判的障碍。[①] 谈判理论是科斯定理细致化的结果，我们可以将谈判理论的内容归结为：（1）自愿合作是实现效率的最佳途径；（2）但实际上存在着诸多阻碍自愿合作的因素；（3）需克服阻碍谈判进行的因素，恢复效率；（4）在恢复效率的诸途径中，又以能够促进当事人自愿合作的安排为最佳。谈判理论具体说明了合作的益处和阻碍合作的交易成本的来源，为建立一种有利于克服阻碍、促进合作的制度提供了理论基础，同时也提供了评价标准。[②]

以谈判理论来分析知识产权，可以得出如下的结论：在智慧创作物的创作和使用上，如果创作者能与其所利用的资源的所有者，智慧创作物的使用者能与其创作者之间通过谈判进行自愿的合作，则为最佳选择。但现实中，他们却很难通过自愿合作来增

---

① 转引自钱弘道：《经济分析法学》，法律出版社2003年版，第345～346页。

② 魏建："理性选择与法经济学的发展"，载《中国社会科学》2001年第1期，第101～113页。

进效率，因为存在很多阻碍自愿合作的因素。例如，创作者在使用知识资源时往往意识到其利用的对象具有公共物品属性，存在着搭便车的心理，不愿意去与对方谈判，也不愿意支付较高的代价。而创作者一旦在其智慧创作物上拥有了知识产权，同时也就享有了权限和禁止权，在最大化利益的驱动下，并有禁止权作为支持，创作者也不愿降低交易成本而与使用者合作。因此，克服阻碍谈判进行的因素的首要目标就是明确界定在智慧创作物上的产权，以使双方的权利义务关系得到明晰，让使用者认识到创作者的权利。现有的“权限加禁止权”知识产权保护模式，使得知识产权所有人与未授权实施者处于不对等状态，其选择权在知识产权所有人，未授权实施者只能被动地应付。权利弱化和利益分享模式，能够弱化知识产权所有人的禁止权，降低交易成本，促使双方合作，达到利益分享、互利双赢的效果。此种模式的设计和安排也显然符合霍布斯定律的要求。

从产权保护的规则上来看，一般认为，法律主要有两种保护权利的方法：一是财产规则，二是责任规则。财产规则使权利所有者能够禁止他人侵扰，以此方式来保护权利，除非权利人愿意以相互都可以接受的代价放弃权利。责任规则就是使他人（无权者）降低权利的价值，而不管权利人愿意与否，但无权者事后必须补偿因此而减损的价值。[①] 传统知识产权的“权限加禁止权”模式就是一种类似财产规则的方式。此种方式在明确界定权利人的产权并保护、尊重其产权上当然有其合理性，但是在现实生活中，在知识产权交易上常常存在较高的交易成本，这就导致财产规则很可能是无效率的，因为交易需付出高昂代价。因此，法经济学家指出，在交易成本很高以致大于诉讼成本的地方，可以考虑以责任规则取代财产规

---

① 张文显：《二十世纪西方法哲学思潮研究》，法律出版社 1996 年版，第 217 ~ 218 页。

则，使能有效利用权利的人在给予赔偿的情况下无交易的取得权利。① 但在知识产权领域还可能存在着交易成本和诉讼成本都比较高的情况，比如版权人在网络环境下面对众多使用者(不论是合法的还是违法的)的情形。对此，David D. Friedman 指出："在一个二者成本皆高的世界里，我们就只好另辟蹊径。"②权利弱化与利益分享理论就是在吸收财产规则和责任规则的基础上探索出的一条新的道路：它既克服了财产规则下绝对的行使禁止权所带来的问题，又吸收了其对权利人的权利及其交易自由的尊重，引入了一种强制自治的观念，给当事人以自我谈判调整的空间，既有利于交易成本的降低，也有利于降低诉讼成本，以达致利益分享的目的。③

(二)从博弈论上看权利弱化与利益分享理论

在使用西方传统的古典经济学来分析知识产权时，常会陷入以下困境：古典经济学认为财产权既设置限制又创造机会，在不同财产权的相互限制中，因为没有任何一种财产权具有绝对的限制力量，所以自由市场总能自动达到最佳状态，即个人理性与集体理性在效果上总能达成一致。但将此项原则适用于知识产权，明显存在着不同，因为智慧创作物的边界具有不易确定性，又因为知识产权所有人享有"权限加禁止权"，再加上知识产权保护的全球化，实际上意味着他们拥有支配全球市场的强势权利。④ 传统的经济学理论认为，一方面，存在着最佳的信息分，但知识产权却往往阻碍了信息的流动；另一方面，存在着充分的市场竞争和贸易自由，但知识

---

① ［美］戴维·D. 弗里德曼：《经济学语境下的法律规则》，杨欣欣译，法律出版社 2004 年版，第 64 ~ 65 页。

② 同上书，第 66 页。

③ 在权利弱化与利益分享理论下，这些规则如何协调使用是一个较复杂的问题，作者将另撰文说明之。

④ Peter Drahos, *A Philosophy of Intellectual Property*, Dartmouth Publishing. 1996, pp. 138 – 139.

产权却为市场进入设置了障碍。这就需要引入博弈论的分析，因为博弈论承认个人理性与集体理性之间的冲突，突破了信息完全和市场充分竞争的假设，将信息成本和对策成本也纳入到了理性选择的影响因素之中。[①] 在知识产权实践中，通常的表现形态是一种非合作的博弈，比如在社会和权利人之间，社会授予权利人以垄断性的权利，目的是帮助权利人收回其投资，生产和传播更多的智慧创作物以有益于社会，但权利人的兴趣往往集中于这种垄断性权利之本身，他们发现利用这种垄断性权利可以控制更大的资源，避免激烈的竞争，以使自己攫取更大的利润。比如在权利人和使用人之间，本来双方之间通过降低交易成本进行谈判来达到合作双赢，无疑是最佳的选择，但权利人为追求其利益最大化又自恃有法律赋予的禁止权，往往不愿意降低其交易成本与使用人谈判以分享利益。使用人则一方面面临着较高的交易成本，另一方面又没有利益分享机制驱动其去与权利人合作，虽然面对着权利人的禁止权而有可能在诉讼中付出高成本，但往往怀着法不责众的心态而擅自使用权利人的智慧创作物。其结果是权利人面对众多的非许可使用者不断的行使其禁止权，并在法律上寻求更强的保护以禁止他人。这就陷入了所谓的“囚徒困境”：从利己目的出发，结果损人不利己。从“囚徒困境”中可以悟出一条真理：合作是有利的“利己策略”。但它必须符合以下黄金律：按照你愿意别人对你的方式来对别人，但只有他们也按同样的方式行事才行。[②] 在知识产权制度中，则表现为权利人想要社会和他人更多的尊重，保护和实现其利益，他也必须尊重社会和他人的利益，他在试图获取高额利益的同时，也必须回报社会和他人以利益，如此才能达到此种非合作博弈下的纳什均衡，达到双赢的效果。但此种要求仅靠道德的说教等来实现显然是

① 转引自魏建：“理性选择与法经济学的发展”，载《中国社会科学》2001 年第 1 期，第 101 ~ 113 页。

② 转引自钱弘道：《经济分析法学》，法律出版社 2003 年版，第 175 ~ 176 页。

不现实的，因此需要引入权利弱化和利益分享机制来促进这种双赢效果的实现。在权利弱化和利益分享模式下，由于权利人禁止权的行使受到限制，再加上法律对他提出的合作的要求，对于权利人来说，最优的选择就是降低交易成本与对方合作分享利益；对使用人来说，由于交易成本的降低以及利益分享机制的驱动，与权利人的合作也就成了其最佳的选择。

（三）帕累托最优的效率模式与权利弱化和利益分享理论

在经济分析法学的视野下，往往用效率来判定一项法律制度的制定和实施，知识产权也不例外。在经济学上有两种效率模式可供选择：其一是帕累托最优，是指一种在经济资源既定时，不可能使一个人的福利增加而不减少另一个人的福利的均衡状态。简而言之，就是要使至少一方人受益，而不使其他任何当事人受损的状态。其二是卡尔多——希克斯标准，只要第三者的总损失小于交易所产生的总收益，则社会资源的配置就是有效率的。① 由此可见，卡尔多——希克斯标准很容易为知识产权强势主义支持者所采用。对他们而言，不管知识产权的强势保护给社会和他人带来多大的损失，只要最终知识产权所带来的总收益大于此项损失，就是有效率的。这种观点是值得商榷的，因为不能以任意牺牲他人的利益来换取此等效率，这对正义的观念是一种挑战。根据帕累托最优原则，权利弱化与利益分享理论符合此项效率观，因为依据该理论所建构的制度，首先有利于增加公众利益，并且这种增加不仅不会损害权利人的利益，而且还能使其利益得以增加。由此可见，知识产权权利的弱化，实际上是为了实现利益的最大化，使知识产权所有人、有关当事人与社会公众都能从中分享到由此所增加的利益。

① 钱弘道：《经济分析法学》，法律出版社2003年版，第54～55页。

四、结　语

如上所述，通过法哲学和经济学分析，已经证明权利弱化与利益分享理论具有其合理性，有利于对现行知识产权制度进行整合与重构。例如，以“权利弱化与利益分享理论”为基础构建的专利制度，应当对专利权的垄断性有所弱化，能够让专利的未授权实施者获得与专利权人进行许可协商的机会，为其已为的实施行为或者已做的实施准备变成合法的授权提供可能。此种制度设计有三个利益面：其一，专利的未授权实施者所作的先期投入不至于不合理的浪费；其二，专利权在获得损害赔偿的前提下，还有在颁发实施许可证后获得应得的使用许可费；其三，社会公众可以有更多的机会享受由新技术带来的利益。更为重要的是，以此理论为基础构建的知识产权制度，可以替代强制许可制度，可以减少许多不必要的争端和麻烦。

但同时也应当看到，以此理论为基础构建的知识产权制度，仍然具一些尚不确定的因素，有待进一步研究。

重塑侵害商标权的认定标准

李雨峰*

引　言

尽管已有的学术文献在界定一般侵权行为①的要件时存有不同的认识，但都把权利或者利益受到侵害作为侵权行为成立的要素之一。这里受到侵害的权利固然包括了知识产权。② 按此，商标权本身受到侵害（之虞）应当是侵害商标权的认定标准。由于显著性/识别性是商标的本质特征，侵害商标权的认定标准可进一步理解为是"商标的显著性受到损害或者受到损害之虞"（简称"显著

* 李雨峰，法学博士，西南政法大学教授，博士生导师。本文原载《现代法学》2010 年第 6 期。

① 这里的"侵权行为"既包括侵害的是法律上明确规定的权利，也包括法律应予保护的利益。与日本法上的不法行为概念大致相当。参见王泽鉴：《侵权行为法（1）》，中国政法大学出版社 2001 年版，第 87 页；黄立：《民法债编总论》，中国政法大学出版社 2002 年版，第 241 页；史尚宽：《债法总论》，中国政法大学出版社 2000 年版，第 111 页。

② 参见《中华人民共和国侵权责任法》第 2 条；另见黄立：《民法债编总论》，中国政法大学出版社 2002 年版，第 267 页。

性受到损害之虞”）。然而，无论是TRIPs协议、[1]地区性商标立法、[2]外国的商标立法，[3]还是当代的学术成果，[4]多把“导致消费者混淆的可能性”作为一般侵害商标权的认定标准（以下简称“混淆标准”）。在此基础上，多数学者认为，正在面临第三次修改的中国《商标法》也应当吸收“混淆标准”。[5]然而，“混淆标准”预设了商标法的消费者中心主义（consumer oriented），背离了商标法的立法目的。同时，“混淆标准”针对的是一般商标受到侵害的情形，它无法应对驰名商标被侵害的困境。在很多情况下，他人未经许可擅自使用驰名商标并没有造成消费者的混淆，[6]但驰名商标所有人仍然受到了损害。为此，针对驰名商标，在商标法上又兴起了淡化理论，认为只要一种行为构成了对驰名商标的弱化、丑化或者退化，就侵害了驰名商标所有人的利益（以下简称“淡化标准”）。“混淆标准”与“淡化标准”在商标法上并举，并分别以

---

① 参见TRIPs协议第16条第1款。

② 参见欧盟《商标指令》第4条第1款b项。

③ 参见美国《兰哈姆法》第43条a款；《德国商标法》第14条（2）；《英国商标法》第19条；等等。

④ 李明德：《美国知识产权法》，法律出版社2003年版，第297～305页；彭学龙：“商标混淆类型分析与我国商标侵权制度的完善”，载《法学》2008年第5期；邓宏光：“商标混淆理论的扩张”，载《电子知识产权》2007年第7期；杜颖：“商标法混淆概念之流变”，见李扬主编：《知识产权法政策学论丛》，中国社会科学出版社2009年版，第185～195页；曾陈明汝：《商标法原理》，中国人民大学出版社2003年版，第95～96页。外文资料参见：W. Cornish, D. Llewelyn, *Intellectual Property: Patents, Trademark and Allied Rights (Sixth Edition)*, London: Sweet, Maxwell Limited. 2007, pp. 747 – 752; Rose D. Petty, *Initial Interest Confusion versus Consumer Sovereignty*, TMP. Vol. 98 (2008), pp. 762 – 766.

⑤ 彭学龙：“论混淆可能性：兼评我国商标法第三次修改草稿”，载《法律科学》2008年第1期；邓宏光：“商标侵权判断标准”，载《法商研究》2010年第1期；黄汇：“售前混淆之批判与售后混淆之证成：兼谈我国商标法第三次修改”，载《电子知识产权》2008年第6期；等等。

⑥ 事实上，越是使用驰名商标的商品，消费者越是熟悉，在这个意义上，消费者越是不容易造成混淆。例见孔祥俊：《商标与反不正当竞争法》，法律出版社2009年版，第298页。

消费者和商标权人作为保护的中心，造成了商标法保护原则的混乱，实有改造之必要。

本文试图对现代商标法上的侵权标准加以整合，在检讨“混淆标准”和“淡化标准”的基础上，提出了“显著性标准”。这一进路认可“显著性”是商标的本质要件，[①]认为混淆和淡化都是使商标显著性受到损害的表现形式，“商标显著性受到损害之虞”才是侵害商标权的认定标准。这一认识不仅与侵权行为法以“权利本身受到侵害作为侵权行为的要件”这样的传统理论相兼容，还有利于矫正商标法的发展方向。在形式上，显著性反映的是商标的特征；在逻辑上，它反映的是经营者、商品/服务、商标之间的关系。脱离商品/服务讨论商标的显著性，一如脱离经营者讨论商标的显著性，都是无功而碎片化的。在这个意义上，显著性受到损害，其实就是上述关系遭受了扭曲和割裂。“显著性标准”体现了商标法的商标所有人中心主义（trademark owner oriented），与“混淆标准”体现的消费者中心主义相去甚远。然而，“显著性标准”与混淆并不矛盾；相反，消费者视野里的混淆恰恰是显著性受到损害的表现形式之一。“显著性标准”与正在兴起的“商标使用标准”大异其趣，但同样，“显著性标准”也与对商标的使用并不矛盾。

在结构上，除去一个简单的引言之外，本文还包括四部分。第一部分致力于介绍并清理商标法上现有侵权认定标准的不足。第二部分讨论正在兴起的“商标使用标准”，在指出其合理性的同时，检讨了“商标使用标准”的预设前提与内在机理。由于本文以商标权受到侵害之虞为讨论之内在理路，因此，文章的第三部分讨论了商标从利益上升为权利的过程。笔者的观点是，商标与经营者的营销方式、售后服务等一样，都是民事主体的竞争手段之一。竞争者的商标是作为一种合法的利益受到保护的。只是在历史的某个特定时刻，法律才将竞争者基于商标的利益上升为权利。这一思

① 邓宏光：《商标法的理论基础》，法律出版社2008年版，第2页。

路建立在严格的大陆法系国家将法律保护的对象分为权利和利益并施以不同的保护要件这一传统之上，注重侵权行为的类型化，与英美法上的经验主义殊有不同。这意味着，对本文的批评与检讨也应当建立在这个前提之上，用维特根斯坦的话说，“规则一旦被印上一种特定的意义，就划出这样一条线来，在所有情况下我们都应当按照它们来遵守规则”。[①] 文章的第四部分讨论“显著性标准”，并构建了“显著性标准”的框架，在此基础上讨论了其内在优势。最后是对文章的一个总结。

一、“混淆标准”与“淡化标准”

“混淆标准”意味着，在考量被诉行为人是否侵害了他人的商标权时，以消费者对商品/服务来源是否发生了混淆作为判定的标准。如果某一行为造成了消费者的混淆（或者混淆的可能性），该行为构成了侵权；否则，就没有构成侵权。就对象而言，商标法上的混淆包括直接混淆和间接混淆，直接混淆意指使用某特定商标的商品或者服务实际上来源于经营者乙，而消费者误认为其来源于甲；间接混淆意指使用某特定商标的商品或者服务由经营者乙提供，与经营者甲并没有任何关系，而消费者误认为经营者甲与经营者乙之间存在着控股、许可或者赞助等关联关系。[②] 到目前为止，“混淆标准”不但为多数知识产权法学者所认可，还在很多国际条约、外国立法中有所体现。在 TRIPs 协议中，甚至还有关于混淆的

① ［奥］维特根斯坦：《哲学研究》，李步楼译，商务印书馆 1996 年版，第 127 ~ 128 页。

② 王迁：《知识产权法教程》，中国人民大学出版社 2007 年版，第 506 ~ 507 页。

推定。[①] 这一进路认为，通过防止给消费者造成混淆，商标传达或者体现了有关企业的信息，并因而降低了消费者搜索商品的成本，在此基础上促进了社会的高效率。[②] 也正是在这一进路的影响下，我国部分学者在讨论《商标法》的第三次修改时，一直把我国《商标法》第 52 条第 1 项的内容作为批评的靶子，[③]认为我国《商标法》没有确立“混淆标准”，与 TRIPs 协议的要求不一致。就范围而言，“混淆标准”适用于侵害一般商标的直接侵权行为，对侵害驰名商标的行为并不适用。这意味着，针对某些使用他人驰名商标的行为，尽管没有导致消费者混淆（如果混淆，肯定构成侵权），如果所有人受到侵害，也应当予以制止，称为“淡化标准”。这样，在商标法上就存在两个侵害商标权的判定标准。[④]

“混淆标准”的着眼点是消费者，认为商标法的最终目标是保护消费者。然而，随着技术与市场规模的发展，有些行为并没有造成消费者的实际混淆，基于价值衡量、政治力量的对比等，美国的

---

① TRIPs 协议第 16（1）规定：“……若对相同商品或者服务使用了相同标志，则应推定存在混淆的可能性……”

② See William M. Lands, Richard A. Posner, Trademark Law: An Economic Perspective, *Journal of Law, Economics*, 1986, Vol. 30, p. 265; Margreth Barrett, Internet Trademark Suits and the Demise of Trademark Use, *Davis Law Review*, 2006, Vol. 39, pp. 371 - 378.

③ 《商标法》第 52 条第 1 项规定，未经商标注册人的许可，在同一种商品或者类似商品上使用与其注册商标相同或者近似的行为，构成了对商标权的侵害。多数学者据此认为，我国商标法没有提出混淆要求。相关文献参见王迁：《知识产权法教程》，中国人民大学出版社 2007 年版，第 502 ~ 503 页；邓宏光：“商标混淆理论的扩张”，载《电子知识产权》2007 年第 7 期；杜颖：“商标法混淆概念之流变”，见李扬主编：《知识产权法政策学论丛》，中国社会科学出版社 2009 年版，第 185 ~ 195 页。笔者并不同意这种观点。我国《商标法》第 52 条尽管没有明确提到混淆，但最高人民法院《关于审理商标民事纠纷案件适用法律若干问题的解释》第 9 条明确规定，在认定《商标法》第 52 条第 1 项所规定的商品/服务相同或者近似，商标相同或者近似时，应将消费者的误认作为条件之一。这意味着，有关我国《商标法》的司法解释是考虑了混淆的。此一见解亦见孔祥俊：《商标与反不正当竞争法》，法律出版社 2009 年版，第 272 页。

④ 当然，在美国法上，很多学者认为不把淡化称为商标侵权行为，而是把其称为一种与商标侵权并列的法律应当制止的行为。See D. Vaver, L. Bently, *Intellectual Property In the New Millennium*, Cambridge. 2004, p. 173.

法院仍然判定这些行为侵权。为了在理论上保留“混淆标准”，就产生了混淆这一概念的扩张。[①] 从而，破坏了法律的确定性。另外，与“混淆标准”不同，“淡化标准”的着眼点是驰名商标所有人，认为淡化驰名商标本身的行为应予制止。在“经营者——商品/服务——消费者”的链条上，“混淆标准”与“淡化标准”关注的焦点正好相反，其结果不仅导致在一般商标和驰名商标保护制度上的差异，还造成了商标法基础的混乱。

将混淆界定为侵害商标权的判定标准预设了商标法的消费者中心主义。然而，这一进路模糊了商标法和消费者权益保护法的界限。从法理学上看，各个部门法的划分标准是法律关系的属性、法律关系的调整方法、保护的对象等要素。按此，保护消费者不是商标法的任务，而是消费者权益保护法的任务。仔细阅读消费者权益保护法，就会发现，整部消费者权益保护法都是围绕着如何让消费者获得足够的商品信息和合格的商品来构建的。从经济学上看，消费者和经营者之间的交易只要满足自愿要求，就可以实现效率的最大化。[②] 但交易主体之间，特别是在市场上占主导地位的主体往往会隐瞒有关信息，使古典经济学的市场模型遭受扭曲。这时，政府监管遂成必要。消费者权益保护法在很大程度上是国家监管市场的结果。[③] 按照西方的诉讼救济模式，消费者因经营者造成的损失

---

① 关于混淆概念扩张的情况，参见孔祥俊：《商标与不正当竞争法》，法律出版社2009年版，第260～271页；彭学龙：“商标混淆类型分析与我国商标侵权制度的完善”，载《法学》2008年第5期；Rose D. Petty, Initial Interest Confusion versus Consumer Sovereignty, *TMR*, Vol. 98, 2008, pp. 762－766；邓宏光：“商标混淆理论的扩张”，载《电子知识产权》2007年第7期；杜颖：“商标法混淆概念之流变”，见李扬主编：《知识产权法政策学论丛》，中国社会科学出版社2009年版，第185～195页；等等。

② ［英］亚当·斯密：《国民财富的性质和原因的研究（上）》，郭大力、王亚楠译，商务印书馆2003年版，第15～16页。

③ 有学者把这一现象称为“监管型政府的崛起”，参见Edward L. Glaeser, Andrei Shleifer, The Rise of the Regulatory State, *Harvard Institute of Economic Research*, Working Papers, 1934.

本应交由法院处理（维权者支付费用），但有关的经济学者通过模型说明，在法律不完备的前提下，如果侵权行为容易类型化，而且受害人范围广泛通过诉讼救济成本过高（负外部性大），这时监管（行政保护）就是有效率的。① 在这个意义上，消费者权益保护法更多体现地是行政保护。商标法则不同，他人擅自使用了商标权人的标志从中渔利，受害人是商标权人，消费者在很多情况下根本没有受害（知假买假），②这时商标权人通过诉讼方式维护自己的权利就更为可取。商标法应以商标权人为中心。商标法的目的是保护诚信的经营者不受他人非法地抢占生意，促进商业道德。从历史上看，法院在裁判侵害商标权案件时，之所以关注消费者混淆是因为导致消费者混淆是抢占他人生意的特别有效的方式。③

按照"混淆标准"，作为一般消费者的公众是主要的判断主体。按此，在判断是否造成消费者混淆时，采用取样调查的办法最为科学。但在司法实践中，更常见的是，由"法官根据具体情况和自己的经验，通过比较冲突的商标及其使用的情况，认定混淆可能性"④。因此，有时消费者并没有混淆商品或者服务的来源，法官却判决产生了混淆。如此，"混淆标准"预设的消费者中心主义发生了偏离。更重要的是，商标所有人因有了现代技术的帮助，开始监视、捕获消费者的活动。现代企业通过提供折扣卡、消费记录、积分卡等记录系统，分析消费群体，在不同的消费者之间进行区隔，从而达成一种持续和普遍的监视。这样，每个消费者的周围都

---

① 许成钢、卡塔琳娜·皮斯托："不完备法律：一种概念性分析框架及其在金融市场监管发展中的应用"，见吴敬琏主编：《比较（第3辑）》，中信出版社2002年版。

② 经济学家张五常就认为，假货给消费者造成混淆的可能性非常小，原因在于，市场会给消费者以保护。参见张五常："打假货是蠢行为吗？"，载 http://blog.ifeng.com/article/3514951.html，访问时间：2009年12月10日。

③ Mark P. McKenna, The Normative Foundation of Trademark Law, *TMR*, Vol. 97, 2007, p. 1133.

④ 孔祥俊：《商标与不正当竞争法》，法律出版社2009年版，第278页。

存在着无需部队和物质约束的凝视，以致构成了福柯所谓的规训社会。① 个体被纪律征服，品牌伴随着时间维度进入消费者的身体。商标借助现代传媒的宣传与推动，经由时间的演变，对消费者的消费习惯进行了构建，使消费在很多情况下成为无意识的实践。这种无意识隐去了时间维度，使消费者的活动成为一种消费习性。如此，消费习性忘却了商标的统治关系，忘却了商标的符号暴力实质。一如布迪厄所说，“符号暴力是建立在集体期望或社会性地灌输的信仰之上的强取服从的暴力，它没有被如此理解。”“符号暴力的作用之一是统治关系的变形并从属于情感关系，权力转变为个人魅力，或者转变为适于唤起情感吸引的魅力。”②这样，商标通过现代技术控制了消费活动，相应地，消费者也忽略了商标的符号暴力而日渐依赖品牌。如此，理性的消费者消失了。在此意义上，消费者根本无法客观地判定某种行为是否导致了混淆。

二、为什么不是“商标使用标准”

尽管“使用”在商标法上具有不同的意义，③但商标使用（trademark use）作为一种理论，却是近些年来回应互联网环境下

① Michel Foucault, *Power/Knowledge*, Colin Gordon (ed.), Pantheon Books. 1980, p. 155.

② ［法］布迪厄、［美］华康德：《实践与反思：反思社会学导引》，李猛、李康译，中央编译出版社 1998 年版，第 102～103 页。

③ Jeremy Philips, Ilanah Simon (eds.), *Trade Mark Use*, Oxford University Press. 2005.

的商标权纠纷的产物。① 在这种进路看来，只有那些属于商标使用的行为才构成了对商标权的侵害，非商标使用（non-trademark use）行为不构成商标侵权。其理由主要包括：其一，在普通法历史上，法庭明确地把使用作为判定侵害商标权的标准，②尽管法庭没有使用商标使用这个词。现代法院通过商标使用这一理论进行裁判，无非是重复了成文法和相关判例法的一个表述。③ 其二，商标使用体现在美国的成文法中。美国 1946 年兰哈姆法第 32 条（1）要求对那些将他人的注册商标商业性用于商品和服务的销售、许诺销售、分销或者广告并导致消费者混淆的行为人科以责任；第 43 条（a）对那些将他人的未注册标志商业性用于商品、服务或者商品容器上并导致消费者混淆的行为人科以责任。按此，若要行为人承担侵权责任，必须同时具备两个要件，一个是被告必须将涉案标志用于销售的商品或者服务上；另一个是被告的行为必须是商业性的。④ 除此之外，兰哈姆法第 45 条还明确对“商业性使用”进行了界定。与此相应，如果一个被告自己没有在商业上使用一个标志，则只有

---

① Margreth Barret, *Internet Trademark Suits and the Demise of “Trademark use”*, U. C. Divis L. Rev, Vol. 39, 2006, p. 371. Stacey L. Dogan, Mark A. Lemley, *Trademark Use and Consumer Search Costs on the Internet*, Hous. L. Rev. Vol. 41, 2004, p. 603. Stacey L. Dogan, Mark A. Lemley, *Grounding Trademark Law Through Trademark Use*, Iowa L. Rev, Vol. 92, 2007, p. 1669. 尽管此前，欧洲的一些学者也讨论了“商标使用”，但似乎并没有就“商标使用”的前提、逻辑基础、规范目标等进行系统化探讨，因此，很难说形成了商标使用理论。See Jeremy Philips, Ilanan Simon(ed.), *Trademark Use*, Oxford University Press. 2005.

② Felix the Cat Prods V. New Line Cinema Corp., 54 U. S. P. Q. 2d 1856, 1858 (C. D. Cal. 2000), cited by Stacey L. Dogan, Mark A. Lemley, *A Search-Costs Theory of Limiting Doctrines In Trademark Law*, in Graeme B. Dinwoodie, Mark D. Janis (eds.), *Trademark Law and Theory: A Handbook of Contemporary Research*, Edward Elgar Publishing. 2008, p. 78.

③ Margreth Barret, *Internet Trademark Suits and the Demise of ‘Trademark use’*, U. C. Divis L. Rev, Vol. 39, 2006, pp. 376 – 387.

④ Ibid., p. 383.

他在故意引诱他人如此使用时才承担责任。[①] 其三，商标使用理论与商标法的最终目的非常吻合。在法律经济学看来，保护商标的最终目的在于促进竞争。因此，商标法只禁止那些引起消费者混淆的行为，借此降低了消费者的搜索成本，促进了市场效率，并使生产商收回投资。[②] 按此，只有那些把他人的商标用于推销自己产品或者服务的经营者才有可能干扰消费者的认知能力，并增加了消费者的搜索成本。而那些第三人的非商标使用行为不仅不会增加消费者的搜索成本，还会增加有关的信息。在此基础上，商标使用倡导者们指出，尽管商标使用理论的讨论起源于网络环境之下，但它同样适用于整个商标法。在商标使用论者看来，这一原理在维护商标法的统一性方面发挥着重要作用。尽管"商标使用标准"不排除传统的混淆的可能性这一标准，但"商标使用标准"是商标法上既有中心的重申，它应当为混淆的可能性这一标准提供一个应然界限。[③] 与此同时，我国的知识产权学界，也有学者对商标使用问题进行了探讨，并形成了一些优秀的成果。[④]但我国的学者对"商标使用标准"讨论的背景与美国学者相差甚远。我国商标法实行注册取得原则，因此就产生了某些经营者依赖法律程序进行注册但不使用并囤积商标的现象。为对注册取得原则进行矫正，学者们开始诉诸商标使用理论。

能否把商标使用作为侵害商标权的认定标准？笔者的结论是否定的。其理由在于，第一，"使用"这一术语在获得商标权、维

---

① Stacey L. Dogan, Mark A. Lemley, *A Search-Cost Theory of Limiting Doctrines in Trademark Law*, Graeme B. Dinwoodie, Mark D. Janis (eds.), *Trademark Law and Theory: A Handbook of Contemporary Research*, Edward Elgar Publishing, 2008.

② William M. Landes, Richard A. Posner, *Trademark Law: An Economic Perspective*, J. L. & Eco., Vol. 30, 1987, p. 265.

③ Stacey L. Dogan, Mark A. Lemley, Grounding Trademark Law Through Trademark Use, *Iowa L. Rev*, Vol. 92, 2007, p. 1699.

④ 文学：《商标使用与商标保护研究》，法律出版社 2008 年版；刘春霖："论网络环境下的商标使用行为"，载《现代法学》2008 年第 6 期；等等。

护商标权、确定商标权的范围等方面都具有不同的含义。尽管在认定侵害商标权的时候，也涉及“使用”，但这一“使用”与作为商标权获权条件的“使用”，意义并不完全覆盖。如果将两个不同性质的“使用”统合在商标使用这一标准之下，就会产生在一个理论框架中，同一个术语有不同内涵的结果。① 第二，商标使用的理论基础是商标法应为消费者提供更多的消息，更多的信息可以提高社会的福利，并降低消费者的搜索成本。在这个理解框架之下，互联网环境下的广告词销售服务就是非商标使用，因为这一服务给消费者提供了更多的与消费者搜索有关的其他经营者的信息。然而，过多的信息并不会降低消费者的搜索成本，反而会增加消费者的负担。最近的一项研究表明，过多的信息对于消费者而言，必须面临着挑选与质量的问题，这反而会增加消费者的搜索成本。② 事实上，在商品或者服务市场上，消费者需要的是有价值的信息，而不是简单得多。“较多的信息，有时只是多而已。实际上，它反而是少。”③对于消费者而言，我们应当提供的是能够保证其真正选择和消费者自主的信息。④ 第三，商标使用倡导者试图在“获得商标权”和“侵害商标权”之间建立一种对应关系，将“获得商标权”的“使用”移植到“侵害商标权”的认定中，并进而主张商标使用标准为侵害商标权的认定提供了一种确定性。⑤ 有学者通过梳理有关的判例指出，尽管美国有的法院在判例中使用了商标使用这一术语，但它们无非是在具体情况下综合考量各种因素证明“混淆

① Graeme B. Dinwoodie, Mark D. Janis, *Use, Intent to Use and Registration in the USA*, in Jeremy Philips, Ilanan Simon (ed.), *Trademark Use*, Oxford University Press. 2004, p. 326.

② Frank Pasquale, Copyright in an Era of Information Overload: Toward the Privileging of Categorizer, *Vand. L. Rev.*, 2007, Vol. 60, p. 135.

③ Graeme B. Dinwoodie, Mark D. Janis, Confusion Over Use: Contextualism in the Trademark Law, *TMR*, Vol. 98 (2008), pp. 1121 – 1122.

④ Ibid.

⑤ Stacey L. Dogan, Mark A. Lemley, Trademark Use and Consumer Search Costs on the Internet, *Hous. L. Rev*, 2004, Vol. 41, p. 805.

的可能性”的结果。在此基础上，该学者提出了“语境论”路径，认为商标法的目的并不是单一的降低消费者的搜索成本这一目标；相反，商标法具有促进自我认同、政治言论自由、有效组织信息、产品比较等功能。“语境论”要求法院在具体情况下，考量商标法的各种竞争性目标，然后作出一个选择，而没有必要追求形式主义的逻辑统一。① 第四，在现代传播技术的影响下，如果过度扩大“使用”的内涵，还会引起商标本身的异化。传统的商标使用指的是将标示附着于商品之上或者与此密切的活动，如在商业信函中的使用。现代传媒兴起之后，在广告中进行宣传也是商标的使用。如此，商标与广告密切勾连。② “商标通过广告宣传，便不再仅仅是商品或者企业的标记。它成了我们这个消费者社会的消费文化的中心环节。”③如此，商标变成了一个过度依赖传播的符号。无论是国家工商局颁布的《驰名商标认定和保护规定》还是最高人民法院通过的《关于审理涉及驰名商标保护的民事纠纷案件应用法律若干问题的解释》，都把企业在商标宣传上付出的时间、程度和方式作为认定的一个重要要素。慢慢地，商标变成了一个活期存单，只要经营者注入越多的广告资金，经营者的收益就大，其禁止其他人利用的范围就大。这样，生产商改进商品或者服务质量的激励减退了。第五，在笔者看来，商标使用尽管有其合理之处，但其体现的是一个过程，与商标权本身并不等同。更何况，并不是所有的对商标的使用都可以产生商标权。因此，在笔者看来，“商标使用标

---

① Graeme B. Dinwoodie, Mark D. Janis, Confusion Over Use: Contextualism in the Trademark Law, *TMR*, 2008, Vol. 98, pp. 1150 – 1151.

② 一如冯象所说，商标对于广告的重要意义在于，凭借商标的私有垄断形状，广告宣传得以吸引巨额资本。若无商标而宣传一件产品（如围巾），不啻替所有花色品质类似的围巾做了免费宣传；因而除非是独一无二的产品，不然就不会大做广告。参见冯象：“生活中的美好事物永存不移”，见冯象：《木腿正义》，北京大学出版社 2007 年版，第 62 页。

③ 冯象：“生活中的美好事物永存不移”，见冯象：《木腿正义》，北京大学出版社 2007 年版，第 63 页。

准”在逻辑上最重要的问题在于，它没有在权利本身受到侵害这一视野下讨论侵害商标权的认定标准。

三、从利益到权利：作为竞争手段的商标

现代的法律理论家总有些自我中心主义，他们乐意接受“传统—现代二分法”的理念，认为应当对社会进行两极性的划分，[①]将权利理解为是现代的同义词，并进而设想出一个前权利时期。这一认识带有明显的去时间化的意味（de-temporalized），暗示了制度、事件、意识等方面的断裂。如剑桥大学的本特利教授（Bently）在研究现代英国商标法的形成时就指出，英国的现代商标制度形成于1860～1910年。尽管在1860年以前和1910年之后，英国商标法都有一些重要的发展，但现代商标制度的最本质特征却是这一时期通过强有力的立法、司法、外交和学术活动塑造的。[②]与此不同，笔者认为，单就商标而言，其呈现的是一种连续性的历史。作为一种符号的商标，其历史足可等同于商业交往本身。商标是经营者表明自己身份的信任机制，[③]有人类就有商业交往，有商业交往就有商标。按照卡多佐的思路来看，这一概念之所以有它现在的形式，几乎完全应归功于历史，除了将它视为历史的产物外，我们

---

① 美国著名历史学者柯文曾对此有深刻批判。参见[美]柯文：《在中国发现历史：中国中心观在中国的兴起》，林同奇译，中华书局2002年版，第88～92页。

② Lionel Bently, *The Making of Modern Trade Mark Law: the Construction of the Legal Concept of Trade Mark* (1860～1880), in Lionel Bently, Jennifer Davis, Jane C. Ginsburg (eds.), *Trade Marks and Brands: An Interdisciplinary Critique*, Cambridge University Press. 2008.

③ 卢曼指出人们在面对复杂性的社会交往时，必须对其进行简单化，从而将复杂的关系简化为可信任的和不可信任的。在这个意义上，商标就是经营者向他人提供信任的一种机制。参见[德]卢曼：《信任：一个社会复杂性的简化机制》，翟铁鹏、李强译，上海人民出版社2005年版。

便无法理解它们。[①] 正是在这个意义上，波斯纳指出，法律是最“依赖于往昔”的，尊崇传统、先例、谱系、古老文本、古代术语的学科。[②]

本文坚持这样一种基本观点，商标本质上是一种符号，[③]是商品或者服务经营者之间竞争的手段。因此，凡有商品或者服务之间的竞争，经营者使用的符号都发挥了商标的概念。在这个意义上，有学者把商标的起源溯至人类知识产生的时代。[④] 据考，早在小亚细亚和古埃及时期，人们就在砖块上刻上标记。除此之外，共和帝国时期的罗马、古希腊、意大利、英国、德国、法国等，人们也已经开始在陶器、铅管、铜器等器物上使用一些标记，甚至客栈和商店也使用类似的符号。[⑤] 这些标记的形式表现为负责的自由人、奴隶、艺人或者工匠的姓名、表示姓名的字母、纹章。很多时候，在这些姓名和纹章之后还刻有图片或者照片。这意味着，这些姓名和纹章除了作为商标使用外，还履行着政府或者官方的监管职能。[⑥] 在谈到古罗马对商标的使用时，有位学者告诉我们：“所有这一切都向我们展示了被法律史学者忽略的罗马的商业生活。就其结果看，罗马的商业关系，尽管其依据的原则，与我们普遍想象的大相径庭。但帝国时期的罗马同样充斥着类似我们今天的商业热潮。

---

① [美]本杰明·卡多佐：《司法过程的性质》，苏力译，商务印书馆 1998 年版，第 31 页。

② 当然，波斯纳对历史研究的方法带有一定的批判性，在他看来，很多情况下人们对古老知识、古老文本的膜拜仅是一个面具，他们真正的目的是为当下制造一个合理的理由。参见[美]理查德·A. 波斯纳：《法律理论的前沿》，武欣、凌斌译，中国政法大学出版社 2003 年版，第 149 页。

③ Michael Spence, *Intellectual Property*, Oxford University Press, 2007. p. 248.

④ Edward S. Rogers, Some Historical Matter Concerning Trade-Marks, *Michigan Law Review*, 1910, Vol. 9, p. 29.

⑤ Samuel Birch, *History of Ancient Pottery: Egyptian, Assyrian, and Greek*, London, 1858, pp. 12, 17.

⑥ Edward S. Rogers, Some Historical Matter Concerning Trade-Marks, *Michigan Law Review*, 1910, Vol. 9, p. 32.

制造商的标记并不少见，他们与现代贸易中所熟知的营销制度密切相关。”①另外，在中世纪也出现了一些管理性的生产标记，法律、行政命令或者行会条例强制使用这种标记，这样就可以查到那些可归责的艺人并对其进行处罚；或者发现那些本国行会垄断的走私进来的产品，并对其进行没收。②

显然，商标与广告、营业风格、售后服务一样，也是经营主体之间进行竞争的手段，它们透视着责任主体的信息。经营者通过投资于此，获得了一定的竞争优势；相应地，如果他人窃取了这样表现投资优势的手段，就有可能被认定为轻罪，有时甚或是一种重罪。③ 商标的这一属性暗示我们，维护公平竞争是商标法的核心，④商标法的基本功能是规范竞争者之间的秩序，保护诚信的竞争者。诚然，保护诚信的竞争者会使消费者受益，但这种结果并不是商标法的立法目的。⑤ 最近的一篇讨论商标法基本原则的文章也指出，民法中的一些基本原则，如诚信原则、公平原则、权利不得滥用原则在商标法上都有适用之余地。⑥ 而这些原则显然是适用于竞争者之间的。

保护竞争手段的合法、诚信是竞争法的基本内容。竞争法通过规制竞争行为、结构或者状态，实现效率、公平、正义、秩序等基本价值。⑦ 换一种说法，即竞争者因诚信的竞争手段而产生的权益

---

① Edward S. Rogers, Some Historical Matter Concerning Trade-Marks, *Michigan Law Review*, 1910, Vol. 9, p. 32.

② Frank I. Schechter, The Rational Basis of the Trademark Protection, *Harvard Law review*, 1927, Vol. 40, p. 814.

③ Edward S. Rogers, Some Historical Matter Concerning Trade-Marks, *Michigan Law Review*, 1910, Vol. 9, p. 33.

④ 张玉敏：“维护公平竞争是商标法的根本宗旨”，载《法学论坛》2008 年第 2 期。

⑤ [日]惘野诚：《商标法》，有裴阁 1995 年版，第 51 页。

⑥ 张玉敏：“商标法基本原则论纲”，载《中国法学会知识产权研究会 2009 年会论文集》。

⑦ 吕明瑜：《竞争法教程》，中国人民大学出版社 2008 年版，第 12 ~ 16 页。

受法律保护。竞争者通过合法竞争手段而产生的权益可分为权利和利益。按照波斯纳的说法，所谓权利就是推定享受保护而他人不得干涉的重要利益，[①]其本质是“由法律和国家权力保证人们为实现某种特定利益而进行一定行为的力”。[②]权利的内容是利益，但并非所有的利益构成了权利，只有那些外壳体现为力的利益才是权利。[③]上升为权利的那部分权益须在实证法上有明确的规定。商标权即是竞争者基于商标这种竞争手段所应受到保护的权益。与此相应，也产生了与此相关的专门法。相反，除了上升为权利的那部分权益之外，竞争者还享有某些利益，这些利益立法者认为没有必要上升为权利，或者这些利益本身无法上升为权利（如企业拥有的商业秘密）。对这部分权益的保护仍留待竞争法来保护，我国《反不正当竞争法》上确定的行为类型即为此例。

区分权利和利益的意义何在？其关注点在于构建不同的认定侵权行为的法律要件。这一区分在《德国民法典》和“台湾地区民法典”有明显体现。《德国民法典》第823条第1款规定：“故意或者有过失地不法侵害他人的生命、身体、健康、自由、所有权或其他权利的人，负有向该他人赔偿因此而发生的损害的义务。”该法第826条规定：“以违反善良风俗的方式，故意地加害于他人的，负有向该他人赔偿损害的义务。”“台湾地区民法典”第184条第1款规定：“因故意或者过失，不法侵害他人之权利者，负损害赔偿责任。故意以背于善良风俗之方法，加损害于他人者，亦同。”显然，《德国民法典》第823条和“台湾地区民法典”第184条第1款前句都针对的是权利；而《德国民法典》第826条和“台湾地区民法典”第184条第1款后句针对的是利益。按此，侵

---

① Richard A. Posner, *The Problems of Jurisprudence*, Harvard University Press. 1990, p. 331.

② 佟柔：《中国民法学·民法总则》，中国公安大学出版社1990年版，第68页。

③ 利益上升为权利，还需要伦理和社会意识形态的帮助。参见冯象：“腐败会不会成为权利”，“鲁迅肖像权问题”，见《政法笔记》，江苏人民出版社2004年版。

害他人权利须负损害赔偿责任者主观上应系故意或者过失；侵害他人享有的利益须负损害赔偿责任者除主观上的故意之外，必须以“违反善良风俗的方式”为之。①

竞争者基于商标这种竞争手段而产生的利益上升为权利后，即受专门法（商标法）的调整。尽管商标法仍具有竞争法、秩序法的性格，但其着眼点已和竞争法存有不同。商标法的着眼点在于从正面给商标所有人确权，提供权利保护和权利救济；而竞争法的着眼点在于规制行为、结构或状态。在这个意义上，通过商标法保护商标和通过一般竞争法保护商标又存在诸多差异。由于存在既有的保护商标的专门法，因此，在适用法律保护商标时，商标法应当优先于竞争法。与此相应，对商标的保护，应当从商标权这一“权利”角度来理解。对侵害商标权的认定标准，应当按照权利本身受到损害或者有损害之虞来界定。

四、侵害商标权的应然标准

从商标权本身的性质讨论侵害商标权的认定标准这一认识并不新鲜，孔祥俊先生在最近的一本著作中就着重提出，我国在认定商标侵权行为时应当依据商标的固有权利，从商标的功能入手，认为商标的基本功能对商标侵权的认定具有基础作用。在此基础上，孔先生将侵害商标权的行为划分为直接妨碍商标功能的侵权行为和延伸的商标侵权行为。②

① 关于“我国台湾地区民法典”对这两种行为类型构成要件的分析，见王泽鉴：《侵权行为法（1）》，中国政法大学出版社 2001 年版，第 5 章。

② 孔祥俊：《商标与不正当竞争法》，法律出版社 2009 年版，第 310 ~ 312 页，第 170 ~ 171 页。

将商标的基本功能作为认定侵害商标权的基础准确把握了商标法的内核，但其不足是带来了一定的不确定性，商标的基本功能包括哪些？ 区别、宣传、表彰、还是质量保证？ 商标功能的不确定性会导致认定侵害商标权的行为的不确定性。 为此，笔者着眼于商标的本质，即显著性，认为“显著性受到损害之虞”是侵害商标权的判定标准。 美国学者谢克特（F. Schechter）1927 年曾在一篇重要的论文中指出，现代商标的价值依赖于其销售力（selling power），决定销售力的就是商标的唯一性（uniqueness）或者特殊性（singularity）。 商标的保护范围就决定于这种唯一性或者特殊性的程度。①

时过境迁，现代的学者更愿意把商标的本质表述为显著性（distinctiveness），而不是谢克特所谓的唯一性或者特殊性。 但笔者认为，从商标的本质来确定商标保护标准的思路仍然具有启发意义。 尽管有的学者已经从显著性方面讨论了商标法的保护基础，但其主旨没有集中于商标权人。② 与此不同，笔者认为商标法是商标所有人主义的（trademark owner oriented），保护商标权人是商标法的第一要旨。 在这样的进路下，笔者认为“显著性受到损害之虞”是侵害商标权的认定标准。 显著性不是一个本体，不是一个客观的陈述，而是企业、商标与商品/服务之间的关系。 当我们表述一个商标是否具有显著性的时候，并不是说的这个标示本身是否具有显著性，而是说这个标示和商品联系在一起是否具有显著性。 因此，“苹果”这个词不具有显著性，但当它用于电脑或者手机上时就在同类商品中具有了显著性。 显著性暗含了一个比较的框架，是和其他企业生产的产品或者服务对比而言的。 另一方面，显著性又表明

---

① Frank I. Schechter, The Rational Basis of the Trademark Protection, *Harvard Law review*, 1927, Vol. 40, p. 814.

② 邓宏光：《商标法的理论基础》，法律出版社 2008 年版。 如该书作者认为，《商标法》的第一立法宗旨是“维护消费者利益”。 在笔者看来，这样的认识就偏离了显著性。 因为，显著性是指向商标的，是以商标权人为导向的。

了商标与企业的关系，它指示了商品的来源（企业），并区别于同类产品或者服务（商品）。在这个意义上，简单地认定某个标示是臆造的、任意的，从而认定其有无区别能力是武断的。

把“显著性受到损害之虞”作为判定侵害商标权的标准的另一个理由是，它可以统合商标法的基础。按照“混淆标准”，其依据的主体是消费者；按照“淡化标准”，其依据的主体是商标所有人。这样，在商标法上就存在两个角度不同的判定侵权的参考系，其结果是造成商标法基础的混乱不一。更重要的是，在认定商标的混淆时，按照 TRIPs 协议第 16 条第 1 款的规定，若对相同商品或者服务使用了与他人形同的标志，则推定存在混淆的可能。并以此为基础，认定构成了对商标权的侵害。这种武断的认识忽略了一种现实生活中常见的一种情况，有时尽管行为人在相同商品或者服务上使用了与注册商标相同的标志，但消费者并没有造成混淆，如行为人在价格、产地等方面明示，消费者根本不可能混淆。知假买假就是这种情况。例如，在我国的南方某市的港口市场上，英纳格手表售价 200 元，一般的消费者显然不可能把其当做瑞士生产的手表。① 但这种行为仍然应当认定为侵权，理由就是，英纳格这个商标的显著性降低了。还有，某个汽车公司只做高档产品，如 BMW，如果有个消费者把 BWM 汽车的标志用在自己的质量低劣汽车上，显然不属于我国《商标法》上第 52 条第 4 项的反向假冒行为，也不是对驰名商标的弱化，但仍然降低了 BWM 的显著性，如果满街的车上都贴上了 BWM，BWM 这个标志所彰示的高贵品质荡

---

① 经济学家张五常就认为，假货给消费者造成混淆的可能性就非常小，原因在于，市场会给消费者以保护。参见张五常：“打假货是蠢行为吗？”，载 http://blog.ifeng.com/article/3514951.html，访问时间：2009 年 12 月 10 日。也正是在这个意义上，日本学者田村善之才指出，市场和法律之间在保护民事主体权益方面的竞争性。参见[日]田村善之：《知的財産法》，有斐阁 2003 年版，第 9～13 页。

然无存。① 这种行为与阅读盗版书的差异在于，前者具有一定的公共性，影响了 BMW 的潜在消费者，使 BMW 的显著性降低。在这个意义上，笔者认为，行为的性质与行为人是否与商标所有人之间存在竞争关系并无必然联系，重要的是后果。

把“显著性受到损害之虞”作为判定侵害商标权的标准预示了救济模式的转变。在以混淆为侵权认定标准的前提下，考量的是消费者，把消费者当做受害人。按此逻辑，行政保护就是应有之义。在现阶段修改《商标法》的讨论中，诸多的呼声是减少行政救济。这类呼声的主要理由是，商标局是国家机关，靠纳税人的税收维持运转，如果过多的采纳行政救济，就会得出用纳税人的钱帮助商标权人维权的结论。仔细考量，这样的分析并不成立。如果以防止给消费者造成混淆作为判定侵害商标权的标准，其结论显然是《商标法》的消费者主义。众多消费者的利益显然可以构成公共利益。② 为什么不能给予行政保护？ 经济学家许成钢和卡塔琳娜·皮斯托认为，由于法律是内在不完备的，仅仅依靠法院阻吓违法的被动式执法有时是次优的，必须通过其他的立法和执法方式进行矫正。他们通过模型得出结论，在损害行为标准化程度高，而且预期损害的外部性大时，采纳主动的监管者执法模式就是最优的。③ 行政保护就是监管的一种方式。因此，如果以消费者混淆作为侵害商标权的认定标准，行政保护就是有效率的。与此相反，笔者认为，侵害商标权的判定标准是“显著性受到损害之虞”，这时法官就可不以消费者为考量的标准，而径行判定行为人的行为是否降低了商标所有人商标的显著性。

---

① 至于这种行为是否应当向商标所有人赔偿则是另一问题。仔细分析这类问题要复杂得多。笔者并不是说，这种情况都构成了侵权，而是认为要综合考量商标所标示的产品的档次、价格等实际情况个案分析。

② 关于公共利益的构成与判断，参见陈新民：《德国公法学基础理论（上）》，山东人民出版社 2001 年版，第 5 章。

③ 许成钢、卡塔琳娜·皮斯托：“不完备法律：一种概念性分析框架及其在金融市场监管发展中的应用”，见吴敬琏主编：《比较（第 3 辑）》，中信出版社 2002 年版。

如果一个行为降低了商标的显著性，他应当向商标权人赔偿；如果该行为同时还给消费者造成了混淆，使消费者蒙受损失，则消费者可以通过向有关部门投诉或者通过起诉获得救济。

将侵害商标权的判定标准界定为“显著性受到损害之虞”还可以在学术研究上有效地分配资源。在以混淆作为判定侵害商标权的标准时，诸多的学者和实践部门的研讨人员多把精力置于消费者的研究上，如研究消费者的偏好、消费者的心理、何谓混淆的可能性等等，①而忽略了对商标本身的研讨，忽略了对商标条件和显著性的研讨。在笔者看来，研究消费者的心理与偏好等更应该属于经济学、心理学、消费者权益保护法等领域的任务。当然，这并不意味着笔者赞成界限分明的学术隔离，但从经济学上看，合理的学术分工是产生优质产品的必要条件。

五、结　语

本文对传统的商标法上的“混淆标准”进行了反思乃至反对。这并不意味着笔者秉持一种启示录式诊断的批评态度，只给出否定而不提出方案。相反，本文着眼于“混淆标准”的不足，基于《商标法》的立法目的，提出了一种重塑侵害商标权的认定标准，认为“显著性受到损害之虞”应是侵害商标权的认定标准。② 混淆和淡化等都是显著性降低的表现形式，“显著性受到损害之虞”为它们提供了基础。

---

① See Thomas R. Lee, Glenn L. Christensen, Eric D. DeRosia, *Trademarks, Consumer Psychology, and the Sophisticated Consumer*, Emory L. J, 2007 ~ 2007, Vol. 57, p. 575, Rebecca Tushnet, *Gone in Sixty Milliseconds*: *Trademark Law and Cognitive Science*, http://www.tushnet.com/law/gone.pdf，访问时间：2009 年 12 月 25 日。

② 在实践中，我国已有从商标的显著性角度讨论侵权是否成立的判例。参见最高人民法院［2004］民三终字第 2 号民事判决书。

问题是，这种做法是否仅在逻辑上为《商标法》提供了一个自洽的借口，而不能为商标制度的运行提供力量，从而使本文的讨论与建构表现为那种夸大的法律形式主义？

就一般商标而言，已有的研究表明，并非所有的直接侵害商标权的行为都以混淆为前提。① 就驰名商标而言，不仅是源自具有竞争关系的经营者的淡化行为构成了对驰名商标的侵害，在笔者看来，即使是某些个人性质的使用，如果降低了商标的显著性，同样有被认定为侵权的可能。② 将“显著性受到损害之虞”作为侵害商标权的认定标准并不意味着扩大了商标权的保护范围。例如，在诸如贴牌加工那样的行为中，笔者就认为由于商标与商品之间的联系没有被切断，显著性就没有减低。因此，把“显著性受到损害之虞”作为认定侵害商标权的标准，是基于《商标法》以商标所有人为中心，对侵害商标权的行为进行的一次概括和重组，与商标权保护范围的扩大与缩小没有必然联系。相应地，笔者认为，在对诸如我国《商标法》第52条进行修改时，就没有必要把“混淆标准”纳入其中，而应表述“显著性标准”；同时，将解释“显著性受到损害之虞”的任务交给司法解释，并赋予法院结合各种实际要素综合衡量的权力。就此而言，“显著性标准”与前文所讲的语境论并不矛盾。③ 本文从历史的角度讨论了商标的功能，探讨了其本质；④ 并没有在逻辑命题之间进行条理分析，而是从商标所有人的角度讨论了“显著性标准”的必要性和可行性，注重讨论“显著性受到损害之虞”给商标法带来的系统性后果。在此意义上，本文具有明显的法律实用主义特色。

---

① 孔祥俊：《商标与不正当竞争法》，法律出版社2009年版，第9章。

② 参见本文第四部分。

③ 在汉语文献将“语境论”作为一种方法讨论的，参见苏力：“语境论：一种法律制度研究的进路和方法”，载《中外法学》2001年第1期。

④ 关于实用主义与历史主义的亲和性，参见[美]理查德·A. 波斯纳：《法律、实用主义与民主》，中国政法大学出版社2005年版，导论。

网络著作人身权研究

何炼红[*]

当今世界，关于著作人身权的法律保护存在大陆法系和英美法系两大体例。从整体上而言，理性主义的大陆法面向未来，注重逻辑的严密与周延，在成文法中集中规定了著作人身权，为该权利提供了强有力的保护。例如，法国法自19世纪以来，就明确规定了作者享有发表权、署名权、保护作品完整权和收回权四种著作人身权，德国法在此基础上还增加了接触权。大陆法系的著作权兼具人身权和财产权双重属性。在二者之间的关系上，以德国为代表的一元论强调人身权和财产权的一体保护；以法国为代表的二元论，则承认人身权和财产权可以互相独立，并由此导致了传统著作人身权的两大特征：不可转让、永久保护。相比之下，经验主义的英美法面向过去，注重于法律的实际运行，强调著作权的财产价值，长期以来采用分散的体例，基于普通法，通过司法判例个案处理著作人身权。英国法直到1988年才规定了作者享有身份权、保护作品完整权、禁止假冒署名权以及私用照片与影片的隐私权四项著作人身权。美国法直到1990年才有限地承认视觉艺术作品的作者享有身份权和保护作品完整权。由是观之，世界各国有关著作人身权的法

---

[*] 何炼红，法学博士，中南大学法学院教授，中南大学知识产权研究院研究员。本文原载《中国法学》2006年第3期。

律制度尽管存在差异，但都对其予以保护已是不争的事实，因为赋予作者著作人身权是作者与其作品之间存在内在联系的必然逻辑结果。

然而，随着信息网络时代的到来，传统的著作人身权理论和实践面临着一系列新的挑战。数字技术的发展，既给作者的创作提供了前人无法想象的空间与便利，也给作者权利的实施带来了诸多难题与障碍。著作人身权的保护如何回应网络环境所提出的挑战，正是本文所要探讨的问题。

一、网络著作人身权面临的挑战

（一）数字技术作品著作人身权适格性的困惑

在网络环境下，计算机软件是受著作权法保护的最重要的数字技术之一。TRIPs 协议第 10 条（1）款明确规定，计算机软件作为文字作品予以保护，这意味着软件的开发者可以与其他种类作品的作者一样享有权利。把信息技术纳入著作权法的保护范围，革新了传统的著作权观念，但一个重要且尚未解决的问题是：作者享有的一系列著作人身权，新技术的创造者是否也应予以分享？关于数字技术产品著作人身权的适格性问题，很少受到学理上的关注。特别是在作品被视为作者人格延伸的前提下，损害作品意味着对作者本身会产生损害后果。在软件开发者和计算机软件之间是否也存在这样一种密切的关系？毫无疑问，计算机软件是科学作品，对此，我们不能简单地套用基于艺术创作背景而发展起来的著作人身权原理，人们也不可能仅凭某种创新的直觉就可以完成软件的开发。那么软件开发者基于其创造性劳动，对于软件是否也可以享有某些种类的人格利益？ 如果可以享有，该利益的本质是什么？ 进一步而言，如果计算机软件是众多合作作者共同努力开发的结果，或者是雇员在雇佣劳动过程中的产物，对于这个问题的回答是否会有所不同？ 当分析这些问题遇到困难时，人们往往从创作目的出发，认为文学艺术作品是为读者直接提供某种思想情感的体验，而软件则是通过计算机的运行来实现相应的功能，并以此来界定计算机软件和传统文学艺术作品所存在的根本区别。 然而，据此断定软件开发者对于其作品就绝对没有情感的说法似乎并不是很恰当，如果他设计的软件特别优秀或给人以深刻的印象，像传统的作者一样个性化地认定他的作品难道就不重要吗？ 我们有必要解决这样的著作人身权问题。

（二）数字技术与文学艺术的交汇导致著作人身权概念的模糊

数字网络技术的发展，拓展了人们的创作手段，诞生了计算机生成的作品、多媒体作品等一系列新型的作品。 数字技术和文学艺术创作之间因而存在着一种交汇与融合。 以计算机程序为例，其不仅被著作权法当做文字作品予以保护，而且作为一项新技术，也可以被人类利用来设计生成有关文学艺术作品。 此种情况模糊了著作人身权的基本概念。 首先，在计算机生成作品的情形中，谁是作品的作者？ 也许有人会武断地推定作者应当是程序的开发者，因为程序的设计体现了他的智慧。 然而，当程序被设计为生产一系列不可预知的事项，并由此产生一定的文字、图像或声音，程序的开发者并不能预知最终“作品”的性质时，他是否还可称之为“作品”的作者？ 作者可能是人类也有可能是机器甚至还有可能是这两者的结合，使得作者的身份变得难以琢磨。 其次，著作人身权的客体变得不确定。 网络空间被有的学者称之为是“构建主义正在发生的实在”，[①]通过网络互动，借助计算机程序生成的产品，在哪一个操作阶段可以成为著作权法意义上的作品，并由此得到著作人身权的保护？ 对这类作品的歪曲和滥用是否也会对作者的人格产生影响？ 最后，作者和作品之间的关系也会因为创作手段的改变而受到影响。 一般说来，技术干预的因素越多，作者和作品之间的关系就会越松散。 因此，要求法律对计算机生成的作品给予充分的著作人身权保护是非常困难的。

（三）作者、作品和使用者观念的并置对著作人身权合理性的质疑

信息化和全球化使作者、传播者、最终使用者之间的关系和交易力量有了一个基本改变，出现了来自不同领域的创作利益需求，存在分享著作人身权的各种利益期待。 随着数字技术商业应用方式的不断翻新，尤其是对等网络(Peer-to-Peer)的出现，使得社会公众更可能参与创造作品。 通过网络的架构，人们可以非常方便地进行集体创作，在数字音乐、电影、软件等领域，多重参与者共同进行创造性的劳动，可以获得任何需要的效果。 而且由于文化需求的日益大众化与通俗化，创作已经不再是雅士们闲情逸致的表达，也不再是学者们深思熟虑的见解，而是一部分社会公众赚取生活费用的劳作。 网页设计人、计算机程序及电子邮件编写人、网络写手、短信写手以及大量的垃圾邮件制造者，在一定意义上都属于数字技术催生的新型创作群体。[②] 面对这些越来越普及的合作、委托或雇佣性质的网络作品，我们往往很难确切地指出它们的作者。 即使作者身份明确，也应考虑和顾及其他合作作者、投资者或委托者的利益，对作者著作人身权的行使给予

① 刘大椿：“虚拟技术的现代性问题”，载《自然辩证法研究》2004 年第 12 期。

② 沈仁干主编：《数字技术与著作权观念、规范与实例》，法律出版社 2004 年版，第 15 页。

一定的限制。新技术已经开始瓦解传统的作者和公众之间的等级关系，作者、作品和使用者观念的并置，对于著作人身权的合理性提出了质疑与挑战。

(四)网络著作人身权实施的困难

自由开放、互动的网络为作品的创作和传播提供了多元生存和繁荣的场所，也为著作人身权的实施带来了更大的困难：认定作者的信息可能不需要技术知识而被轻易消除，对作品的随意改动可以不留任何痕迹，侵权作品可以在全球范围内被广泛地传输且几乎不需要成本。人们尽管开发出了一些技术措施，如密码、密钥卡、程序加密技术、反拷贝技术、电子水印等，然而，这些所谓的反规避措施在技术上容易很快被淘汰，在网络数字技术迅猛发展的今天仅发挥有限的效用。一般而言，损害作者的名誉或声望是构成著作人身权侵权的前提条件。但网络的无国界致使作品的跨国利用不断增长，要确切地认定作者的“名誉或声望”似乎不太现实。如果作品在一个不会产生作者名誉或声望的国家被改动，然后通过网络进行传输，将有可能出现这样一种结果，即作者的名誉或声望在一些国家受到贬损而在另外一些国家却得以提升，那么作者该如何维护他的著作人身权？某一国家认同的社会评价标准，不一定在其他国家同样得到认可，以道德评价为基础的侵权判断标准，有待重新予以审视。①

针对上述问题，一些学者已经提出著作人身权可能与数字时代文学艺术作品的创作和传播无关的命题。然而，笔者认为，不能因为著作人身权在实践中难以实施，就像有些人鼓吹的那样，在网络空间消灭著作人身权，因为这将从整体上动摇整个著作权制度合理性的根基。值得注意的是，为了处理数字技术与网络技术所带来的

---

① Thomas P. Heide, *The Moral Right of Integrity and the Global Information Infrastructure: Time for a New Approach*, 2 U. C. Davis J. Int'l L. & Pol'y. 1996, p. 227.

著作权与邻接权方面的新问题，世界知识产权组织于1996年12月通过了《WIPO版权条约》和《WIPO表演和录音制品条约》，这两个公约不仅完全接受了《保护文学艺术作品伯尔尼公约》（以下简称《伯尔尼公约》）对著作人身权的规定，而且把著作人身权的保护范围从作者扩展到了表演者，这正是对著作人身权在数字时代仍然具有巨大现实意义的肯定。

二、国外对网络著作人身权保护的回应

（一）数字技术作品著作人身权的保护模式

关于著作人身权是否适用于数字技术作品，国外的法律体现了两种态度：

其一，将数字技术作品等同于一般的作品给予保护。《伯尔尼公约》允许根据第2条（1）款保护计算机软件，该条规定的“文学艺术作品”包括文学、艺术和科学领域内的一切成果，而不问其表现形式或表现方式如何，公约第6条之二关于著作人身权的规定适用于所有享有著作权的作品。因此，在《伯尔尼公约》中，没有针对计算机软件著作人身权的特殊规定，我们完全可以推测著作人身权同样适用于计算机软件。TRIPs协议确切地规定了计算机软件是作为文字作品给予保护，不过，由于该协议从整体上排除了著作人身权的内容，计算机软件作者的著作人身权也就不复存在。西欧是大陆法系著作人身权的发源地，长期以来对于著作人身权给予了高水平的保护。然而，在欧盟有关著作权的指令中，也没有直接对计算机软件的著作人身权作出规定，只是在保护计算机程序的第91/250/EEC号指令第2条和第3条中提到，当软件是由雇员在雇佣合

同框架内或根据雇主的指示创造时，使用权将属于雇主。那么，在使用权被放弃的情况下，是否意味着雇员或软件作者仍然保留有著作人身权？对此则没有明确的规定。另外，在一些国内法中，不管是普通法系的加拿大、爱尔兰、澳大利亚，还是大陆法系的德国，在这个方面均没有作出清晰的判断。

其二，法律通过不同的途径限制或排除数字技术作品作者的著作人身权。主要方式有：

1. 限制著作人身权的行使

根据《法国知识产权法典》L. 121—7 条规定，除非有更有利于软件作者的约定，软件作者不得反对有关权利受让人在不损害其荣誉和声誉的情况下修改软件。《日本著作权法》第 20 条也规定，作者有权保持作品及其标题的完整性，但如果是为了在具体的计算机系统中使用或者为了更有效果地使用计算机而改变软件作品则不在此限。

2. 部分或全部排除著作人身权的适用

在英国，身份权和保护作品完整权不适用于计算机程序或计算机生成的作品。[①] 在法国，软件作者不得行使追悔或收回权。[②] 而根据《美国版权法》第 106 条之二的规定，著作人身权仅限于少数视觉艺术作品的作者享有，包括计算机软件在内的大多数作品被完全排除在著作人身权的保护之外。

人们往往认为，软件产业的发展特别依赖于程序员能自由地利用现有的软件。在计算机产业，对作者的权利过度保护将抑制这一重要领域的发展。因而，在国际著作权领域和一些国内著作权法

① 《英国版权、专利和外观设计法》（1988）第 79 条（2）款（a）项和第 81 条（2）款。值得注意的是，在这里，软件作者享有的禁止假冒署名权并没有被取消。

② 《法国知识产权法典》L. 121 –7 条。

中，没有对数字技术环境下的著作人身权进行专门规定，往往被有些人解释为是该领域取消了对著作人身权的保护，而一些国家明确限制或排除软件的著作人身权的内容似乎更加支持了这种观点。不过，我们就此简单地否定信息技术领域著作人身权的适用显然是草率的，著作人身权的保护需求事实上会因为创作领域的不同、技术干预的程度不同而有所差异。数字技术固然挑战了著作人身权的基本原理，不可忽视的是著作人身权对于技术和文化发展也有着潜在的影响。

这一点在印度法院的判例中已经得到了验证。印度是一个有普通法传统的发展中国家，在软件产业领域，其已经成为世界范围内极其重要的国际参与者之一。在 Statart Software Put Ltd v. Karan Khanna 一案中，一家公司修改了两名在先雇员所开发的计算机程序，改动了有关文字的个性化模板，当法官根据《印度版权法》第 57 条判断公司的行为是否意味着侵犯了雇员的保护作品完整权时，认可了上述观点。① 尽管在法院判决之前，当事人就争议最终达成了一项和解协议，印度政府还是注意到了这个问题，作为回应，修改了《印度版权法》第 57 条的规定，完善了保护作品完整权的有关内容。有意思的是，印度政府并没有采取完全排除计算机程序著作人身权的做法，而是在第 57 条中规定："适用第 52 条第（1）款（aa）项的有关计算机程序的任何演绎行为，作者无权予以限制或者主张损害赔偿。"与此相关的第 52 条规定了著作权侵权的一种除外情形，即"合法复制品的所有者在两种情形下，可以复制或演绎计算机程序：第一，如果复制或演绎是为了程序提供的目的利用计算机程序，不被认为是著作权或著作人身权的侵权；第二，仅仅基于程序提供的目的而利用计算机程序，为了防止数据丢失、破坏或损害而制作临时备份也是允许的。"这种除外规定的实际含义是什

① 该判例的概述参见 P. Anand, *The Concept of Moral Rights under Indian Copyright Law*, 27 Copyright World. 1993, pp. 35 - 36.

么？很清楚，软件购买者对于计算机程序的常规使用不会侵犯著作人身权。不清楚的是，计算机程序的雇主或委托方在多大程度上可以免除著作人身权的责任？在除外条款中包含的“演绎”术语似乎表明，程序的委托方所受到的一些保护并不那么简单，基于程序提供的目的而使用计算机程序，也可能包含了在 Statart 判例中所出现的程序修改行为。然而，如果该条款的最终目标只是为了排除计算机程序的保护作品完整权，用更为简单的形式同样可以实现此种目的。实际上，一旦程序的委托方违反了“基于所提供的目的”而使用程序，他完全有可能侵犯作者的著作人身权，且《印度版权法》没有采取任何措施限制软件作者的署名权。印度的软件产业经过长期的奋斗，已对印度的发展和国际影响起着关键的作用，为什么不完全排除软件作者的著作人身权呢？这只能说明，印度政府认为对著作人身权的适当保护有益于其软件产业的正常发展。①

此外，在计算机生成作品的情形中，一个值得考虑的事实是，作品之所以受到保护，归根到底是因为作品中人的因素在起作用，也就是说，作品中所体现的独特东西必须属于作者的智力劳动成果，单纯由机器制造出来的东西不能得到著作权的保护。况且，我们即使承认计算机可以生成作品，也并不意味着计算机必然会促进作品的创作。英国的数字作品作者就并没有完全失去他们的著作人身权，因为他们只把计算机作为一种创作工具，故相对于传统作品的作者而言，借助计算机而产生的新型作品的作者身份也不会有很大的差异。当计算机用于作品创作时，“如果在计算机技术应用过程中产生的作品满足最低限度的独创性衡量标准，那么该作品就可以获得版权”，“程序或输入数据的作者的身份与最终作品的作者身份是完全分离的，是计算机的用户而不是程序的作者拥有最终

① Mira T. Sundara Rajan：Moral Rights in Information Technology：A New Kind of ‘Personal Right’？，*International Journal of Law and Information Technology*，2004，Spring，p. 48.

作品。”①当数字技术贯穿于创作过程中的不同阶段，在每一阶段伴随不断增加的参与者，通过著作人身权来维护作者和作品之间的关系，实际上可以促进文化和创作水平的提高。

（二）著作人身权的流转与限制

容纳新技术和认可合法的对抗利益是各国著作权法共同的发展趋势。即使现行立法不降低网络著作人身权的保护水平，权利人、投资者或使用者之间也可以通过合同方式排除著作人身权的适用，或者凭借著作权法授予雇主或委托方权利，事先对可能引发的著作人身权争议作出安排。这实际上是允许著作人身权如同财产权利一样来行使，以应对数字网络环境对著作人身权的挑战。

1. 放弃

《伯尔尼公约》没有明确允许或禁止放弃著作人身权，“它基本上不触及合同法”，②因而其成员国在承认著作人身权的放弃上存在广泛的空间。大多数大陆法国家明确禁止著作人身权的转让，著作权的继受者被剥夺了相应的著作人身权，不过，对作者的某些放弃事实，在司法实践中也存在一定的灵活性，与此相关的诉求并不会总是遭遇彻底的回绝。③只是对各项著作人身权的放弃并不意味着对权能本身的放弃，而可能被看做是对基于人格权被侵犯而产生的各项请求权之行使的放弃。④ 在普通法国家，尽管都庄严地确

---

① ［美］罗伯特·P. 墨杰斯等著：《新技术时代的知识产权法》，齐筠等译，中国政法大学出版社 2003 年版，第 780 页。

② Michael B. Gunlicks, *A Balance of Interests: The Concordance of Copyright Law and Moral Rights in the Worldwide Economy*, 11. Fordham Intell. Prop. Media & Ent. L. J. 2001, p. 650.

③ Ian Eagles, Louise Longdin, Technological Creativity and Moral Rights: A Comparative Perspective. *International Journal of Law and Information Technology*. 2004, Summer, p. 228.

④ ［德］M·雷炳德：《著作权法》，张恩民译，法律出版社 2005 年版，第 365 页。

认著作人身权不可转让，然而，又几乎普遍地设置了一个放弃模式来予以平衡，且大多数国家法律对于著作人身权的放弃设置了限制性条件，以从形式上或实质上约束作者的著作人身权诉讼自由。放弃的限制性条件往往涉及以下几个方面。

（1）放弃一般须采用书面形式。

只有少数国家的法律允许口头放弃或根据当事人的行为推定予以放弃著作人身权。① 比如，在美国，法律只认可书面形式的放弃。在新西兰和英国，各项著作人身权均可通过作者署名的书面声明予以放弃，但根据禁止悔言原则，法律也允许默示放弃，从而在一定程度上可以规避放弃的书面形式要件。② 此外，在英国和加拿大的格式出版合同中，已经出现了要求作者完全放弃著作人身权的条款。由于作者在出版交易活动中处于不平等的位置，为了实现作品的出版，往往迫不得已放弃他的著作人身权，这事实上成为了出版商凭借其经济优势胁迫作者的一种手段。著作人身权可以通过格式合同予以放弃，无疑是对其法定保护的一种嘲笑。③

（2）放弃须约定确切的范围。

除英国在外的大多数普通法国家不允许一揽子放弃。在大陆法系，著作人身权不可转让，因而在理论上它也不能被完全放弃。不过，他们也承认如果没有一些形式上的放弃，将不可能有效地利用作品，这个原理上的困惑往往通过作者的某种特殊约定形式来解决，一个作者尽了必要的注意义务后，可以明示允许他人对于其作品进行具体的改动。如德国法规定，作者可以同意他人对其作品、

---

① 加拿大法律就没有规定放弃的形式，允许口头形式的放弃。参见《加拿大版权法》（1985）RSC，c10，第14.1条(2)款。

② 《美国版权法》第106条之二（A）款(e)项(1)目；《英国版权、专利和外观设计法》(1988)第87条（1）款；《新西兰版权法》（1994）第107条（1）款。

③ Mira T. Sundara Rajan：Moral Rights in Information Technology：A New Kind of ‘Personal Right’？, *International Journal of Law and Information Technology*, 2004, Spring, p. 41.

作品标题、作者标识进行相应的修改，[①]但约定确切的范围是合同生效的要件，且禁止在合同的条款中予以取消。法国法也采取坚定的立场反对泛泛的放弃。其理论依据是，作品的修改有时可以被解释为是根据作者意愿而进行的演绎创作，如果放弃不直接针对具体的修改行为，将使作者难以行使控制权，因而不能予以采纳。有时，放弃行为也可能客观上会给作者的人格造成伤害，因此，在《比利时著作权法》中，即使认可作者可以同意他人对其作品进行具体的修改或改动，但同样主张司法干预，使得损害作者名誉或声望的同意行为归于无效。[②]

（3）禁止未来作品著作人身权的放弃。

允许作者放弃未来作品的著作人身权，[③]也就意味着作者放弃了对其未来的名誉和声望所造成伤害主张合理损害赔偿的可能性。因此，美国法不允许未来作品著作人身权的放弃，新西兰法认为那样的放弃过于抽象，允许放弃著作人身权的作品应当仅限于“已完成的、正在进行的或即将着手创作的”作品。[④]基于一个类似的逻辑，法国法和德国法也禁止未来作品著作人身权的放弃。[⑤]

2. 雇佣作品理论

英美法国家在版权法中规定了雇佣作品。所谓雇佣作品是指

---

① 《德国著作权与邻接权法》(2003)，第39条(1)款。在这种情况下，作者本人依然保留禁止他人对作品进行歪曲或篡改的权利。参见Das Zweit Mal案，《联邦法院判例》，UFITA杂志，1971年，第62卷，第259页。

② C Doutrelepont, *Le Droit Moral De L'Auteur Et Le Droit Communautaire*, Bruylant, Brussels, 1997, p. 292.

③ 爱尔兰和英国法允许针对未来作品放弃著作人身权，参见《爱尔兰版权和邻接权法》(2000)第116条(3)款(a)项；《英国版权、专利和外观设计法》(1988)第87条(3)款(a)项。

④ 《新西兰版权法》(1994)第106条(3)款。即将着手创作的作品不包括遥远的未来作品。

⑤ Thomas P. Heide, *The Moral Right of Integrity and the Global Information Infrastructure: Time for a New Approach?*, 2 U. C. Davis J. Int'l L. & Pol'y. 1996. pp. 246 - 249.

雇员在受雇期间和受雇范围内创作的作品。基于雇佣创作的作品由雇主享有版权，雇员自动放弃精神权利。雇佣作品理论回避了著作人身权的不可转让性，与作品相关的著作人身权被预先归属于雇主，因而，在一些法律制度中，雇主可以通过各种方法限制雇员分享这些权利。比如，根据新西兰法，如果实际上难以认定作者，或一件影视作品存在多重创作贡献，致使查明那些具体的贡献是“不切实际的”，在此情形下，雇员或导演不能主张著作人身权。① 爱尔兰和英国法甚至更加苛刻，一旦根据法律规定著作权事先被授予雇主，就几乎取消了雇员的身份权，保护作品完整权则仅仅萎缩成为了一种名义上的权利，被雇佣的作者或导演除非与作品有公然的联系，他们都必须明示放弃过去和现在的保护作品完整权，当然那样的放弃仍须遵循侵权法的规定。②

大陆法系一般没有雇佣作品理论。在法律没有相反规定时，所有形式作品的作者不管他们的地位或境况如何，均被假设为有资格获得完整的著作人身权。例如，在法国，雇员有权利用著作人身权维护自身的利益，反对雇主忽略他们在作品中的贡献或对作品进行歪曲篡改。除非成文法另有规定，雇员理所当然地充分享有独立创作作品的自由，雇员的著作人身权与其他作者的著作人身权处于同等的保护水平，与其获得的劳务报酬无关。但是，从著作人身权的功能考虑，法律对雇佣作品的著作人身权在保护上也允许一些例外。一般而言，为雇佣目的而创作的作品，从属于雇主的控制越多，与作者的人格联系也就越少，集体作品的参与者相对于一般作品的作者而言，更不具有人格上的独立性。因此，雇佣作品的作者

① 《新西兰版权法》(1994) 第97条(6)款(a)项，第97条(6)款(b)项。在新西兰法规中，对积极署名权的限制比英国法规定的相关限制更为严格。在英国，如果对作者或导演认定困难或不切实际，立法不需要进行事实的调查，而是在每一情形中直接假定为认定是困难的或不切实际的。

② 《英国版权、专利和外观设计法》(1988) 第79条(3)款；《爱尔兰版权和邻接权法》(2000) 第108条(2)款。

不能享有充分的著作人身权利益，或者，换一个角度来说，雇佣作品在一定意义上不是独一无二的“艺术”。即使符合此种意义上的艺术资格（如艺术家创作的不会导致误认的杂志封面，明显体现了导演个性与风格的电影等），事实上基于雇佣而创作的作品，往往视为艺术家向委任方放弃了著作人身权，因为后者需要利用作品的灵活性超过了艺术家主观声誉方面的利益。故在大陆法国家，完成工作任务的创作者通常不会被看成是作品的真正“作者”，不能获得相应的著作人身权。以典型的影视作品为例，意大利法就规定，尽管根据著作人身权的一般原理，剧本作家、导演、舞台设计人员和作曲家等是一部电影的“作者”，然而，这些人无权阻碍电影的发行；且一旦他们反对电影的发行，制片人可以将争议提交给一个专家小组进行仲裁。[①] 而在德国，根据《德国著作权法》第 93 条的规定，影视作品的权利人之间以及与制片人之间应当相互适当考虑对方的利益，作者仅能反对制片人对作品的“严重歪曲”或“严重损害”行为。

3. 委托作品的著作人身权

当作品被委托创作时，许多国家的法律没有明确限制作者的著作人身权，只能间接地得出对其著作人身权的限制。如在美国，委托作品实际上被当成雇佣作品的一个特殊类型来看待[②]。如果委托作品创作较多地遵循了委托人的个人意愿且著作权原始归于委托人，作者很可能无法向委托人或其授权的人主张著作人身权，但对其他侵权人仍可行使著作人身权。在其他一些普通法国家，也可能会采用明示或默示的合同条款，在著作人身权影响特定的著作财产

---

① Henry Hansmann, Marina Santilli, *Authors 'and Artists' Moral Rights: A Comparative Legal and Economic Analysis*, 26 J. Legal Stud. 1997, pp. 138 – 139.

② 《美国版权法》第 101 条明确规定，雇佣作品有两种显著情形：一种是由雇员在其工作范围内所完成的作品；另一种是作为所列明的九种类别中的一种来使用的特约或委托作品，如各方以签署的书面文件明示同意，视该作品为雇佣作品。

权转让或许可中的商业利益时，排除该权利的适用。如在英国，当委托协议没有对权利的授权进行具体规定的时候，法院将适用隐含条款使双方当事人的安排得以生效。在 Robin Ray v. Classic FM [①]案件中，Lightman 法官即认为，当不存在规定授权范围的协议时，委托方可以利用的一个潜在的解决方法是，委托方保留合法的版权所有权，同时被委托方可以平等地拥有这个作品的版权。平等的版权所有权的效果将是，委托方有权要求被合法地给予版权权利，但是，当某一隐含条款是使协议规定的事务得以生效所必需的时候，其不得超过此类需要的最小限度范围。[②]

同样，大陆法系有时用并不是很严谨的理论，允许作品的委托方享有著作人身权，委托方甚至可以是一个法律实体，以巧妙地处理当事人之间的关系，实现与普通法规定殊途同归的效果。[③] 比如，在法国，法律实体只可以获得有限的著作财产权，并不能直接获得著作人身权。然而，从法院的审判实践来看，著作人身权的行使往往可以根据作品的性质要求，考虑不同作者的贡献而进行必要的协调。作为出版或发行商的法人不仅可以针对他人实施保护作品完整权，还可以对抗在这种情况下拥有无关紧要的保护作品完整权的“真实”作者的主张。因此，坚持真实作者保留保护作品完整权的原则，并不会从整体上影响到作品的利用。[④]

(三)著作人身权的侵权判断

合同方式固然可以事先对作者的著作人身权做出安排，然而，

---

① Robin Ray v Classic FM(1988) FSR 622.

② [英] 萨莉·斯皮尔伯利：《媒体法》，周文译，武汉大学出版社 2004 年版，第 226 页。

③ Champaud v ELA, Cass Civ, 1e ch, 16 December 1986 (noted in (1987) 133 RIDA 183).

④ Librairie Larousse v Hodeir, Ct App Paris 4e ch, 6 November 1986 (noted in (1988) 136 RIDA 149).

更为重要的是在没有合同约定或约定不明的情况下，如何对侵犯著作人身权的行为进行判断和事后救济。关于著作人身权的侵权判断问题，大陆法系国家往往注重运用诚实信用原则和利益衡量法予以考量；而英美法国家则是通过立法规定合理使用情形，作为著作人身权侵权的抗辩事由。

1. 大陆法系：诚实信用原则和利益衡量法的运用

大陆法系的私法，一直很注重诚实信用原则的运用，以防止权利的滥用或者扭曲。因此，当作者利用著作人身权以主张获得纯粹的商业利益或者主张重新谈判以间接获得曾经放弃的经济权利时，法官利用诚实信用原则驳回作者的此类主张，一般不会遇到很多障碍。例如，在法国，基于诚实信用原则，法官明确表示：当作品的媒介载体发生转换时，在保护艺术家思想的前提下，改编者有权对作品进行必要的技术性改变。① 基于类似的逻辑，法官可以控制一个作者因为许可费太低而不愿继续出版作品时，从市场流通中回收作品；②可以拒绝作者或他的继承人试图利用著作人身权在婚姻争议中获得优势地位③，或免除自身的刑事责任，或规避一些公法原则；④还可以防止继承人通过故意歪曲作者的观点以达到唯利是图的目的，⑤或者利用死者的保护作品完整权来维护与其没有很大联

---

① R Sarraute, *Current Theory on the Moral Rights of Authors and Artists under French Law* 16 Am J Comp p. 465. 1968，德国法也有类似规定，按照诚实信用原则作者必须作出同意的意思表示时，法律允许他人对作品及其标题进行修改。参见《德国著作权与邻接权法》(2003)，第 39 条(1)款、(2)款。

② Chiavaroni v Ste Sulpice, Cass civ 1, 14 May 1991 (noted by F Pollaud-Dulian, (1992) 151 RIDA 272).

③ Jamin v Canal Cass. Civ. 14 May 1945, D 1945 - 287.

④ Cass Crim, 3 June 1986, D 1987 - 301.

⑤ 法国法把继承人作为著作权的准管理人来处理这个问题。德国法不需要改变继承人权利的本质或范围，直接采用诚实信用原则进行规制。当然该方法一个不利的因素是，德国法据此可能仅可以限制继承人积极的权利滥用行为，对于其消极行为似乎无能为力，除非对继承人忽视作者权利的行为，规定了法定的、明示的书面约束。

系的所谓人格与声望。当然，有必要强调的是，这些限制尽管可以在一定程度上否定著作人身权，却不同于著作人身权的转让或一揽子放弃。法官灵活运用诚实信用原则或禁止权利滥用原则，可以在作者、被许可者和第三方当事人之间实现一种理智的平衡。

美中不足的是，大陆法国家在著作人身权的侵权判断中，一般偏好于采用主观测试法来确定对作者的名誉或声望是否造成了损害。即作者有权选择作品公开或署名的方式，作品是否被歪曲或篡改，至少在有生之年，作者是唯一的判断者。然而，这种方法似乎过于偏执，往往不能客观地证明损害事实的存在。当然，针对这一问题，也有一些国家持比较灵活的态度。比如，德国法对于过分强调作者的主观性标准就进行了直接的攻击。对于一个作者认定其名誉或声望存在贬损所作出的主观性判断，德国法院在考虑是否予以承认时设置了严格的限制。法官通常采取三个步骤，根据客观要素来检验作者的观点是否具有合理性，①通过利益衡量来决定使用者的行为是否构成侵权：首先不依赖作者的评价，客观地判断是否存在对作品的歪曲或损害行为；如果歪曲或损害行为存在，然后决定该行为是否危及作者的人格利益；如果是，再考量第三人的合法利益是否比作者的利益更为重要。②"三段论"的判断可潜在地应用于针对作品的任何行为。尽管这种判断只是法官的裁决，从最终使用者的角度而言，如何认定"合法"的利益，或就影视作品而言，判断哪些行为将构成"严重歪曲"或"严重损害"的后果，可能还会遇到一些困惑。但是，法官所采用的这种客观标准，毕竟在一定程度上矫正了主观测试法的不足，为新技术的应用和公众利益的维护提供了广阔的发展空间。

---

① 这并不是一种完全的客观测试，仅仅是为了查证作者所持有的观点是否合理。

② Adolf Dietz, Legal Principles of Moral Rights (Civil Law) General Report, in Le Droit Moral De L'auteur 54, 75. Hendrik Vanhees & Guido Peeters eds., 1993, p. 268.

2. 英美法系：合理使用情形作为侵权抗辩的事由

在英美法国家，法官以能证明对作者名誉或声望造成伤害或者能获得作品被他人歪曲或篡改的肯定证据作为判断侵权的标准。与大陆法系不同的是，这些国家的立法规定了著作人身权的合理使用情形，[①]将其作为侵权抗辩的事由。如《美国版权法》规定，著作财产权的合理使用原则同样适用于著作人身权；英国法为著作人身权的适用规定了一系列具体的例外；《加拿大版权法》规定，侵犯身份权应从属于"合理情形"的测试。[②]最具代表性的当推澳大利亚的规定。澳大利亚法对于作者的身份权和保护作品完整权规定了一个合理使用的范围，作品的利用行为是否属于该范围之内，被告负有举证责任。合理使用必须考虑一系列要素，[③]这些要素覆盖了作品的性质、作品使用的目的以及作品使用的方式等。法官通过对使用作品的产业进行相关的司法调查，以确认实施著作人身权是否关系到作品的使用；如果相关，再考虑该实施行为是否基于当事人的自愿，作品是否属于雇佣作品，作者在履行合同时是否难以履行通知义务，认定作者身份是否要付出较大的代价等因素；最后，如果一件作品有两个以上的作者，法官还必须考虑其他作者不同的观点和所有作者的利益，经过充分的讨论，以确定采取何种方式处理他们的合作作品。[④]《澳大利亚版权法》证明，针对数字网络作品的"特殊性"，著作人身权的保护基于一个合理使用的前

---

① 何炼红、阳东辉："著作人身权合理使用制度研究"，《法学评论》2004 年第 1 期。

② 《美国版权法》第 107 条；《英国版权、专利和外观设计法》(1988) 第 78 条、第 80 条、第 87 条、第 81 条；《加拿大版权法》(1985) RSC，c C－42，第 14.1 条(1)款。

③ 《澳大利亚版权法》(1968) 第 195 AR 条，第 195AS 条。

④ 《澳大利亚版权法》(1968) 第 195 AZI 条(5)款；第 195 AZJ 条(5)款．规定了一个合作作者涉及其作品著作人身权的任何作为或不作为，须不会影响其他合作作者的著作人身权。

提，在拥有广泛司法自由裁量权及对著作人身权实行强保护的大陆法和试图对数字作品实行弱保护的普通法之间，法官完全可以明智地掌握一条中间道路。

三、我国网络著作人身权保护的应对之策

（一）完善软件著作人身权的保护内容

在我国，著作人身权包括发表权、署名权、修改权和保护作品完整权。《著作权法》没有专门规定计算机生成的作品或类似的作品，应推定其可按一般的规定获得保护。针对计算机软件则没有明确规定为文字作品，而是将之作为了一类特殊的客体，《著作权法》第58条规定其保护办法由国务院另行规定，但根据国务院2001年12月颁布的《计算机软件保护条例》来看，对于计算机软件的保护，实际上是比照文字作品来规定的。关于软件作者的著作人身权，立法者认为远逊于财产权，因此，《计算机软件保护条例》中虽规定了发表权、署名权和修改权，却与《著作权法》的规定有所差异。笔者认为，我国软件著作人身权的特别规定尚存在以下纰漏。

其一，署名权范围狭窄。署名权，即表明开发者身份，在软件上署名的权利。根据我国《著作权法》第10条、第47条的规定，署名权的行使既可以是积极地行使，也可以是消极地行使，还可以禁止“制作、出售假冒他人署名的作品”。然而，软件署名权的侵权行为仅限于《计算机软件保护条例》第23条第4款规定的在他人软件上署名或者更改他人软件上的署名，没有规定假冒他人署名的行为。这一点与英国的规定恰好相反，英国法对于计算机软件作者排除了身份权的同时，却保留了禁止假冒署名权。原因在于，软件开发者有权防止其他人借助他们的署名获得声誉，反对假冒署名原

则在一定程度上更适合于数字网络时代。①

其二，修改权定义模糊。修改权，即对软件进行增补、删节，或者改变指令、语句顺序的权利。《计算机软件保护条例》虽然规定了软件的修改权，但这项权利的内涵与《著作权法》规定的修改权并不完全一样，前者多指为用户需要对已开发的软件进行改动的权利，改动的程度有可能构成实质性的，也有可能不构成实质性的；后者基本上是指非实质性的改动，即修改后的作品同修改前的作品相比，不构成一部新作品，如果是构成实质性的改动，则属于改编创作。据此，有的学者甚至把软件的修改权完全纳入了财产权的范畴。② 笔者认为，之所以会出现软件修改权难以明确归属于著作人身权抑或著作财产权这样一种两难境地，就是由于其定义的模糊所致。此外，针对软件的修改权，《计算机软件保护条例》第16条第3款虽然规定，为了把该软件用于实际的计算机应用环境或者改进其功能、性能，软件的合法复制品所有人有权进行必要的修改，但是，第23条第5款又规定，除此以外，未经软件著作权人许可，修改其软件的均构成侵权。这种表达方式在有损作者名誉与声望的改动和作品的创造性改编之间，没有加以区分，这将直接有悖于著作权鼓励作品创造与传播的宗旨。比如，一个使用者在多媒体程序上进行互动，对该程序的作者一般不会产生有损作者名誉或声望的后果，这种修改不会被认为是歪曲、割裂，但是如果程序作者要具体限定他人作出令其满意的修改结果，无疑会阻碍程序的充分利用。

其三，保护作品完整权缺位。《计算机软件保护条例》没有明确规定保护作品完整权。实际上，一些个性化软件的代码效率、缩进风格以及注释格式等特点，无不带有鲜明的个人风格，并以此为

---

① Ian Eagles, Louise Longdin, Technological Creativity and Moral Rights: A Comparative Perspective, *International Journal of Law and Information Technology*, 2004, Summer, p. 218.

② 李明德、许超：《著作权法》，法律出版社2003年版，第269页。

标志。在程序员看来，这些特点是具有美感的，可以带来阅读的快感。故对这类软件的歪曲和篡改，同样会给作者的声誉以及作品的内容、形式和艺术效果造成伤害。印度作为一个发展中国家，在世界上已经成为仅次于美国的软件出口大国，尚且对保护作品完整权的排斥持慎重态度。鉴于我国信息产业落后的现状，却不保留有益于软件创新的保护作品完整权，似乎并不是一种明智的选择。

著作人身权的强保护模式固然不适合网络软件产业，但降低保护水平并不是通过权利内容的疏漏和权利范围不应有的模糊来达到，而是应赋予权利人更多的自由和公众更多的利益选择机会。明确软件著作人身权应有的保护内容，恰恰是为权利的合理行使和利用奠定一个有效的基础。故笔者认为，我国现行软件著作人身权的保护内容应作如下修正：（1）扩大署名权的内涵，明确规定程序的开发者有权禁止他人假冒署名；（2）由于修改权的定义过于含糊，应取消修改权的规定，分别规定保护作品完整权和改编权。对于软件的改动程度不构成实质性创造且有损作者的声望的行为，纳入保护作品完整权规制的范畴；一旦改动程度构成实质性的创造活动，则属于改编权的范围。以此来区分原条例中软件修改权所笼统涵盖的人身权和财产权内容，在有损作者人格利益的改动和作品的创造性改编之间有效地作出界定。

（二）确立著作人身权流转的合同模式

我国著作人身权的立法体例遵循的是大陆法系的二元说，即著作人身权和著作财产权相对独立。这导致了二者完全不同的运行机理和规范价值。理论上，著作人身权的性质是不能转让，不可放弃，永久保护的，是主体享有的静态利益，只有在被侵害时才能显示出权利的存在。传承于大陆法系的这种概念法学，在著作人身权制度层面上所带来的弊端就是导致了法律逻辑对生活逻辑的背离。事实上，著作人身权和财产权之间有着一种难以割断的联系，对著作财产权的利用往往要涉及著作人身权的利益。我国不仅在《著作权法》中存在职务作品、影视作品和委托作品让渡著作人身权的特殊规定，在实践中也存在人身权与主体相分离的实例。前文已提到，英美法系国家普遍设置了一个放弃模式来平衡这二者的关系，从而有效地实现著作人身权的动态利用。但由于英美法系中的“放弃”（waive）概念与大陆法系的“放弃”（abandon）概念有根本的不同，容易在大陆法系遭遇歧义。因为英美法系中的“放弃”主要是根据协议产生债法上的行为，它仅限于合同规定的范围之内且针对合同的当事人。而大陆法上的“放弃”往往是基于所有权产生的物权行为，它具有绝对性或称为对世性，其法律后果是权利人完全丧失对权利客体的支配，这种状况在大陆法系将是不可想象且无法容忍的。笔者认为，不采用“放弃”概念，而直接定位为“合同”模式，则有可能避免著作人身权的放弃带给大陆法系的尴尬，从而在两大法系获得现实认同的可能性。同时，由于网络环境中著作人身权的应用无不渗透着社会、文化和伦理因素，带有明显的价值取向，采用合同模式不仅可以使作者能基于契约自由和意思自治的原则，通过合同处理自身的人身权利，从而实现其所内涵的经济利益，[①]还可以充分发挥作者在著作权实践中的主动性，遵循公众利益优先的原则，在网络技术与著作人身权保护之间建立一种有效的缓冲机制。

数字网络环境下，一种全新的 copyleft[②] 许可模式的出现和繁荣，为著作人身权的有效利用提供了成功的范例。在 20 世纪 80 年代，随着因特网的应用，为了普通公众的创作繁荣和自由，理查德·斯托尔曼（Richard Stallman）建立了自由软件基金（FSF），独

① 何炼红：“著作人身权转让之合理性研究”，载《法商研究》2001 年第 3 期。

② “copyleft”一词体现了与“copyright”（版权）之间的对立，其中“right”体现了对法律的援引，而“left”则意味着对法律的放弃。这一术语表明，其持有的价值观念对于当前的版权支配模式有着潜在的对抗性。

创了 copyleft 许可模式，通过制定一系列许可协议，以消除传统的著作权制度在计算机程序的使用和修改中所设置的种种障碍。以其中的通用公共许可证（General Public License，以下简称为 GPL）为例，它有条件地授予使用者使用、复制、发布和修改软件的权利，只要遵守 GPL 的有关规则，程序的使用者根据开放的源代码可以自由修改程序，从而形成演绎作品；通过注明修改信息且允许第三方按照许可协议的条款免费使用程序，他可以合法地再次发布演绎作品。显然，GPL 没有固守僵化的著作人身权原理，而是允许有条件地让渡修改权以有效地协调作者与使用者的利益，并由此激活了网络社区的活跃和繁荣，成就了 Linux、Apache 等非常优秀的软件产品，在软件产业成功地掀起了一场势不可挡的创新运动。

产生于软件领域的 copyleft 规则迅速蔓延了整个互联网世界。2001 年，斯坦福大学的劳伦斯·莱斯格（Larry Lessig）教授发起的知识共享协议（Creative Commons License，以下简称 CCL）同样颇具代表性。这是一种与 GPL 类似的网络著作权许可协议，它为作者提供了三类可选的条件：（1）是否要求署名；（2）是否允许商业性使用；（3）是否允许修改。这三类条件可以相互交叉产生"2×2×3"一共 12 种不同的许可条件，[①]保护程度覆盖了从不要求署名、允许未经许可商业使用和允许随意修改的最开放自由的著作权要求，到要求署名、不允许未经许可商业使用和不允许修改的最严格的著作权要求。作者使用 CCL 可以非常方便地选择符合自身意愿的著作人身权使用条件，从署名权到保护作品完整权都可以

① （1）是否要求署名：可以选择"Yes"或"No"。选"Yes"表示只要能够指明作者，任何人都能够复制、传播、展示和演示该作品。（2）是否允许商业性使用：可以选择"Yes"或"No"。选"No"表示作者禁止在未经授权的情况下进行任何形式的商业使用。（3）是否允许修改：这里有三种选择，除了"Yes"或"No"外，还有一项是"Yes，as long as others share alike"。选择"No"，允许作品在不经任何改动的情况下自由传播，但禁止利用该作品产生新的作品；选择"Yes"表示允许修改后进行传播；选择"Yes，as long as others share alike"，表示允许使用者对作品进行修改，但形成的新作品必须也使用和原作品同样的版权协议，这一点与开放源代码协议很接近。

通过合同得到处理，从而大大提升了作品传播的灵活性。作者虽然不同程度地让渡了著作人身权，但作品最终完善和所能达到的影响力却远远超出了著作人身权绝对控制的层面，从而实现了“在两个极端之间，找到一个合理的折中方案，在当前产权保护极端主义盛行的背景下，建立一个合理的保护体系。”[①]CCL 受到了世界各国及各地区的普遍欢迎，目前知识共享组织已经与近 70 个国家和地区建立了合作关系，发展成为了一个庞大的国际合作项目。2006 年 3 月，在中国人民大学也举行了简体中文版知识共享协议的发布会，以促进 CCL 在我国的推广和普及。

GPL 和 CCL 的实证分析表明，网络著作人身权的合理流转有着不可否认的意义，依靠作者的意愿，作品可以提供给公众自由支配、修改和传播。Copyleft 模式也为我国著作人身权的利用提供了一种可行的参考，它体现了作者、作品和使用者观念的并置，但并没有放弃对作者和作品的保护，而是通过合同方式，既合法地认可了作者的著作人身权，也成功地维护了使用者的利益。

（三）重构著作人身权侵权的判断标准

作者所拥有的著作人身权是一种对世权，可以对抗任何人。合同模式确立的毕竟是一种相对权，只能在一定范围内达到限制和利用著作人身权的效果，不能禁止第三人未经授权使用作品。因此，合理规制著作人身权的侵权行为有着不可替代的重要作用，而且在数字网络环境中，各种网络作品的使用者也需要有一个标准，以确认其行为是否会侵犯著作人身权。笔者认为，运用诚实信用原则或禁止权利滥用原则，可以判定侵犯网络著作人身权的行为，合理平衡作者、投资者和公众的利益。因为诚实信用原则“为实务上最重要之概括条款，不仅具有补充、验证实证法之机能，抑亦为法解释

---

① Lawrence Lessig, *Commentary*: *The Creative Commons*, 65 Mont. L. Rev. 2004, p. 10.

之基准，为法律伦理价值之最高表现”。[①] 而禁止权利滥用原则将权利之行使限制在不违反法律和不损害社会公共利益的范围之内，明确了民事主体自由的边界，这个边界也是国家可以发动公权力干预私人生活的界限。

涉及对网络著作人身权的侵权判断时，由于对作者名誉和声望损失的认定本身即具有一种模糊性，正是这个模糊性导致了权利范围界限的不明确，因而有必要以诚实信用原则或禁止权利滥用原则的价值共识为前提，确立相应的实体性论证规则，经由理性的讨论，寻求相互的理解，并在此基础上尽量就具体的价值判断问题达成新的共识。 在确立实体性论证规则时，笔者建议，认定是否存在网络著作人身权的损害行为时，应采纳法国学者撒莱和惹尼所倡导的“科学的自由探索”[②]主张，摆脱实在的权威，明确一系列客观性质的要素。 而最终确认是否承担侵权责任时，则还需吸收日本学者加藤一郎和星野一郎所提出的利益衡量法，[③]考虑与作者相冲突的利益，进行实质上的判断。 因此，我们可以分为两个步骤，借助于以下具体化的构成要件，重构网络著作人身权侵权的判断标准。

1. 以客观要素为基础，判断是否存在危及作者著作人身权的损害行为

(1) 作品是否向不特定公众公开。

即关注使用者针对作品所进行的网络传输行为是否属于私人范围。 不过，互联网在私人使用和公开使用之间往往难以确定一个清晰的界限。 使用者一旦着手通过网络传播侵权作品，就有可能会出现超乎预料的损害后果。 例如，一个使用者为了娱乐消遣而篡改了一件作品，然后以 Emai-l 的方式传发给一个朋友，他的朋友却将被

---

① 杨仁寿：《法学方法论》，中国政法大学出版社 2004 年版，第 183 页。

② 梁慧星：《民法解释学》，中国政法大学出版社 2003 年版，第 68 页。

③ 同上书，第 315 ~ 317 页。

篡改的作品在网络上公开了，为世界上不特定的任何人都可能接触。在这种情况下，法院就有必要查明该使用者是否告之了他的朋友不要公开传输作品，否则两人都可能要为侵权承担责任。因此，使用者通过网络传输作品之前，应当考虑到是否存在被公开并由此伤害作者的可能性。此处没有采纳“有损作者名誉或声望”的标准，而是采用了“向不特定公众公开”的要素。在网络环境中，作者的声望不管是实际上受到贬损还是得以提升的情形都可以适用。同时，也允许私人范围内的使用行为，从而限制了作者毫无意义的著作人身权诉讼主张。

（2）作者是否具有可识别性。

在我国，著作人身权的主体一般仅限于作者和表演者，而且相对于作者而言，表演者的著作人身权保护水平要低。此外，作品的种类不同，作者享有的著作人身权保护程度亦有所差异。一般说来，文学艺术作品比功能性作品、事实作品可获得更高水平的著作人身权保护。数字网络环境中，不仅存在作者、使用者、表演者、制作者角色的交叉，同时也存在不同性质作品的混合，对于是否存在损害著作人身权的行为，单纯根据创作主体、作品种类进行判断是不科学的。判断使用者的行为是否侵害了著作人身权，考虑作者的个性在被使用的作品中是否具有客观可识别性，比关注权利的主体和作品的种类可能更有意义。作者的可识别性一般可体现为作品所独具的风格或作品上清晰的署名。当然，这并不意味着作品一旦没有作者的署名，使用者就可以对作品为所欲为。最关键的是，对于作品是否可以某种方式来识别它的作者，即作品需要有确定的作者个性印记，作者通过作品所体现的人格已经受到伤害或将要受到伤害，且有不断增加的可能性。此处强调作者的可识别性，对于排除那些不能明显体现作者个性的作品有着实际的效果。比如，对某些计算机程序、电话号码本、标准化测试题的使用，将不会被认为是损害了作者的著作人身权。然而，如果是复杂的创新软件，依然有足够的独创性空间，并不与作者的个性表达相冲突。一旦软件体现了作者的风格与个性，除非有其他的限制性理由，将不能排除对该软件作者的著作人身权保护。

（3）使用者利用作品的性质和程度。

如果作者的印记是客观可识别的，接下来需考虑使用者利用作品的性质和程度，其中的“利用”是指对作品的改动或者其他影响。根据我国《著作权法》第10条规定，保护作品完整权是指保护作品不受歪曲、篡改的权利，按照通常的理解，其中的“歪曲、篡改”应解释为是一种内在的毁损行为，即对作品本身进行了不适当地改动；而对于外在的毁损行为，即作品本身未被改动但在贬低作者身份的背景下把作品呈现给公众，从而侵害作品完整权的情形却不能有所覆盖。故此处采用“改动或其他影响”这样一个中性的短语，意味着可以包含所有可能的使用，从而在一定程度上可弥补现行立法的缺漏。

作品利用的“性质和程度”则重点关注针对作品可以实施哪些行为，具体要求是使用者应当证明其对作品利用是否具有“创造性”，即实质性的创作进步。由于作者的道德标准和法官、一般公众认可的标准可能有所不同，且不同国家的社会评价基础也存在差异，故该要素的分析没有考虑作者的声望影响，而是强调网络使用者利用作品的性质和程度只需证明包含有实质性的创作步骤，即可以作为侵权抗辩的事由，贬损和提升作者声望的改动被一视同仁。比如，将文字作品改编为影视作品往往证明是包含有创造性劳动；对作品的诙谐模仿或夸张讽刺，如果是出于幽默意图、且以新的表达方法、新的含义或新的信息改变了原始作品，则也具有创造性；但将庄严肃穆的乐曲用于庸俗低级的场合，将难以证明其行为具有创造性进步，因而可能存在损害事实。根据创造性标准，使用者无须决定他的行为是否构成可诉的“歪曲、割裂”或贬损性修改，也无需判断他的改动或其他影响行为是否是“严重地”损害作者的名誉或声望，这些内容应当留给作者主观判断。一般而言，使用者对作品的“改动或其他影响”创造性含量越高，则对作者著作人身权损害的可能性也就越小。

2. 衡量作者的利益与他人合法的对抗利益，确认是否承担侵权责任

基于第一个步骤的判断，如果客观上存在危及作者著作人身权的损害行为，第二个步骤则应考虑作者的利益与他人合法的对抗利益。司法裁判根据它在具体情况下赋予各该法益的“重要性”，来从事权利或法益的“衡量”，[①]以确认其行为是否应承担侵权责任，通常涉及以下几个方面。

（1）合作作者的利益。

我国《著作权法》第13条规定，合作作者共同享有著作权。因此，在合作创作或集体创作的情形下，不管是作者、制片人、导演、编剧还是演员，都可以援引著作人身权寻求保护；但是，他必须合理估计对于著作人身权可能享有的利益期待。如果还有其他人对于作品的创作也作出了类似的贡献，那么在援引著作人身权时必须尊重其他人的利益。即只有所有的共同贡献者之间存在共同的协议，作者才可以实施著作人身权。比如一部电影的剧本被修改了，编剧只有在考虑并尊重在电影中导演或演员等人类似的权益后，才可以援引保护作品完整权。同样，在著作财产权转让后，作者实施著作人身权的能力仍然会受到其他参与共同创作的合作作者意志的限制。

（2）职务作品或委托作品当事人的合法期待利益。

我国不承认雇佣作品理论，只是对职务作品和视听作品有特殊的规定。然而，根据我国《著作权法》第15条、第16条、《著作权法实施条例》第10条的规定，对于影视作品、特殊的职务作品，作者被无条件地剥夺了除署名权以外的其他著作人身权；若著作权人允许将一部作品拍摄成电影，视为著作权人已经同意将作品进行

① ［德］卡尔·拉伦茨：《法学方法论》，陈爱娥译，商务印书馆2003年版，第279页。

改动。此类规定无疑过于极端，排除了作者选择的权利。此外，《著作权法》第17条规定，委托作品在没有合同约定的情形下，著作权直接归属于受托方即作者。该条没有对作者行使著作人身权作出任何限制，显然忽略了对委托方利益的考虑，将有悖于公平原则。笔者不主张采用在雇佣作品中排除著作人身权的普通法惯例，也不完全赞成我国现行著作权立法的规定，而是认为作者与其工作单位或委托方的利益关系，完全可以按照惯例基于合同予以确认，如果缺少合同的认可，则须平衡相关当事人的合法期待利益。“合法期待利益”允许考虑争议当事人之间的习惯或实际情况，且不具体排除某一种作品的著作人身权，诸如功能性作品、事实作品的作者也可以主张著作人身权。然而，由于这些类型作品著作人身权的行使很大程度上受缚于工作单位或委托方的利益，且改动行为一般不可能对作者具体的人格有直接的影响。因此，若提起著作人身权的诉讼，将几乎没有胜诉的可能性。

（3）公众的利益。

大量的文学、艺术和科学作品通常是一个社区文化的重要组成因素，在网络交流中被公众所广泛分享。著作人身权固然可以防止作品掺杂使假，有效地维护公众的利益，但过分地予以垄断也将剥夺公众可共享的信息。在我国，除发表权以外的著作人身权的保护期不受限制，理论上可以无限地存在。然而，放眼当今世界，仅有法国、丹麦、意大利、葡萄牙等少数国家承认著作人身权的永久保护，且其终极目的是“为了公共利益而保护国家的文化遗产”。进一步而言，尽管理论上著作人身权是永恒的，这些国家的法院其实很不情愿在著作财产权到期后仍去执行著作人身权。例如，在1997年，法国最高法院即驳回了巴黎上诉法院提出的一份上诉申请，认为一名画家复制19世纪艺术家Toulouse-Lautrec的作品进行销售时，由于作品已经进入公共领域，因而在不同的油画布上复制作者署名的行为不会产生混淆的风险，没有侵犯相应的著作人身权。[①] 出于上述考虑，笔者认为，我国著作人身权的保护期限应当予以限缩。一种可能的协调方法是，使其与著作财产权的期限相对保持一致，当著作财产权保护期限届满，著作人身权的保护期也应同时届满。这种协调将使著作人身权的保护更加客观化。正如 Dietz 教授所言：作为著作权的一种解决方案，永恒的著作人身权应当被抛弃，其所涉及的问题应当在文化遗产的保护框架内而不是在著作权领域进行处理。[②]

结　语

就一个社会的总体而言，法律发展是一个渐进的过程，对现行立法的修改完善固然重要，然而，面对一种全新的情势尤其是日新月异的网络社会，法律亦不可能作出可欲的且迅疾的调适。因为，文明乃是经由不断试错，日积月累而艰难获致的结果，[③]在唯理主义基础上建立一个无所不包的、条理井然的网络著作人身权制度只能是一种乌托邦式的设想。当我们面临这种困惑时，求助于已经形成的经验和改造的语言表达方法，迎头解决网络环境下的具体问题，也许是一种更直接、更真实的做法。故笔者认为，通过合理借鉴英美法系的放弃制度，灵活运用大陆法系的诚实信用原则或禁止权利滥用原则，确立我国网络著作人身权利用的合同模式，明晰网络著作人身权的侵权判断标准，不失为一种可行的选择。

---

① Le Procureur General pres la Cour d'Appel de Paris v. Sxxxx, Cass. crim. , June 11, 1997, pp. 80 – 96, 388.

② Adolf Dietz, Das Droit Moral des Urhebers im Neuen Franz 〈um o〉 sischen und Deutschen Urheberrecht (1968) pp. 106 – 107.

③ [英]弗里德利希·冯·哈耶克：《自由秩序原理》，邓正来译，生活·读书·新知三联书店 2003 年版，第 15 页。

版权法上公共领域的衰落与兴起

黄　汇*

版权法上的公共领域是人类自由文化创造的源泉，但自20世纪的晚近以来，一种将“版权财产”与“公共领域”对立起来加以看待的做法正甚嚣尘上，从而致使后者牺牲在了前者扩张的步伐之下。然而，我们究竟为什么需要一个富足的“公共领域”来培育“自由文化”的兴起？是什么样的因素最终导致了20世纪末的那场版权扩张，而使“公共领域”淹没在了版权人无限膨胀的“权利欲求”之下，以及我们应当如何重构版权法公共领域的未来以使人类的自由文化得以再生？依循着这些问题，我们展开了本文的逻辑，并希望从对前述问题的论证与探究中能找寻到未来版权法上公共领域的复兴之路，使人类的自由文化得以再造。

一、版权法公共领域对自由文化创造的意义及其衰微

一个广阔的公共领域对人类自由文化创造的重要意义，就如学

---

* 黄汇，法学博士，西南政法大学副教授，硕士生导师。本文原载《现代法学》2010年第4期。

者勒拉·泽默（Lior Zemer）所分析的那样，“任何的知识和创造，都是需要通过两个互补的基础来加以定义的：即共同的和个体的。后者关系到作者的本能、常识及其反应力的应用，而前者则关系到公共领域和以前作者的贡献……两者的相互作用才使得版权作品得以产生：即通过经验、解释和吸收公共领域的要素……作者将天生的能力转化为了实际能力”①。这也就是说，任何的作者包括作家、艺术家、音乐家，他们都是以其前辈营造的知识公地为基础的，“个体作者不过是以自己的方式在更新和扩展着它们”。② 对此，就像著名画家毕加索（Picasso）曾经说到的那样：“如果我不去模仿我的前任画家的话，那我将不得不花费我生命剩下的时间去模仿我自己”，③而“这将无异于在没有工具的情况下去重新发明车轮”。④ 一言以敝，“自从我们人类驯服了火以来，就没有任何东西是纯粹新颖的，今天也一样：文化正如科学技术，是相辅相成的……所有的创造者都部分地利用了前人的作品，引用、源于或取笑；我们将之称为创造，而非窃取”。⑤

但是，在知识产权领域如果我们把人类的“知识财产”和“公共领域”对立起来而倾向于过分地保护前者的话，它就必然会“扼杀人们原本期望它所能带来的创造力”。⑥ 因此，对于科学和艺术的进步来说，“保证公共领域信息的存在和反复使用，与赋予作者

---

① Lior Zemer, *The Idea of Authorship in Copyright*, England：Ashgate Publishing Limited. 2007, p. 107.

② Ibid. , p. 112.

③ B Ghiselin(ed.), *The Creative Process：Reflection on Invention in the Arts and Sciences*, Berkeley：University of California Press. 1952, p. 50，转引自 Lior Zemer, *The Idea of Authorship in Copyright*, England：Ashgate Publishing Limited. 2007, p. 117.

④ M Csikszentmihalyi, *Creativity：Flow and the Psychology of Discovery and Invention*, New York：Harper Perennial. 1996, pp. 421 – 422.

⑤ ［美］罗伯特·P. 墨杰斯等：《新技术时代的知识产权法》，齐筠等译，中国政法大学出版社 2003 年版，第 660 ~ 661 页。

⑥ 同上书，第 660 ~ 660 页。

私人版权是同样重要的。"[①]更何况，处于公共领域的"信息还不仅仅是一种商品，对人类的学习、文化、竞争、创新和民主对话的进程来说都是至关重要的资源和投入"。[②] 所以，"一个科学的版权机制就必须是建立在一个广阔的公共领域信息政策基础之上的，它应该服务于而不是凌驾于信息社会"。[③]

公共领域之保留对于人类"自由文化"创造的重要意义，学者本杰名·坎普拉（Benjamin Kaplan）曾有过更精辟地的论述，他说："如果人们有任何'自然'权利的话——那么，相当重要的就必须有一种模仿他人的权利，由此可以在他没有播种的地方收获，毕竟（起源于公共领域的——笔者加）教育就是因模仿而获得的收益，如果'进步'的概念不是完全空想的一种预设的话，那么它们就都将依赖于慷慨的复制放任。"[④]

公共领域之保留对于版权创造的价值，也有学者用公用街道和公共道路对于私人土地来做比方，他说"如果从私有土地分割出公用街道、道路或者高速路，私有土地……将会更加有用。尽管公园、可通行的道路……减少了私人手中土地的数量，但它却极大地提高了财产的价值。"[⑤]对于版权作品的创作又何尝不是如此？在版权之外，保留一个独立的、不受商品化和私有化影响的公共领域的存在，它虽然从表面上看也同样减少了版权领域可以被"私有化"之要素的数量，但它同样有利于提高版权机制运作的效率；相反，如果没有这样一个不受作者私权干扰的领地做支撑，而是让版权人对每一个思想和表达都实行完全的财产化的话，那就必然会延

---

① Pamela Samuelson, *Mapping the Digital Public Domain: Threats and Opportunites*, 66 *Law & Contemp.* 2003, p. 170.

② Ibid.

③ Ibid., p. 171.

④ Mark A. Lemley, *Property, Intellectual Property, and Free Riding*, 83 *Tex. L. Rev.* 2005, pp. 1031, 1067.

⑤ [美]劳伦斯·莱斯格：《思想的未来》，李旭译，中信出版社 2004 年版，第 210 页。

缓人类的持续进步。

对此，就像学者马克·罗斯（Carol. M. Rose）曾经所说的那样："无论从历史学还是从经济学的视角来看，将'公共领域'和'作者领域'视为是'相互独立并对立存在的两个领域'来看待的做法是完全错误的。"[①]公共领域并非是一个和版权相互隔离的地带，传统的"知识财产"和"公共领域"二元分离的看法显然是掩饰了公共领域"公众"和版权"个体"之间相互联系的真实认知。"与公共／私人二元划分的逻辑结构不同，'公共领域'通常是为'私人财产'服务的"[②]，并且，"二者这种相互依赖的关系，它深深根植于整个知识产权的历史和经济学当中"。[③]

因此，如果没有了公共领域的外部生态，版权迟早将因作者和公共领域之间的不和谐而遭受来自于"公共领域"退变的惩罚。实践也无不证明了这一点：20世纪的晚近，我们之所以遭遇了比历史上的第一次"圈地运动"更为严酷的"文化圈地"，[④]就在于我们严重忽视了公共领域对人类自由文化衍生的重要性。

总之，在版权法领域一旦我们将"版权"和"公共领域"对立起来，并以一种"商品主义"的计量方法来测试作品价值的话，其结果必然是没有确定的利益代表，在很大程度上被认为是法律留下的一个"自然之领地"的公共领域——经常性地牺牲在了权利人对知识"财产"渴求的欲望之下。就像学者博伊尔（James Boyle）曾经所说的那样："当今时代，在对信息问题进行经济分析时所面临的巨大压力，以及漠视来源的以'原初'作者为中心的财产权模式

---

① Carol. M. Rose, *Romans, Roads, and Romantic Creators: Traditions of Public Property in the Information Age*, 66 *Law & Contemp.* 2003, p. 103.

② A. Chander, M. Sunder, *The Romance of the Public Domain*, 92 *Cal. L. Rev.* 2004, p. 1352.

③ Carol. M. Rose, *Romans, Roads, and Romantic Creators: Traditions of Public Property in the Information Age*, 66 *Law & Contemp.* 2003, p. 96.

④ 黄汇："版权法上的公共领域研究"，载《现代法学》2008年第3期，第46页。

和对‘公共领域’作为一种整体的重要政治性的忽视……这些都促成了我们保存人类‘公有领域’能力的彻底消失，首先是从观念上，渐渐地是从事实上消失了。”①因此，倘若我们想要很好地反思版权系统是如何一步一步地“通过侵蚀社会创造力的方式”②来实现对“公共领域”的蚕食鲸吞的话，我们惟有回到制度之根本，以省察隐藏在版权扩张之后一系列制度理念失范的来路，从而为“版权法上公共领域”的原始回归和重获兴起找到一条真实的出路。

二、版权法公共领域式微的理论解读(一):浪漫主义作者观在版权法上的错误配置

20世纪晚近以来版权领域所表现出来的那场扩张运动，如果从理性的视角加以分析的话，笔者认为，一个关键性的问题就在于我们的版权制度过度地受到了“浪漫主义”作者观的影响，从而使“公共领域”日趋地衰退了。

之所以这样认为，是因为随着人类的文明开始进入18世纪之后，“与印刷文化和民主制度兴起同等重要的是，现代意义上的‘自我’概念在这个时期也被发明了出来。从笛卡儿的‘我思故我在’，到洛克《人类理解论》中有关‘身份、意识和自我的概念’等”。③ 伴随着19世纪“自我”观念兴起的是上帝之神的死亡以

① 转引自 Ashley Packard, Copyright Term Extensions, *the Public Domain and intertextuality*, 10 J. Intell. Plob. L. 21 (2002 ~ 2003).

② W J Gordon, Authors, Publishers, and Public Goods: Trading Gold for Dross, *36 Loyola of Los Angeles Law Review*, 2002, p. 159.

③ [美]希利斯·米勒：《文学死亡了吗？》，秦立彦译，广西师范大学出版社2007年版，第12页。

及文学领域“浪漫主义”作者观的确立和个人“独占主义”作者身份的塑造。在这种观念的支配下，“作者就被看成了一个自知和负责任的主体，文学文本也被认为了是作者情感自我揭示和自我建构的结果”，[①]“个体人格已经开始取代上帝，成为了知识的神圣源泉。”[②]

而且，1709年随着《安妮法》的通过，“浪漫主义”作者观“不仅在文学领域获得了市场，还因此开始渗透到了人们的法律意识之中”。[③]如此一来，无论在版权的立法还是司法过程中，作者都被视为是一个具有“神性”的主体，并对其“独创”作品的能力，给予了超乎寻常的肯定和评价。就像有学者所说：“‘浪漫主义’的作者被视为是一个理想化的角色和独立的创作实体，它拥有超凡的智慧，并独立地创造了其‘原创性’作品。作者是最初的思想者，作品就被认为是其个人人格的体现，它具有丰富的主观性和原生性，而这正是18世纪的建构。”[④]

正是在“浪漫主义”作者观的支配下，作者就意味着一切，作品的所有荣耀都集中于作者一身。如此一来，我们就不难理解“公共领域”是如何被版权吞噬的了。用博伊尔的话来说就是：“由于‘浪漫主义’的作者本位观过分地强调了作者的独特天赋和其对作品的‘原创性’贡献，它就严重地削弱了外部资源对创作的价值。”[⑤]这个外部资源就是我们所说的公共领域。这也就是说，正

---

① Peter Jazsi, *Toward a Theory of Copyright*: *The Metamorphoses of "Authorship"*, Duke L. J. 1991, pp. 497 – 502.

② 卡拉·赫西：“知识产权的兴起：一个前途未卜的观念（二）”，金海军、钟小红译，载《科技与法律》2007年第2期，第65页。

③ Peter Jazsi, *Toward a Theory of Copyright*: *The Metamorphoses of "Authorship"*, Duke L. J. 1991, p. 455

④ AL Durham, The Random Muse: Authorship and Indeterminacy, *William & Mary Law Review*, 2002, Vol. 44, pp. 569, 618.

⑤ J Boyle, Shamans, *Software*, *and Spleens*: *Law and the Construction of the Information Society*, Cambridge MA: Harvard University Press. 1996, p. 114.

是由于“浪漫主义”作者观过分地强调了作者“神性”的面向而忽视了其“人性”的特征，在版权法“全力控制和组织作品的两类资源——作者的贡献和公众的贡献时，往往也就只有一类资源，即作者才实现了控制和回报”，[①]而对作品作出贡献的其他主体都完全被忽视了。

就像“一封给海伦·凯勒（Helen Keller）的信中，马克·吐温曾明确指出的那样：‘（与）电报、蒸汽机、电唱机、电话或其他重要的发明（一样），（作品的诞生——笔者加）前后可能经历上千人的努力，可是最后只有一个人才获得了荣誉，而我们却把其他的人给忘却了’。”[②]

总之，近代版权法以“浪漫主义”为指导，将作者指称为天才和创造的源泉，并把‘作者身份’解释成一种个人责任之事实，它就忽视了对 “时代智慧（wisdom of the ages）”以必要的尊崇。[③]在这样一种精神的指引下，“公共领域”在版权法体系下被逐步蚕食也就完全不足为怪了。因为，如果我们过分地强调和渲染作者无所不能的重要性，它不但很容易地把我们引向一种视版权为 “结果性”权利的歧途，从而忽视知识活动过程——知识的创造、传播和使用的重要性，并且还容易引发我们对版权激励的认识错位，即“将鼓励‘创作’和鼓励‘作者’等同起来，并以一种穷竭（公共领域——笔者加）：这个其他作者必须同样工作之环境来达到对作者创作进取心激励之目的”。[④] 就像著名知识产权学家大卫·兰吉（David Lange）所说的，发轫丁 18 世纪的“浪漫主义”创作观，

---

① Lior Zemer, *The Idea of Authorship in Copyright*, England: Ashgate Publishing Limited. 2007, p. 107.

② ［美］约翰·冈茨、杰克·罗切斯特：《数字时代，盗版无罪？》，周晓琪译，法律出版社 2008 年版，第 31 页。

③ David Lange, *At Play in the Fields of the World: Copyright and the Construction of Authorship in the Post-Literate Millennium*, 55 *Law & Contemp*. 1992, p. 145.

④ Jessica Litman, The Public Domain, 39 Emory Law Journa. 1990, p. 1969.

“仅是尊崇了一些作者，而以另一些作者为代价”。[①]

总之，浪漫主义作者身份的非凡力量和持续影响力说明“‘作者’的概念并非版权学说中免于矛盾的概括性‘资源’，而恰是‘公众接触’和‘私人控制创造物’这一基本矛盾的特殊结合点”。[②] 在浪漫作者的极端指引下，版权法体系试图通过公共领域来“满足洛克意义上所谓的人类‘共同遗产’的原则”[③]也就已成为了一个法律上的泡影，其试图通过对作者的有限激励来达到促进人类知识“公有领域”无限繁荣的愿望，也就经常变成了一种理想的乌托邦。

三、版权法公共领域式微的解读(二):“值得复制就值得保护”和“版权必须和复制技术成反比例变化”的观念关联

20 世纪晚近以来的那场“文化圈地”除了受到了“浪漫主义”作者观的错误支配外，笔者认为它还受到以下两种错误思潮的影响。

其一，就是“值得复制就值得保护”或“有价值便有权利”[④]的观念在版权人世界的广泛流传。在该种理念的影响下，版权人几乎以其无所不能的手段在控制着对其作品的利用。因为，版权人深

① David Lange, *At Play in the Fields of the World: Copyright and the Construction of Authorship in the Post-Literate Millennium*, 55 *Law & Contemp.* 1992, p. 143.

② Peter Jazsi, *Toward a Theory of Copyright: The Metamorphoses of ‘Authorship’*, Duke L. J. 1991, p. 457.

③ Lior Zemer, *The Idea of Authorship in Copyright*, England: Ashgate Publishing Limited, 2007, p. 83.

④ Richard M. Stallman, Free Software, *Free Societies* 57, Joshua Gay, ed 2002.

信："既然创造性作品是有价值的，无论何时何地，当人们使用、获取或者演绎他人的作品时就都是在获取他人的创造性价值。因此，无论什么时候，人们对这种价值的获取，就都必须得到原作者的许可和同意，否则，该种获取行为就是一种不正当的'窃取'"。[①] 在这种观念的支配下，在版权领域实际上就产生了一种重要的著作权乐观派，他们认为，既然作者创作了所有的价值，那么，他就有权去完整地拥有和控制作品。在著作权乐观主义者眼中，"如果把著作权比喻成为是装着半杯水的瓶子的话，那么，他们就只是盯着著作权水杯中已经注满的那一半，并等着进一步把它加满"。[②] 而不管著作权的该种保护扩展是否已经超出了激励作者创作所必要的程度，以至于权利扩张本身"属于侵占了人人皆得随心所欲言说和写作之一般自由"。[③]

然而，对于"有价值便有权利"的著作权理论，就像学者拉伦兹·莱西格（Lawrence Lessig）先生所深刻反思的那样："'有价值便有权利'的理论决不是我们所需要的著作权理论，该种理论从未写入过也永远不可能写进我们的法律。正好相反，根据我们的传统：'版权它只是一种手段，在建立起繁荣的创造性社会根本基础的同时，版权法是完全有必要通过一个广阔的公共领域来保留有用的创造力价值的'。"[④]因为"智慧的立宪者们深深地知道，人类的创造性始终是产生在'创造的主人对于其创造物掌握着不怎么严格的控制'的条件下的。"[⑤]"除非版权法建基在一种有效的原则基础上，否则，在其不愿被人们发现的过程中，便不可能根本性地

---

① Lawrence Lessig, *Free Culture: How Big Media Uses Technology and the Law to Lock Down Culture and Control Creativity*, New York: the Penguin Press, 2004, p. 18.

② [美]保罗·戈斯汀：《著作权之道——从古登堡到数字点播机》，金海军译，北京大学出版社2008年版，第11页。

③ 同上。

④ Lawrence Lessig, *Free Culture: How Big Media Uses Technology and the Law to Lock Down Culture and Control Creativity*, New York: the Penguin Press, 2004, p. 19.

⑤ Ibid.

永存”，[①]而这个根本原则也就是所谓的“社会整体善的优先原则”。[②]

再说，“有价值便有权利”的观念之所以是错误的，还在于版权作品的生产与有形财产的创造是完全不同的，由于有形财产的生产是不讲因果关系前提的，就好比说一幢房子的建构，因其不需要以一个无偿开放的“公共领域”为前提和基础，所以该种行为的结果——房屋等不动产就可以作为一项绝对的财产来看待，其他任何人都无权去染指和分享。但作家的创作行为就完全不同了，他们所需要的许多创作材料，很多都是取自于前人和公有领域而未向他们支付过任何费用的。所以，版权作品创作出来之后，就不应作为一项绝对的“私产”来看待，作者在享有权利的同时就必须接受来自于其他社会成员的分享需求。[③]

其二，就是版权人扩张权利还建立在这样一种错误的假定上：那就是版权的保护力度必须和作品的复制成本成正向的反比例变化，当技术使复制的成本逐渐接近于零时，版权也就必须接近于最完美无缺的控制。就像学者博伊尔（Boyle）在以美国近年来版权紧随技术进步而不断扩张的现象时所说的那样：“想象有一条线，在线一端的终点，是一个修道士正在卖力地誊写着亚里士多德的诗文，在线的中间则是干特伯格出版印刷机，在线的四分之三处则是一个影印机，在远远的线之终点则是互联网和人类的在线基因组翻译。每个阶段，作品的复制成本都在降低，信息产品也变得越来越

① J. M. Garon, Normative Copyright: A Conceptual Framework for Copyright Philosophy and ETHICS, *Cornell Law Review*, 2003, Vol. 88, pp. 1278, 1283.

② A. Robinson, The Evolution of Copyright 1476 – 1776, 67 *Cambrian Law Review*, 1991, Vol. 67.

③ 寿步、方兴东、王俊秀编：《我呼吁》，吉林人民出版社2002年版，第198页。

具有非竞争性和非排他性[①]……然而，对于僧侣抄写者，我们并不需要任何的知识产权，因为身体对抄写的控制和限制就足够了。对于干特伯格出版印刷，我们需要《安妮法》[②]。而对于互联网，我们则需要《千禧年数字版权法》[③]，需要《惩治电子盗窃法》[④]、《松尼·波诺版权保护期延长法》[⑤]，甚至可能是《信息集合的反盗版法令》[⑥]……总之（我们对问题的假定是），由于复制成本逐渐接近于零，因此，知识产权也就必须接近于最完美无缺的控制。”[⑦]

但显然以复制技术为唯一的参照系来决定版权保护的力度是完全错误的。因为，“版权是处于市场但又不完全隶属于市场的”，[⑧]而“复制技术的不发达或太发达都有其经济意义，也都有可能导致现行版权作品私有的不可能”。[⑨]再说，那种认为网络降低了不法复制作品成本的观点，忽视的一个重要的事实就是，网络实际上也降低了作者生产、重制和宣传作品的成本，同时，网络还

---

① 吴汉东等：《知识产权基本问题研究》，中国人民大学出版社 2006 年版，第 37 页；另见张玉敏：《中国欧盟知识产权法比较研究》，法律出版社 2005 年版，第 8～10 页。

② 13 Ann. ,c. 15(Eng.).

③ Pub. L. No. 105～304,112 State 2860(1998)(Codified as Amended in Scattered Section of 5,17,28,and 35 U. S. C.).

④ Pub. L. No. 105～407,111State 2678(1997)(Codified as Amended in Scattered Section of 17and 18U. S. C.).

⑤ Pub. L. No. 105～298,112State 2627(1998)(Codified as Amended in Scattered Section of 17U. S. C.).

⑥ S. 2291,105th Cong. (1998).

⑦ James Boyle,The Second Enclosure Movement and the Construction of the Public Domain,66 *Law & Contemp*,2003,p. 42.

⑧ Neil Weinstock Netanel, Copyright and a Democratic Civil Soceity, *Yale Law Journal*, 1996,p. 106.

⑨ 刘茂林：《知识产权法的经济学分析》，法律出版社 1996 年版，第 129 页。

有利于提高作者的知名度和影响力从而以增加作品的未来销路。[①] 因此，网络技术所带来的对版权作品侵犯性利用可能性的提高，"它是权利所有者的一种净损失，以至于我们需要加大版权保护的力度，去保持一个不断完善的激励水平吗？"[②]

再说，正如著名学者马克·罗斯（Mark ·Rose）所说的那样，"网络所具有的协同性，它实际上已极大地减少了诸如'公共道路'（它在本质上也是一种公共产品）使用方面的拥塞成本。因此，如果说智慧财产领域有什么事物可以像有形世界的'公有物'那样，适合放在'公共领域'内被人类共享的话，那么，网络环境下的知识无疑是这方面最适合的代表了。因为当作为基质的网络——协同功能（网络效应）与不受管制的人类共有物——知识的共享性走到一起时，往往能产生史无前例的知识创新能力和资源效应"。[③] 因此，在新的网络环境下"一个有所遗漏的市场是绝对比一个被严密控制的小型市场能带来更多的收益的"。[④] 而"对公有信息的'圈地'，其对创新的潜在危害就只会是和鼓励一样

---

① 就像波斯纳等人所言的，"复制成本的减少同样有助于著作权人减少自己的复制成本，并使得在许多领域，使表达成本有所下降"，因此波斯纳等人认为，"即使在没有知识产权的情况下，很多自发的因素也将构成对复制的限制"。具体参见[美]威廉·M. 兰德斯、理查德·A. 波斯纳：《知识产权法的经济结构》，金海军译，北京大学出版社 2005 年版，第 51 ~75 页。

② James Boyle, The Second Enclosure Movement and the Construction of the Public Domain, 66 *Law* & *Contemp*, 2003, p. 43.

③ Carol. M. Rose, Romans, Roads, and Romantic Creators: Traditions of Public Property in the Information Age, 66 *Law* & *Contemp*, 2003, IV.

④ James Boyle, The Second Enclosure Movement and the Construction of the Public Domain, 66 *Law* & *Contemp*, 2003, p. 45.

多”。[①] Napster 案的裁定，实际上就已经充分证明了这一点。[②]

总之，就版权对创新的作用而言，正如一些学者所预言的那样，“更多的财产权，尽管被假定为可以为创新提供更大的激励性支持，但它并不必然就会产生更多更好的产品与创造——有时它可能只会走向其反面才是真的。在人类持续创新的道路上如果设置多种财产障碍，设置多种多样必须的权利许可，它实际上就有可能恰是延缓而不是促进了人类的创新”，[③]就像哈勒和艾森伯格引用“反公地悲剧”的例子所解释的那样：“当纷繁复杂的财产权引发的交易成本超过了创新所必要的促进成本时——‘公地悲剧’也就将向其反面——‘反公共悲剧’方向转化了。”[④]如此，过多的版权实际上不但成为了‘公共领域’存留的重要障碍和威胁，而且也成了自身发展的严重桎梏和绊脚石。

---

① James Boyle, *Cruel, Mean, or Lavish: Economy Analysis Price Discrimination and Digital Intellectual Property*, 53 VAND. L. REV. 2007, p. 2000.

② Napster 的成功，向我们展示了由技术推动社会知识财富迅速增长的前景和思路，它是个人自利行为和社会总体利益增长结合到一起的最佳典范。但过度的版权保护不但将财力所限、边际购买意愿较低的消费者排除出了消费市场，使他们不能享受到知识进步所带来的精神财富，同时，它还将扼杀潜在的可以根据版权人的作品创造出新的知识财富的可能性，而这不能不说是一种无谓的社会损失和成本。参见张楠：“网络环境下的版权合理使用：法律经济学的视角——兼评唱片公司 A & M 等诉 Napster 案”，《经济学季刊》，2002 年第 1 期，第 923 ~ 936 页。

③ R. David Kryder, ed al., *The Intellectual and Technical Property Components of Pro-vitamin A Rice: A Preliminary Freedom-to - Operate Review*, available at http//: www. isaaa. org/Publications/briefs/Brief/. 20. htm. last visited 2008 - 3 - 11.

④ Michael A. Heller, Rebecca S. Eisenberg, Can Patents Deter Innovation? *The Anncommons in Biomedical Research*, *Science*, 1998, May 1, p. 698，转引自 James Boyle, The Second Enclosure Movement and the Construction of the Public Domain, 66 *Law & Contemp*, 2003, p. 44.

四、版权法公共领域兴起的未来(一):迈向"义务公共领域"的理论转型

面对20世纪晚近以来的那场版权扩张运动，尽管一大批注重版权生态的学者都看到了从版权概括的对立面——公共领域的视角来审视版权问题的重要性，并试图建构一套积极有效的理论来制衡版权扩张的进程。然而，遗憾的是，在大多数时候，这些理论都没能在理想的意义上奏效。在笔者看来，问题的关键就在于，学者们的论述并未充分把握"公共领域"的实质，他们基本上都是在一种"事实而非价值"的层面上描述了该概念，从而使公共领域和版权在精神维度的层面失去了一个有效的平衡手段和制衡工具，最终是放纵而非有效遏止了版权的扩张。

20世纪80年代以来，尽管很多英美国家的学者都看到了从"公共领域"理论出发来制止版权扩张态势的重要性,然而遗憾的是这些学者在界定公共领域的时候，都将其定性为了"权利过了保护期的那种状态"，[①]亦或是"不受版权保护材料的集合"。[②]但不管哪种界定，它们"都充其量是对公共领域的一种事实陈述而非对它的一种价值判断"。

但一如我们前面所说的那样,作者总是通过对"公共领域"的侵占方式来达到创新作品的目的，"无论是从历史还是从理论的视角来看，版权法的整体逻辑都并非是使用者应当为他们'侵入'作者的范围去进行承认或辩护，而应当以作者和版权所有人去承认他们

---

① Jane C. Ginsburg, Une Chose Publique? The author's Domain and the Public Domain in Early British, French and US Copyright Law, 65 *The Cambridge Law Journal*, 2006, p. 638.

② James Boyle, The Opposite of Property?, 66 *Law & Contemp*, 2003, p. 5.

对‘公共领域’要素的侵犯性利用为前提”。[①] 因此，在作者创造了新作品之后，让作者将作品的内容无条件地放置在公有领域，以备其他作者自由使用，它就是作者创作的必要性‘支出’和其对公众的一种“应然性义务”。

对此，就像有人在评价“合理使用”公共领域机制时所说的那样，某一个特定作者在创作过程中因利用了前人的作品而取得了“收益”，因此，当其作品完成后就必须为后人提供合理使用材料的“支出”，合理使用在本质上就是一定社会制度安排下，特定创造者和不特定的使用者之间就信息资源所进行的交换。[②]

既然“公共领域”是“公众”和“作者”之间的一种交换，那么二者就必然存在着利益上的“对价”[③]关系。作者不但无权通过扩张版权的方式来达到挤兑和侵占“公有领域”之目的；相反，他们还负有足够的资源补偿义务来实现和促进“公共领域”的稳定丰富与长期繁荣。然而，20 世纪晚近以来我们之所以在发现了“公共领域”的概念之后，未能很好实现利用该概念工具来达到有效遏制版权扩张的愿望，根本的问题就在于：我们只是在一种“事实而非价值”的层面描述了它，从而致使我们偏离了甚至是悖反了该理论之精神内核，无力使用该理论去检视版权扩张的步伐。

相反，如果我们能够充分挖掘内蕴于公共领域内“作者和公众”之间的资源交换和利益对价之关系，并采用一种“义务公共领域”的理论来解释问题的话，那么许多情况便会迎刃而解。之所以如此，是因为“既然公共领域是作者一个有所义务的领地，那么，相对于公众而言，它就是一个权利地带”。就像有学者所说的那样，公共领域位于与知识产权对立的另一端。它是知识产权的对应

---

① Ronan Deazley, *Rethinking Copyright-History, Theory, Language*, Edward Elgar Publishing Limited. 2006, p. 160.

② 刘茂林：《知识产权法的经济学分析》，法律出版社 1996 年版，第 235 页。

③ 徐瑄：“知识产权的正当性——论知识产权的对价与平衡”，载《中国社会科学》2003 年第 4 期，第 149 页。

物，其由一系列作品和知识的集合构成，“与由知识产权法的各个部门通过积极有限的形式授予的私权相反，公共领域是由社会公众所享有的对信息的权利。”①对此，论者雷克·爱尔德（Eric Eldred）进一步阐述到：“版权并不意味着作者有权去阻止其他人复印的权利，而是确认‘拥有者’或者随之的一系列权利去确定其对创意的表达，这些权利包括复制、演绎以及公开或者不公开等。既然版权‘拥有者’的概念是可以接受的，那么，为什么不可以接着去确认‘公众’对公共领域也有着确定的权利呢？”

将公共领域确定为“作者的义务领地和公众的权利地带”，虽然只是一种描述上的转向，但却能为公共领域披上一层“道德”的外衣，以对抗作者不断扩张版权的主张。因为，既然“拥有公共领域是公众的权利——它是一个价值上的判断，而不仅仅是一种事实陈述”——这样一来很多问题都将在此发生实质性的逆转。就拿“技术措施”这一侵入公共领域的版权技术扩张手段来说，在没有确定公众对“公共领域”的“权利人”地位之前，版权人完全可以主张说：“合理使用从来没有授权使用者运用这一特权去违反其他法律，合理使用不能让你撬开图书馆的门锁在那里‘合理’复制作品，或者砸开自动售货机把报纸拿来复制以与朋友共享。”②但在确认了“公共领域是作者的义务领地”之后，问题的逻辑就转换为了：“我们没有必要去保护数字权利管理系统（DRM system），以免遭受未经授权的进入，某个人使用一把钥匙关了门，这个事实并不能让他有权去禁止其他人使用另一把钥匙去开门”，③因为，进入这扇门原本就是我们的权利。

---

① John Frow, *Public Domain and Collective Rights in Cultural Rights in Culture*, 13*INTELL. PROP. J.* 39. pp. 39 – 40.

② ［德］托马斯·霍伦：“逻辑信息论——信息法琐记”，刘芝秀译，见周林主编：《知识产权研究（第18卷）》，知识产权出版社2007年版，第46页。

③ Hearing on H. R 2281 and H. R2280 Before the Subcomm, on Court and Intellectual Property of the House Comm. *on the Judiciary* 105*th Cong*. 1997, p. 208.

因此，迈向“公共领域的义务理论”或者说采行“义务公共领域”的学说无疑是十分重要的，就像莱西格先生提到的那样：“版权得到了过分的保护。因此，问题的关键已不在于版权‘权利’，而在于版权‘义务’”，①即受版权保护的所有人使其版权财产通过“公共领域”之方式，被他人正当使用的义务。“公共领域义务论”的提出，不但有助于我们彻底反思和抵制整个18世纪以来“浪漫主义”作者无所不能的情怀，而且对近代以来版权价值系统对“作者权利本位的无限强调和对公众资源贡献意义的极端漠视”这样一种极“左”理论的偏差纠正，也都是具有十分重要的意义和价值的。

总之，正如大卫·兰吉（David Lange）教授所说的那样“只要我们承认知识产权的理论，那么，我们就必须同时接受存在于其边界的如同‘无主土地’一样的东西”。②“承认知识产权的排它利益就必然暗含着应对其观念上的对立物——公共领域的承认。”③兰吉把公共领域甚至比作是“曾经被过度放牧的公共土地和阿拉斯加冻原脆弱的生态系统，并认为在人类发展知识产权之前，对公共领域环境展开评估是非常必要的”。④而博伊尔也同样将公共领域视为版权的外部环境生态，并认为“在社会对公共领域内孕的公益产生兴趣之时，环境的概念是我们必须事先‘创造’出来并植入脑海的一个观念”。⑤

“公共领域义务论”的提出，虽然只是一种论证上的转向，但这种思维改变无疑是非常必要的，它显然有助于我们进入一个价值

---

① ［美］劳伦斯·莱斯格：《代码——塑造网络空间中的法律》，李旭译，中信出版社2004年版，第157页。

② David Lange, Recognizing the Public Domain, 44 *Law & Contemp.*, 1981, p. 147.

③ Ibid., p. 150.

④ Ibid., p. 176.

⑤ James Boyle, The Second Enclosure Movement and the Construction of the Public Domain, 66 *Law & Contemp*, 2003, p. 39.

判断和关系范畴的认知体系中，以摆脱长期以来对“公共领域”低层次的事实认知的状态。就像传统民法对物权的认识一样，“物权不仅是人与自然界之间的事实支配关系，而更是人与人之间，人与社会和国家之间的法益关系”，[①]这种认知转换的意义就在于：它有效避免了传统法律思维“见物不见人”的缺陷。

“公共领域义务论”的提出与此如出一辙，其实质就是要充分挖掘内蕴于公共领域中“作者和公众之间的资源交换”关系，从而为迫使版权人在创造了作品后，让他/她继续为其他作者和公众保留必要的公共利用空间提供理论上之依据。使得在作者本人和社会公众看来，为他人通过公共领域保留对知识创造的利用“特权”是其法律上的一种“当为性”性义务，且应转化为自己生活实践上的一种行为自觉；反之，当其违反了该种义务自觉时，他实际上就背离了公众通过公共领域获取信息的权利，而此时的公众是当然地可以要求被践踏的公有领域恢复到被违反前的状态的。如此一来，作为一种价值存在的“义务公共领域”理论就能彻底扭转版权人长期以来“无视公共领域的稳定存在而一味强调自身利益的错误倾向”，使版权法在关照了作者权益之同时，也为其他人留有足够的“呼吸空间”。[②]

五、版权法公共领域兴起的未来（二）：展开保证公共领域存在的制度创新

版权法上公共领域兴盛的未来，除了需要进行上述理念上的重

---

① 尹田：“物权法的方法与概念法学”，载 http//www.gtzyzcfl.com.cn/news.asp?id=1919，访问时间：2010年1月11日。

② ［加］迈克尔·盖斯特：《为了公共利益——加拿大版权法的未来》，李静译，知识产权出版社2008年版，第319页，注释11。

塑之外，还需要展开一系列制度上的革新与创造，笔者认为，以下方面的实践或将预示着未来版权法上公共领域兴盛的方向，并为人类开展进一步的自由文化创造和知识创新开辟更为可行的路径。

（一）创作共享公有领域的兴起

"创作共享是一种非官方强制而由创作人或权利人自愿释出著作权法给予保护之全部或部分权利内容，并以预设条件形成契约条款向不特定多数利用人宣示其著作权可供他人免费利用的创新机制"。① 这种新型的创举主要是试图通过许可协议的方式来达到扩大"公有领域"之目标。创作共享运动诞生的最初目的主要是对抗当今版权体制下作品利用人高额的作品许可使用费和版权法给予作者保留全部权利（all rights resevered）或者是没有任何权利可以保留（no rights reserved）之体制，所带来的作品利用上的困难而出现的。② 因为传统的版权体制在很大程度上使知识的传播与使用越来越受阻碍，从而直接威胁到了"创新者站在巨人肩膀上"的观念。③ 基于此，作为一种对抗运动，创作共享应运而生。

概括而言，创作共享的基本理念可以归纳为以下几点：（1）人类的创作依赖于接触并使用先前存在的作品。（2）版权法对使用作品设立了新的限制，并成为分享和再利用他人作品的障碍。（3）与版权相关的高额费用尤其影响了个人使用者，限制了他们使用和再利用作品的能力。（4）版权应该以一种能促进分享和再利用的

① 林懿萱、庄庭瑞："现行著作权体制下的弹性授权模式：谈 Creative Commons"，载《智慧财产权月刊》2006 年第 76 期，第 28～45 页。

② 虞文祥："从著作财产权授权利用之困境探讨创作共享机制之推展"，载《东吴法学》2006 年第 2 期，第 11～24 页。

③ 欧洲专利局：《未来知识产权制度的愿景》，郭民生等译，知识产权出版社 2008 年版，第 49 页。

方式被实践。[①] 今天，创作共享运动不仅囿于一国范围，全球性的创作共享运动(International Commons/ iCommons)也正如火如荼地发展。[②]

总之，虽然创作共享运动的最初目的并不旨在建立一个"公有领域"，也与作者完全放弃版权作品而使其为人类共有的"意图公共领域"[③]不同，因为，至少从一个严格的法律视角来看，他们并不旨在建立一个完全没有垄断的制度，而恰是建立于"私有"版权制度之上的，但创作共享仍然创建了一个自由使用的区域，同时还使作者可以无需放弃自己对知识创造的排他性权利。因此，在这种意义上，"创作共享至少是反对任何威胁公共领域要素的商品化企图"[④]的。

尽管从目前来看，创作共享运动还只是一种民间推动，但正如其发起人之一莱西格先生所强调的那样，创作共享建立了一个共同的理念基础：(通过公共领域——笔者加)获取免费文化。并且，莱西格先生郑重地预言道"一旦这个运动在这条街上起了作用，那么它将会是在整个华盛顿起作用的"。[⑤] 因此，我们完全有理由认为，作为仅具有民间示范意义的创作共享虽然还处于自发阶段，但难谓其不是未来公有领域兴起的前兆，并将以自己独有的方式不断挑战传统版权对"公有领域"勃兴的长期抑制。

---

① Niva Elkin-Koren, Exploring Creative Commons: A Skeptical View of a Worthy Pursuit. //L. Guibault and P. B. Hugenholtz(eds), *The Future of the Public Domain*, *Kluwer Law International.*, Netherlands 2006, p. 326.

② 张永强等："从我国著作权法探讨 Creative Commons 之应用与发展"，载《科技法律透视》2005 年第 5 期，第 10 页。

③ 所谓的"意图公共领域"，是指作者主动彻底地放弃了所有的版权，使其成为人们完全自由使用的对象。

④ Verine Dusollier, Mapping the public domain in intellectual property: Beyond the metaphor of a domain, *Working Paper*, 2006, 28 June.

⑤ Lawrence Lessig, *Free Cultrue: How Big Media Uses Technology and the Law to Lock Down Culture and Control Creativity*, New York, the Penguin Press. 2004, p. 275.

(二)自由演绎公有领域的未来

这是指通过创造类似法定许可的规则，剥夺作者的演绎控制许可权，从而为公众创设自由利用现有作品的制度。自由演绎公有领域之所以合理在很大程度上也是借鉴了公共领域的相关思想，即"知识产权存在的主要作用是促进文化的发展，因为，它从根本上就来源于它所存在其中的周边的文化资源"，[①]另外，正如有学者考证的那样，"伊丽莎白时代文学创作的繁荣就归因于占用和衍生的自由……但在卡普兰等人看来,那个时候以来，版权法保护范围的扩大约束或禁止了对出版作品的自由派生，这种派生以改编、删节、翻译和戏剧化为形式……"。[②] 著名知识产权学者盖勒也认为，一些创造性搭便车演绎在先作品的行为"引起了大量新作品的反馈，而这些新作品极大地繁荣了文化"，[③]然而"当版权与作者的权利范围大大地扩张时，特别是作者获得了经济权利和精神权利而阻止后面的作者利用以前的作品创作新的作品时，该种权利就可能抑制这些反馈"。[④] 基于此，"我们实际上是完全有必要缩短版权的期限，以扩大他人创造性地使用'公有领域'的范围；基于同样的理由，应当减少作者在控制他人准备创作其'演绎作品'方面的权利"，[⑤]"尤其是在新的数字技术环境下……作者需忍受他人对其作品的修改和重构，例如建筑师无法阻止建筑所有权人随意改

① 转引自［澳］普拉蒂普·N. 托马斯、简·瑟韦斯：《亚洲知识产权与传播》，高蕊译，清华大学出版社2009年版，第167页。

② ［美］罗纳德·V. 贝蒂格：《版权文化——知识产权的政治经济学》，沈国麟、韩绍伟译，清华大学出版社2009年版，第100页。

③ ［美］保罗·爱德华·盖勒："版权的历史与未来：文化与版权的关系"，李祖明译，见郑成思：《知识产权文丛(第6卷)》，中国方正出版社2001年版，第303~304页。

④ 同上书，第303页。

⑤ Malla Pollack, Asserting Copyright's Democratic Principles in the Global Arena, *Vanderbilt Law Review*, 1998, 51, pp. 217 - 329.

变建筑的结构，并将改造后的建筑卖给他人”[①]那般。

不过，针对自由演绎行为所可能带来的对原作者精神和财产权利的侵害，法律究竟该如何处理？ 对此，就像有学者所检视的那样，既然任何作品的创作也都依赖于对公共领域要素的引用，并通过对它们的吸收和转化而来的，因此“是谁在真正地言说，是他而不是其他人究竟又有何不同”？[②] 既然如此，“所有的作品——不论其地位、价值与形式，也不论它们将受到何种方式的处理——最好的办法就是将它们以一种低语的匿名性（the anonymity of a murmur）来发展”。[③] 这也即是说，“尽量地让那些曾经创造了新作品的人们，尽可能少地去塑造各种各样的法律和规则去维持惯常由他们所掌控的‘属于他们’思想内容的命运……”。[④] 比如说版权法就可以通过开辟以下公有领域之方式：允许作者放弃精神权利，规定精神权利也应受时间限制（最好和财产权的保护时间一样长）或者允许精神权利可以被合理使用等来达到使后续作者可以利用现有作品来展开自由文化建设的愿望。[⑤] 而针对作者财产权，尤其是著作演绎权对后来者的控制，法律就可以通过变知识产权的“物权主义”为“债权主义”之方式，即通过规定如果未经著作权人许可的演绎行为非常成功时，就可以剥夺作者的演绎许可控制权而创设一种类似法定许可公有领域之方式，使后来者可以自由地演绎并利

---

① ［美］威廉·W. 费舍尔：《说话算数——技术、法律及娱乐的未来》，李旭译，上海三联出版社 2008 年版，第 220 页。

② Michel Foucalt, What’s author ? in Robort C. Davis, Ronald Scheifer, *Contemporary Litarary Criticism*: *Litery and Culturies Studies*, Longman. 1989, p. 274.

③ David Lange, At Play in the Fields of the World: Copyright and the Construction of Authorship in the Post-Literate Millennium, 55 *Law & Contemp*, 1992, p. 148.

④ Negativland, Two Relationships to A Cultural Public Domain, 66 *Law and Contemporary*, 2003, pp. 239 – 242.

⑤ 这方面的论证具体参见郑成思主编：《知识产权——应用法学与基本理论》，人民出版社 2005 年版，第 355 ~ 387 页；另见雷云：“作者精神权利的保护应有时间限制”，载《法学》2008 年第 1 期，第 102 页等。

用其演绎后的作品。通过这样的改造，版权法才能真正满足那些处于文化接收末端的人们期盼通过一个公有的知识领域来实现文化的自由创新和自由扩展的愿望。

（三）建构网络时代默示许可的公有领域

最后是构建网络时代的"默示许可"公有领域规则。所谓的默示许可，是指作品一经创作完成且公之于众后，只要作者事先未申明拒绝对作品的利用或者是经合理的公示催告后，作者未明确表示不许对作品进行利用，就推定作者认可了他人的使用，作为一种补偿，使用人应向作者支付报酬的制度。默示许可公有领域机制之所以在网络环境下必要，是因为"如果说网络是一个共享资源，它就必须得到无限的发展"，①但一旦我们按照传统的版权许可模式，要求网络服务商一一联系作者才能使用作品时，那么，海量的版权作品许可所耗费的时间和精力成本也就足以将网络服务商抵挡在有效传播人类进步知识的大门之外。如果真是这样的话，那就等于是"使我们的法律将未曾涉及的海量文化和人类的创造力重新置于了自己的控制之下……"。②相反，如果创设一个网络环境下的默示许可公有领域③，它就如同是"在越来越多的充满知识产权保护的

---

① ［美］洛根、斯托克司：《合作竞争—如何在知识经济环境中催生利润》，陈小全译，华夏出版社2005年版，第24页。

② Lawrence Lessig, *Free Cultrue: How Big Media Uses Technology and the Law to Lock Down Culture and Control Creativity*, New York: the Penguin Press. 2004, p. 8.

③ 默示许可制度在现行版权体制下并非没有先例，比如说我国《著作权法》第32条规定的报刊之间的转载制度，即"作品刊登后，除版权人声明不得转载、摘编的外，其他报刊可以转载或者作为文摘、资料刊登，但应当按照规定向版权人支付报酬"。另外，《著作权法》第23条所规定的"为实施九年制义务规划教育，除作者事先保留外，可以汇编他人已经发表的特定作品或作品片段"的规定也是这方面的适例。不过这些制度在传统著作权法理论上都被视为是法定许可，但其本质乃一种默示许可。默示许可和法定许可之区别主要在于默示许可是一种推定而来的许可，作者可以事前保留或事后拒绝对作品的使用，而法定许可则是基于法律的明确限定，作者没有保留和拒绝使用的余地。

私有空间中开辟的一块‘公共绿地’，…… 使创新有更大的空间，让权利人的垄断地位动摇，从而使知识产权制度更具适应性。”①

总之，作为一种有效扩散人类知识的手段，网络不应当成为公众窃取作者成果的工具，而我们的法律也不应当成为“版权商们用来控制公众获取文化产品的手段”。② 只要我们承认“对社会公众的启迪是我们的目标，而整个私人知识产权的‘价值’实际上并没有超过文化在一个管理更少的环境下对人类智慧扩展之价值”③的话，那么我们就完全有必要创设这样一个限制作者版权许可发放的公共领域机制，来达致促进网络时代人类文化无限繁荣壮大的目标。

六、结　语

以上是有关版权法上公共领域盛衰的探讨，具言之，只有我们承认作为一个依靠知识的保存来实现人类进步的方法，“版权只有惠及了大众这一目标时才能被首先证明为正当”④以及“所有人——无论是群体、共同体还是个体——他们都有参与自己文化创造的权

---

① 张平：“论网络环境下著作权许可模式的变革”，载冯晓青知识产权网，访问时间：2010 年 1 月 1 日。

② Edward Samules, the Public Domain Revisted, *Loyola of Los Angeles Law Review*, 2002, Vol 36, p. 393.

③ Negativland, Two Relationships to A Cultural Public Domain, 66 *Law and Contemporary*, 2003, p. 262.

④ Niva Elkin-Koren, Exploring Creative Commons: A Skeptical View of a Worthy Pursuit. //L. Guibault and P. B. Hugenholtz(eds), *The Future of the Public Domain*, *Kluwer Law International.* , Netherlands 2006, p. 340.

力……而任何精英都是不能垄断文化的生产、分配和传播"[①]的，如此，版权才能真正实现"旨在鼓励而不是阻碍收获知识"[②]的目标，而公共领域：这个"为人们创作材料相互交换提供方便的场所"也才可能永远地繁荣和兴盛着！

---

① ［美］罗纳德·V. 贝蒂格：《版权文化——知识产权的政治经济学》，沈国麟、韩绍伟译，清华大学出版社 2009 年版，第 228 页。

② Twentieth Century Music Corp. v. Aiken, 422 U. S. 151, 56, c1975.

比较与争议

中日驰名商标保护比较研究

李明德*

一、引言

驰名商标是指在某一个国家或者地区之内，为相关公众广为知晓并享有较高声誉的商标，既包括已经注册的商标，也包括尚未注册的商标。

在国际公约的层面上，巴黎公约早在1925年的“海牙文本”中，就要求成员国对于未注册的驰名商标予以保护。此后，巴黎公约1958年的“里斯本文本”又对有关的规定作了进一步的修改。根据公约的现行文本（1967年“斯德哥尔摩文本”）第6条之2，成员国可以依据其法律，确认某些未注册商标为驰名商标，并由此

* 李明德，中国社会科学院法学研究所研究员，博士生导师，中国社会科学院知识产权研究中心主任。本文原载《环球法律评论》2007年第5期。

而提供相应的保护。①

应该说，巴黎公约对于未注册驰名商标的保护，主要是从防止混淆的角度考虑的。例如，在相同或者类似商品上注册的商标，如果与他人的未注册驰名商标相同或者相似（包括对于他人驰名商标的复制、模仿或者翻译），有可能造成消费者的混淆，商标主管机关可以拒绝或撤销注册。如果是抢先注册了他人的驰名商标，自注册之日起的5年之内，驰名商标的所有人可以要求撤销该注册。对于恶意注册者，则不受5年期间的限制。又如，为了防止消费者的混淆，驰名商标所有人可以禁止他人对于相同或者近似标识的使用。这样，对于在某一成员国中尚未注册的驰名商标，巴黎公约就赋予了驰名商标所有人两项权利，这就是在防止消费者混淆的前提下，禁止他人抢先注册，禁止他人使用。

到了TRIPs协议，又在巴黎公约的基础上，对驰名商标的保护提出了进一步的要求。②这主要是在防止混淆的基础上，提供了反淡化的保护。例如，驰名商标的所有人，不仅可以禁止他人在同类或者类似商品上注册或者使用与其商标相同或者近似的商标，而且可以禁止他人在非类似的商品上注册或者使用与其商标相同或者近

① 巴黎公约第6条之2规定："（1）本联盟各国承诺，如本国法律允许，应依职权，或依利害关系人的请求，对商标注册国或使用国主管机关认为在该国已经驰名，属于有权享受本公约利益的人所有，并且用于相同或类似商品的商标构成复制、模仿或翻译，易于产生混淆的商标，拒绝或撤销注册，并禁止使用。这些规定，在商标的主要部分构成对上述驰名商标的复制或模仿，易于产生混淆时，也应适用。（2）自注册之日起至少五年的期间内，应允许提出撤销这种商标的请求。本联盟各国可以规定一个期间，在这期间内必须提出禁止使用的请求。（3）对于依恶意取得注册或使用的商标提出撤销注册或禁止使用的请求，不应规定时间限制。"

② TRIPs协议第16之2条规定：巴黎公约（1967）第6条之2应基本上适用于服务。在确定某一商标是否驰名时，各成员应当考虑该商标为相关领域公众知晓的程度，包括该商标因为宣传而在相关成员获得的知名度。TRIPs协议第16条之3规定：巴黎公约（1967）第6条之2应基本上适用于与某一商标注册的货物或服务不相类似的货物或服务，只要该商标在这些货物或者服务上的使用会指示那些货物或服务与注册商标的所有人有关，而且这种使用有可能损害注册商标所有人的利益。

似的商标。因为，在非类似的商品上注册或者使用相同或者近似的商标，会淡化驰名商标指示商品来源的能力，从而造成对于驰名商标的损害。这样，TRIPs 协议对于驰名商标的保护，就不仅包含了巴黎公约的“混淆理论”，而且涉及了新的“淡化理论”。

除此之外，TRIPs 协议还将驰名商标的保护延及服务商标，并提出了驰名商标认定的原则标准。这样，无论是依据混淆理论的保护，还是依据淡化理论的保护，都不仅适用于商品商标，也适用于服务商标。

中日两国既是巴黎公约的成员国，又是世界贸易组织的成员。因而，两国的商标法和其他的法律法规，都按照巴黎公约和 TRIPs 协议的要求，提供了对于驰名商标的保护。在这方面，中日两国都属于大陆法系国家，对于驰名商标保护的规定和实践，相对来说比较接近。从这个意义上说，日本的相关法律规定、判例和学说，对于中国具有更大的参考价值。

本文将依据驰名商标保护中的混淆理论和淡化理论，比较中日两国的法律规定和相关判例，着重探讨日本的经验对于解决中国相关问题的借鉴意义。除此之外，企业名称与驰名商标的关系，驰名商标的效力，是中国目前面临的两个亟需解决的问题，本文也准备从比较中日两国法律和实践的角度，尤其是从借鉴日本已有经验解决中国现实问题的角度，加以探讨。

二、依据混淆理论的保护

按照日本学术界的看法，商标权所保护的不是商业标识本身，而是商标所代表的商誉或声誉。例如，日本著名商标法学者小野昌延指出，商标法所保护的是商标与商品之间的功能关系。商标法对于商标的保护，并不意味着在著作权法、外观设计法之外，对相关的图案、文字和设计提供一种单独的保护。① 日本学术界确实把知识产权法分为两类，一类是对创造性成果提供保护的法律，另一类是对商业标记提供保护的法律。但与此同时，日本学者在涉及标识性法律的时候，还特别强调商业标记与商品之间的关系，强调对于商业标记的保护是对于该标记所体现的商誉的保护。②

从商标权保护商标所代表的商誉来看，商标权是一种“准财产权”，与一般的有形财产权类似。按照传统的商标保护理论，这种财产权的范围是以消费者是否有可能在商品或服务的来源上产生混淆来界定的。如果对于相同或者近似商标的使用，有可能造成消费者的混淆，就属于他人商标权的范围。如果没有造成混淆的可能性，则不属于他人商标权的范围。③

依据混淆理论的保护，不仅适用于已经获准注册的商标（包括已经获得注册的驰名商标），也适用于尚未获得注册的驰名商标。因为，未注册商标只要达到了某种程度的驰名，就表明已经获得了某种程度的商誉或者声誉，具有了财产权的性质。而他人未经许可的使用，不仅有可能造成消费者在商品或服务来源上的混淆，而且侵犯了未注册驰名商标所有人的财产权。事实上，这正是巴黎公约要求成员国保护未注册驰名商标的主旨。

在商标权的获得方面，中日两国都采用了注册获得的原则，不同于美国的使用获得权利的原则。但在同时，两国又基于混淆理论，在商标法和制止不正当竞争的法律中，规定了对于未注册驰名商标的保护。与此相应，两国的商标行政机构和法院，也都在相关

---

① 小野昌延：《商标法概说》，有斐閣 1999 年版，第五章。

② 中山信弘：《工业所有权法（上）》，弘文堂 2000 年版，第一章；小野昌延：《商标法概说》，有斐閣 1999 年版，第四章。国内的一些学者在接受日本学者的观点时，只看到了该观点的第一部分，即保护商业标记法律的说法，而没有看到这个观点的第二部分，即对于商业标记的保护不在于商业标记本身，而是该标记所体现的商誉。

③ Tanuja Garde, The Whittling Away of the Federal Trademark Dilution Act, *IIC*, 2003, issue 6.

的注册审查和司法实践中，提供了对于未注册驰名商标的保护。

(一)日本的相关规定与实践

1.《日本商标法》的规定

《日本商标法》第 4 条第 1 款规定了 19 种不得注册为商标的情形。其中的第 10 项和 15 项，从防止混淆的角度提供了对于驰名商标的保护。根据规定，在涉及以下商标时，有关的商标注册无效：

第一，与他人商业活动相关的，指示他人商品或服务来源的驰名商标，以及与之相似的商标，并且用于同类商品或服务，或者类似商品或服务。这是第 4 条第 1 款第 10 项的规定。

第二，有可能造成与他人商业活动中的商品或服务来源混淆的商标（但不包括第 10 项和 19 项所说的商标①）。这是第 4 条第 1 款第 15 项的规定。

根据《日本商标法》的有关规定，如果申请注册的商标，与他人未注册的驰名商标相同或者相似，并且有可能造成消费者在商品或者服务来源上的混淆，未注册驰名商标的所有人可以在他人注册之后的两个月内，向特许厅长提出异议。② 在此之后，在他人注册之后的 5 年之内，未注册驰名商标的所有人还可以向特许厅的审判部提出无效的请求。③ 按照《日本商标法》第 32 条的规定，即使过了 5 年的无效期限，未注册驰名商标的所有人，仍然可以依据在先使用权继续使用自己的商标。当然在这种情况下，商标注册所有人可以要求未注册驰名商标的所有人，在相关的商品或者服务上做

---

① 其中所说的第 19 项是指本文第三部分将要论述的与淡化相关的规定。

② 《日本商标法》第 43 条之 2。日本于 1996 年修订商标法，将原来的注册以前的异议改为注册以后的异议。《日本商标法》第 4 条所说的 19 种商标的注册无效，就是从这个意义上说的。这与中国目前的注册前的异议程序不同。

③ 《日本商标法》第 47 条。

出说明，以表示二者的区别。这是为了防止消费者的混淆。

应该说，在注册获得商标权的体系之下，驰名商标的所有人通常都会适时去注册自己的商标。没有适时去注册，在他人注册的时候又没有提出异议的情形可能并不多。再往下推，如果在5年之内一直使用自己未注册的驰名商标，而对他人的注册商标不去提出无效请求，又会少之又少。这样，《日本商标法》第32条的规定实际上是一个对于未注册驰名商标保护的最后防线。能够走到这个最后防线的未注册驰名商标非常罕见。

2.《日本不正当竞争防止法》的规定

如果说《日本商标法》有关未注册驰名商标的规定，主要与特许厅的审查、异议和无效相关，那么《日本不正当竞争防止法》有关未注册驰名商标的规定，则主要与司法的保护相关。

从制止混淆的角度提供对于未注册驰名商标的保护，见于《日本不正当竞争防止法》第2条第1款第1项。根据规定，在同类或者类似的商品上，使用与他人的驰名商业标识相同或者近似的标识，并且有可能造成消费者混淆的行为，属于不正当竞争的行为。其中的“商业标识”具有非常广泛的含义，包括与他人商业活动相关联的，可以指示其产品或商业来源的姓名、商号、商标、标识、商品的容器或包装，等等。除此之外，销售、提供、展示、出口、进口或者通过网络而提供上述商品的行为，也属于不正当竞争的行为。

在这方面，法院在审理相关案件时，只考虑原告的商标是否驰名，被告的使用是否有可能造成消费者的混淆，而不论原告的商标是否已经注册。例如，在1978年10月由东京高等法院判决的“麦当劳”一案中，[①]被告是一家日本食品销售商，抢先注册了“麦当

① 日本マクドナルド株式会社诉マック産業株式会社，東京高等裁判所判决，1978年10月25日。

劳”及其近似商标。法院经过审理认定，原告的商标自1971年以后就在日本驰名，而被告在此之后的1972年抢注他人的驰名商标，属于不正当竞争。同时，被告在其销售的汉堡包上使用与原告商标近似的商标，具有造成消费者混淆的可能性。在诉讼中，被告辩称自己已经注册了相关的商标，因而有权合法使用相关的注册商标。但法院认为，被告在原告商标已经驰名的前提下，使用相同或者近似的商标，违背了《日本不正当竞争防止法》的相关规定，因而判决被告停止使用相关的商标。

值得注意的是，日本与中国一样，奉行注册获得商标权的原则。同时，按照特许厅与法院权力的划分，宣告商标权无效的决定应当由特许厅的审判部做出，而判定商标侵权的决定由法院做出。在这样的背景之下，如果某人利用程序抢先注册了他人的驰名商标，并以所谓的“商标权”来对抗驰名商标所有人的时候，法院应该怎样处理呢?

在这方面，日本法院的做法可以分为两个阶段。在2004年《日本商标法》修订以前，法院在不触动注册商标效力的前提下，以“权利滥用”的理论来保护未注册的驰名商标。而在2004年《日本商标法》修订之后，法院则直接依据《日本商标法》第39条，在必要的时候否定他人抢先注册的商标权的效力，进而保护未注册的驰名商标。

先来看以“权利滥用”理论保护在先驰名的未注册商标。在1971年的由大阪地方法院审理的“鳄鱼”一案中，①原告于1959年申请注册了带有“Crocodile”字样和鳄鱼图形的商标，但很少使用。另一方面，就在原告注册其商标的同时，法国的鳄鱼商标（鳄鱼图形以及Lacoste字样）已经在法国和很多国家获得了较高的知名度。当法国鳄鱼的代理人将有关的针织产品进口到日本销售时，原

① リー・センミン・コンパニー・リミティド诉三共生興株式会社，大阪地方裁判所判決，1971年2月24日。

告依据自己的商标权提起了侵权诉讼。法院对于本案的审理，虽然集中在原告的商标与被告的商标在总体上不相同，不会造成消费者混淆的分析上，[①]但在判决中也提出了原告是在滥用自己的商标权。判决说，依据商标保护的地域性原则，被告和 Lacoste 无权排除原告在日本的免费搭车，但是原告利用商标注册形式的行为，属于滥用商标权，也不应当获得支持。

在涉及商标权滥用的方面，最为典型的判例也许还是“POPEYE”系列案。“POPEYE”是美国一部喜剧作品中的人物，其版权所有人授权很多厂商在针织产品上使用“POPEYE”的字样和形象。就在“POPEYE”喜剧形象日益有名的时候，大阪的一家公司抢先注册了“POPEYE”字样和喜剧形象的商标。而当版权所有人授权使用的带有“POPEYE”字样和喜剧形象的产品进入日本的时候，商标所有人提起了针对进口商的一系列诉讼。而法院也围绕着如何维护在先权利人的利益，做出了一系列判决。例如，在 1976 年 2 月由大阪地方法院判决的一个案子中，[②]面对原告的侵犯商标权的指控，被告提出了自己是“装饰性使用”的辩解。法院也认为，被告在使用“POPEYE”字样和形象的同时，还使用了自己的商标；被告对于“POPEYE”字样和形象的使用不属于商标意义上的使用。而在另一个诉讼中，日本最高法院抛弃了“装饰性使用”的依据，而是依据商标权滥用的理论，判定被告的使用不属于侵权。最高法院的判决说，如果支持原告行使自己的商标权，就会颠覆商标法的宗旨，因为已经没有支付任何费用而利用了“POP-

---

① 原告的商标图形是一个长方形的方框，左上部分为“Crocodile”的文字，右下部分为头朝左的鳄鱼图形；被告的商标图形没有长方形的方框，突出的鳄鱼图形中间写有“Lacoste”的字样，且鳄鱼的头朝向右边。

② 大阪三恵株式会社诉オックス株式会社，大阪地方裁判所判决，1976 年 2 月 24 日。

EYE”标记的知名度。①

在本文作者看来，上述两个案件中被告对于“POPEYE”形象的使用，都具有指示商品来源的意味。 而法院在难以触动商标权效力的前提下，积极探索，通过“装饰性使用”和“商标权滥用”等方式，维护了在先驰名商标所有人的权利。 这对于中国法院解决相关问题具有一定的启发意义。

再来看直接否定抢先注册的商标权，进而保护未注册的驰名商标。 根据2004年修订的《日本商标法》第39条，在有关商标权的侵权诉讼中，如果原告的注册商标权“应当在无效程序中被宣告为无效”，则注册商标的所有人不得针对被告实施自己的商标权。② 值得注意的是，这里所说的如果该注册商标权“应当在无效程序中被宣告为无效”，是由审理案件的法院来认定，并非等待特许厅审判部作出无效裁定。 根据日本学者的观点，这里虽然没有直接使用“法院可以宣告注册商标权无效”的术语，但其真实的效果则是由法院根据相关的事实，宣告注册商标权无效。③ 这样一来，在事实上宣告注册商标无效的权力，就从行政机关的手中转移到了司法机关的手中。

显然，抢注他人未注册的驰名商标，利用行政程序获得所谓的“注册商标权”，并由此而阻止未注册驰名商标所有人的正常使用，这本身就是一种不正当竞争行为。 过去，碍于行政权力和司法权力的划分，法院即使掌握了相应的证据，也不便否定注册商标权的效力，只能采取“商标权滥用”的理论，保护未注册的驰名商标。 而依据新的法律规定，法院在相关案件的审理中，可以依据有

---

① 株式会社アルプス・カワムラ诉株式会社松寺，最高裁判所，1990年7月20日。 在这个判决中，最高法院还依据在先的著作权，撤销了原告的商标注册。

② 《日本商标法》第39条的规定，系准用《日本专利法》第104条之3的规定。所以，以上有关注册商标权的规定，也是套用《日本专利法》第104条之3的规定而来。

③ 例如，东京大学法学部的大渕哲也教授，在与本文作者讨论时就明确提到上述看法。

关的事实和证据，判定注册商标权“应当在无效程序中被宣告为无效”，进而保护未注册的驰名商标。应该说，这样的规定既简化了程序，为当事人节省了时间和成本，又可以对未注册的驰名商标提供更为有效的保护，值得肯定。

（二）中国的相关规定与实践

1.《商标法》的规定

中国于1983年开始实施的第一部《商标法》，没有规定对于驰名商标的保护。1993年修订的《商标法》虽然没有明确提到“驰名商标”，但其中的第27条规定，已经注册的商标，如果是以欺骗手段或者其他不正当手段取得注册的，可以由商标局撤销该注册商标。这一规定，在同时实施的《商标法实施细则》第25条中有进一步的规定。根据规定，以欺骗或者其他不正当手段取得注册的行为，包括违反诚实信用原则，以复制、模仿、翻译等方式，将他人已为公众所熟知的商标进行注册的行为。显然，这可以理解为中国的商标法规已经从防止混淆的角度，提供了对于未注册驰名商标的保护。

2001年10月，中国在加入世界贸易组织的前夕修改了《商标法》。其中的重点之一就是依据巴黎公约和TRIPs协议，规定了对于驰名商标的保护。现行《商标法》第14条第1款从防止消费者混淆的角度，规定了对于未注册驰名商标的保护。根据规定：“就相同或者类似商品申请注册的商标是复制、模仿或者翻译他人未在中国注册的驰名商标，容易导致混淆的，不予注册并禁止使用。”其中的“不予注册”，涉及了商标局的注册审查程序，而“禁止使用”则涉及了未注册驰名商标的行政保护和司法保护。此外，依据《商标法》第4条，本法有关商品商标的规定适用于服务商标，所以上述规定也适用于服务商标。

中国的商标法规虽然在1993年之后才明确规定了驰名商标的保护，但保护驰名商标的实践却在1985年中国加入巴黎公约以后，就已经开始。例如，在1987年8月，商标局在一件商标异议案件中认定，属于美国必胜客公司的“PIZZAHUT”及屋顶图形的商标为驰名商标，驳回了澳大利亚鸿图公司在相同商品上抢注相同商标的申请。又如，商标局在1989年10月还认定中国的“同仁堂”商标为驰名商标，以帮助当时的北京药材公司解决该商标在日本被抢注的问题。[①] 而在1993年以后，尤其是2001年修订《商标法》以后，商标局和商标评审委员会更是在相关的注册程序中，从防止混淆的角度，认定和保护了许多未注册驰名商标。

在这方面，2004年由商标局认定的“小肥羊”未注册驰名商标就是一个典型的事例。内蒙古小肥羊火锅店自1999年8月开业以来，迅速成为中餐连锁企业中的佼佼者。但“小肥羊”的商标注册申请却屡屡为商标局驳回，理由是“该商标直接反映服务内容和特点”，因而不具有显著性。然而，随着“小肥羊”驰名度的不断提高，全国很多餐饮店竞相使用“小肥羊”的招牌，造成了消费者的混淆。正是在这种背景下，国家商标局将其认定为驰名商标，并在2004年公布的驰名商标名单中特意说明，这是一件未注册的驰名商标。这样，不仅他人不得再去抢注“小肥羊”的商标，就是“小肥羊”商标的所有人，在没有注册的情形下，也可以更为有力地维护自己的权利。[②]

2. 反不正当竞争法的规定

中国《反不正当竞争法》第5条第2款规定了对于未注册驰名商标的保护。根据规定，擅自使用知名商品特有的名称、包装、装

---

① 以上两个事例，参见黄晖《商标法》，法律出版社2004年版，第325页。

② 李丽辉：“未注册的小肥羊缘何受保护？”，载《人民日报》2005年01月27日，第6版。

潢，或者使用与知名商品近似的名称、包装、装潢，造成和他人的知名商品相混淆，使购买者误认为是该知名商品的，属于不正当竞争行为。其中，知名商品的特有名称，知名商品的包装、装潢，都属于未注册的驰名商标。① 除此之外，第 5 条第 3 款规定，擅自使用他人的企业名称或者姓名，引人误认为是他人的商品，属于不正当竞争行为，也与未注册驰名商标的保护有关。

法院在相关的诉讼中，也依据《反不正当竞争法》的上述规定，维护了未注册驰名商标所有人的权利。例如，在 2001 年 3 月由北京市高级法院判决的“老干妈风味豆豉酱”一案中，②被告湖南华越食品公司在其生产的豆豉酱中，模仿了原告贵阳南明唐蒙食品公司的包装瓶贴，包括“老干妈”的名称、字体，唐蒙食品厂创始人陶华碧女士的肖像，以及红色的瓶贴色彩，等等。法院在审理后认为，原告的产品包装，包括“老干妈”的名称，属于知名商品的特有名称和包装装潢，在消费者之中享有广泛的声誉。被告模仿原告的知名名称和包装装潢，造成了消费者的混淆，属于不正当竞争的行为。这样，法院就是先认定原告的未注册商标为驰名商标，然后判定被告对于近似商标的使用，造成了消费者的混淆，构成了不正当竞争。

（三）小结

应该说，从防止混淆的角度提供对于未注册驰名商标的保护，中日两国的法律规定大体相同。例如，两国都是在商标法和制止不正当竞争的法律中，分别规定了未注册驰名商标的保护，由商标行

---

① 中国《反不正当竞争法》第 5 条第 2 款，从字面上看，重点在于商品的“知名”，但其真实含义是指商品名称和包装、装潢的“知名”。这应当在进一步修订中改进文字的表述。

② 贵阳南明老干妈食品公司诉湖南华越食品公司，北京市高级人民法院，2001 年 3 月 20 日。

政部门和法院分别在行政程序和司法程序中加以适用。尽管如此，日本的相关规定和实践，至少有三点值得中国借鉴。

第一，《日本不正当竞争防止法》第2条第1款第1项，规定了广泛的商业标识，包括可以指示商品或商业来源的姓名、商号、商标、标识、商品的容器或包装，等等。而中国的《反不正当竞争法》第5条第2款和第3款，则只规定了知名的商品名称、包装、装潢和姓名、企业名称，范围略嫌狭窄。尽管法院在司法实践中可以给予扩大解释，但毕竟不如日本那样的广泛规定更方便法院的操作。所以，中国在进一步修订《反不正当竞争法》时，有必要从防止混淆的角度，对受保护的商业标识做出广泛的规定。

第二，按照英美等国的做法，获得注册的商标仅仅具有一种公告的作用，由此而产生的权利也是推定有效的权利，仍何人都可以在司法程序中质疑商标权的有效性。而中日两国都以注册作为获得商标权的基本方式，对获得注册的商标给予了较高的肯定，法院通常不受理商标权无效的诉求。在这样的背景之下，日本法院经过实践摸索出来的做法，即在不触动注册商标权效力的前提下，以"商标权滥用"来提供对于未注册驰名商标的保护，就是非常有意义的。这一做法值得中国法院借鉴。

第三，近年来，日本修订商标法，法院可以在相关的诉讼中，依据有关的事实和证据，直接否定抢先注册的商标权的效力，进而提供对于未注册驰名商标的保护，也值得中国的立法机关加以借鉴。显然，由处理争端的法院直接否定不当注册的商标的效力，而非等待商标行政机关的决定，会简化程序，节省当事人的时间和成本，从而更有效地保护未注册的驰名商标。与此相应，也可以有效防止诉讼当事人滥用确权程序的可能性。

三、依据淡化理论的保护

商标的“淡化”主要是针对驰名商标而言。根据淡化理论，将他人的驰名商标或者与之近似的商标使用在非类似的产品或服务上，虽然不会造成消费者在商品或服务来源上的混淆，但可以降低或者淡化该驰名商标指示商品来源的能力。淡化包括弱化和丑化。所谓弱化，是指对于他人驰名商标的使用，削弱了或者淡化了该驰名商标与特定商品或服务之间的强有力的关联。所谓丑化，是将他人的驰名商标用于质量低劣的商品或服务上，或者用于非法的或不道德的商业活动中，从而损害了他人驰名商标的形象。①

商标“淡化”也是侵犯他人商标权的行为。如前所述，商标权是一种财产权利。按照传统的混淆理论，商标权的范围是从消费者是否有可能产生混淆来界定的。与此相应，如果在非类似的商品或服务上使用他人的驰名商标，即使造成了弱化或者丑化的结果，也不会构成商标侵权。所以，传统的混淆理论难以对驰名商标提供足够的保护。而现代的淡化理论则是从驰名商标本身来界定商标权的范围。如果在非类似的商品或服务上使用了他人的驰名商标或者与之近似的商标，即使没有造成消费者混淆的可能性，但如果淡化了或者丑化了他人的驰名商标，仍然会构成商标侵权。② 这样，淡化理论就弥补混淆理论的不足，对驰名商标提供了充分的保护。当然，这并不表明商标权的扩张。因为在驰名商标的保护方面，无论是依据混淆理论的保护，还是依据淡化理论的保护，都没有超出

---

① Tanuja Garde, The Whittling Away of the Federal Trademark Dilution Act, *IIC*, 2003, issue 6.

② Ibid.

驰名商标所代表的商誉。

驰名商标保护中的淡化理论，最早由美国学者斯科特提出。他于1927年在《哈佛法学评论》发表"论商标保护的基本理论"一文，[①]详细论述了驰名商标保护中的淡化理论。随着商标保护理论和实践的发展，淡化理论也逐步纳入了很多国家的商标法或者反不正当竞争法中。到了世界贸易组织的TRIPs协议，更是明确规定了依据淡化理论对于驰名商标的保护。

(一)日本的相关规定和实践

由于传统的商标法是从防止混淆的角度提供对于商标的保护，所以在很多国家中，依据淡化理论对于驰名商标的保护，规定在反不正当竞争法中。这是因为，以淡化的方式使用他人的驰名商标或者与之近似的商标，虽然不会造成消费者的混淆，但是利用了他人驰名商标所代表的商誉，构成了不正当竞争。例如在美国，依据淡化理论对于驰名商标的保护，就是规定在《联邦反不正当竞争法》中。[②] 当然，也有的国家或者地区，将反淡化的规定纳入了商标法的范围。例如，欧盟于1988年12月发布的《有关商标保护的第一号指令》，以及1993年12月发布的《共同体商标条例》，就是在规定混淆理论的同时，规定了驰名商标的反淡化保护。[③]

在依据淡化理论保护驰名商标方面，日本的规定又比较特殊，既反映在《日本商标法》中，又反映在《日本不正当竞争防止

---

① Frank Schechter, The Rational Basis of Trademark Protection, 40 *Harvard Law Review* 1927, p. 813.

② 美国的《兰哈姆法》虽然可以称为联邦的《商标法》，但其中的第43条第1款，以及规定了反淡化理论的第3款和有关域名的第4款，却属于《联邦反不正当竞争法》。

③ First Council Directive 89/104/EEC of 21 December 1988 to approximate the laws of the Member States relating to trade marks; Council Regulation (EC) No 40/94 of 20 December 1993 on the Community trade mark.

法》中。

先来看《日本商标法》的规定。根据《日本商标法》第4条第1款第19项，如果注册商标的申请人出于不正当的目的，在相关的商品或者服务上注册了与他人的驰名商标相同或者近似的商标，有关的商标注册无效。其中的“不正当目的”，包括获取不正当利润，对他人的驰名商标造成损害，以及其他的不正当目的。其中的“驰名商标”，是指与他人商业活动相关的、指示他人商品或服务来源的驰名商标，以及与之相同或者相似的商标，而且不论该商标是在日本驰名还是在外国驰名。

根据日本特许厅编写的《商标法逐条解释》，第4条第19项是1996年修订《日本商标法》时加入的（自1997年1月生效），其目的是在原有的第10项和第15项的基础上，对驰名商标提供更为广泛的保护。例如，只要有关的商标驰名，不论是在日本驰名还是在外国驰名，都可以获得保护。这与绝大多数国家只保护本国驰名的商标，形成了鲜明的对比。又如，注册人的不正当目的，具有广泛的含义，既包括为了获取不正当的利益，又包括对他人的驰名商标造成损害。而依据《商标法逐条解释》，“对他人的驰名商标造成损害”，具体所指就是对于他人驰名商标的淡化。例如，无论在何种商品或服务上，申请注册与他人的驰名商标相同或者近似的商标，意图造成他人驰名商标丧失指示商品或服务来源的功能，或者损害该驰名商标所代表的声誉，都属于不正当的目的。而且，即使相关的注册发生在不同的商品或服务上，不会造成消费者的混淆，也属于法律禁止的行为。① 这样，对他人驰名商标造成的损害，就包括了淡化理论中的“弱化”（造成他人的驰名商标丧失指示商品或服务来源的功能）和“丑化”（损害他人驰名商标所代表的声誉）。

---

① Industrial Property Laws, section by section summary, 16th edition edited by JPO, Part of Trademark Law, 2001 (IIP translation 2004).

如前所述，《日本商标法》第4条有关商标注册无效的规定，主要涉及到特许厅的注册审查，以及对于异议和无效请求的处理。与此相应，当他人申请注册的商标构成了对于自己驰名商标淡化的时候，驰名商标的所有人就可以依据第19项，或者提出异议，或者提出无效请求。

再来看《日本不正当竞争防止法》的规定。根据《日本不正当竞争防止法》第2条第1款第2项，在自己的商品上使用他人的驰名商业标识或者与之近似的标识，包括销售、提供、展示、出口、进口或者通过网络而提供上述商品的行为，属于不正当竞争的行为。

与第2条第1款第1项有关防止混淆的规定相比，第2项所说的对于他人著名商业标识或者近似标识的使用，并不要求混淆的可能性。正是从这个意义上说，第2款所涉及的是有关淡化理论的规定。或者说，第2款的规定中虽然没有出现“淡化”的字词，但在事实上却规定了反淡化的内容。①

此外，第2款所提及的是“著名”的商业标识，而不是第1款所说的“广为人知”的商业标识。在日文的语义背景中，前者叫做“著名商标”，后者叫做“知名商标”。而“著名商标”是知名度高于“知名商标”的商标。这样，至少是从字面上说，适用淡化理论的著名商标，其驰名度要高于适用混淆理论的知名商标。

如前所述，《日本不正当竞争防止法》的规定，主要由法院在相关的诉讼中加以适用，与商标的注册审查、异议和无效程序基本无关。这里仅举2000年12月由富山地方法院判决的“JACCS”一案，说明反淡化理论对于驰名商标的保护。②

---

① Kenneth Port, Gerald McAlinn, Comparative Law-Law and the Legal process in Japan, *Carolina Academic*, 2003, p. 723.

② 株式会社ジャックス诉有限会社日本海パクト，富山地方裁判所判决，2000年12月6日。

“JACCS”是一个有关域名、网页与商标的判例。根据案情，原告所拥有的“JACCS”商标，是信用卡行业中的一个驰名商标。被告是一家制造、销售廉价洗浴设备和移动电话的企业。1998 年 5 月，被告注册了“www. jaccs. co. jp”的域名，其中使用了原告的驰名商标“JACCS”。与此同时，被告还在自己的网页上突出使用了“JACCS”的字样。于是，原告依据《日本不正当竞争防止法》第 2 条第 1 款的第 1 项和第 2 项，提起了针对被告的诉讼，要求被告停止在域名和网页中使用自己的驰名商标。法院在审理中认定，原告的商标“JACCS”是信用卡行业中的驰名商标，而被告在域名和网页中使用“JACCS”，构成了对于他人驰名商标的使用。法院由此而判决，被告在域名和网页中使用原告的驰名商标“JACCS”，违反了《日本不正当竞争防止法》第 2 条第 1 款第 2 项，属于淡化原告驰名商标的行为，构成了对于原告权利的侵犯。

（二）中国的相关规定和实践

在中国，依据淡化理论对于驰名商标的保护，规定在《商标法》而非《反不正当竞争法》中。这种状况，与欧盟的《有关商标保护的第一号指令》和《共同体商标条例》的规定相似。

中国《商标法》第 13 条第 2 款规定：“就不相同或者不相类似商品申请注册的商标是复制、模仿或者翻译他人已经在中国注册的驰名商标，误导公众，致使驰名商标注册人的利益可能受到损害的，不予注册并禁止使用。”

与《日本商标法》第 4 条第 1 款第 19 项和《日本不正当竞争防止法》第 2 条第 1 款第 2 项相比较，中国《商标法》的上述规定有两点值得注意。第一，适用淡化理论的驰名商标，仅限于在中国驰名的注册商标。没有在中国注册的商标，以及没有在中国驰名的注册商标，不适用淡化理论。第二，根据“不予注册并禁止使用”的规定，一方面商标行政管理部门可以在注册审查、异议和无效的程序中适用淡化理论，对于经过认定的驰名商标予以保护。另一方面，法院也可以在相关的诉讼中适用淡化理论，对于经过认定的驰名商标予以保护。

根据“不予注册并禁止使用”的规定，法院似乎只能下达禁令，不能判处损害赔偿。但最高人民法院的相关司法解释却表明，法院在必要时不仅可以下达禁令，而且可以判决损害赔偿，以及采取其他必要的救济措施。这是因为，中国《商标法》第52条列举了侵犯商标权的行为，其中的第5款是“给他人的注册商标专用权造成其他损害的”行为。而根据最高人民法院2002年10月发布的司法解释，“复制、模仿、翻译他人注册的驰名商标或其主要部分在不相同或者不相类似的商品上作为商标使用，误导公众，致使该驰名商标注册人的利益可能受到损害的”，属于给他人的注册商标专用权造成其他损害的行为。① 这样，法院就可以依据《商标法》第52条和其他规定，对淡化他人驰名商标的行为采取《商标法》所规定的所有救济措施，包括禁令、损害赔偿和其他必要的救济措施。

中国虽然在2001年10月修订《商标法》时，才明确规定了驰名商标保护中的反淡化理论，但相关的保护实践却远远早于这个时间。例如，早在1989年11月，国家商标局就在一起商标纠纷案中裁定，“万宝路”和“MARLBORO”是美国菲利普莫里斯公司使用在卷烟上的驰名商标，已经在我国注册。杭州葡萄酒二厂将与“万宝路”、“MARLBORO”商标相同、近似的文字、图形作为葡萄酒包装盒的装潢使用，已经构成了《商标法》所规定的对于注册商标造成其他损害的侵权行为。② 显然，将与“万宝路”、“MARLBORO”商标相同、近似的文字、图形，使用在葡萄酒的包装盒上，虽

---

① 最高人民法院《关于审理商标民事纠纷案件适用法律若干问题的解释》，2002年10月12日，第1条。

② 黄晖《商标法》，法律出版社2004年版，第264~265页。

然不会造成消费者的混淆，但属于淡化他人驰名商标的行为。

在2001年修订《商标法》之前，法院甚至适用制止不正当竞争的一般理论，对驰名商标提供了反淡化的保护。例如，在2000年10月由上海市第二中级人民法院判决的“宝洁公司”一案中，原告是一家美国公司，在中国就其生产和销售的肥皂、护发剂等产品，注册了“safegurd”和“舒肤佳”等商标。被告“晨铉公司”是一家经营范围为“安防系统的设计安装维修”的公司，于1999年1月注册了“safeguard. com. cn”的域名。法院在审理中认定，原告的注册商标“safegurd”和“舒肤佳”属于驰名商标，被告的域名注册行为构成了不正当竞争。法院由此而责令被告停止使用该域名，并于判决生效之日起15日内撤销该域名。① 尽管被告提起了上诉，但是上海市高级人民法院维持原判，认定被告的行为构成了不正当竞争。②

此外，几乎同时发生的“杜邦公司诉北京国网信息公司域名纠纷案”，“劳力士钟表公司诉北京国网信息公司域名纠纷案”，法院都是从制止不正当竞争的角度，认定原告的商标为驰名商标，判定被告抢注域名的行为违反诚实信用原则，构成了不正当竞争。③

至于2001年10月修订《商标法》以后，商标行政管理部门和法院，更是依据《商标法》规定的淡化理论，提供了对于驰名商标的积极保护。例如，在昆明市中级人民法院于2004年10月判决的“红河卷烟厂”一案中，原告红河卷烟厂就卷烟制品所使用的“红河”商标是一件全国驰名的商标，而被告金象洗涤用品公司则在其

---

① 保洁公司诉上海晨铉智能科技发展有限公司，上海市第二中级人民法院，2000年10月9日。

② 上海晨铉智能科技发展有限公司诉保洁公司，上海市高级人民法院，2001年7月5日。

③ 杜邦公司（美国）诉北京国网信息公司，北京市第一中级人民法院，2000年11月21日；劳力士钟表有限公司诉北京国网信息有限责任公司，北京市第二中级人民法院，2001年10月。

生产的洗衣粉的外包装上，以显著的方式套用了红河商标的特定书写体，构成了商标侵权行为。值得注意的是，法院在判决书中还引述了最高人民法院司法解释的相关规定，认为被告的行为属于"复制、模仿、翻译他人注册的驰名商标或其主要部分在不相同或者不相类似的商品上作为商标使用，误导公众，致使该驰名商标注册人的利益可能受到损害的"行为。①

（三）小结

在驰名商标的反淡化保护方面，中国仅在《商标法》中予以规定，值得进一步探讨。因为，以淡化的方式使用他人的驰名商标，并没有造成消费者混淆，放在以混淆理论为基础的《商标法》中规定，似有不当。此外，以淡化的方式使用他人的驰名商标，又在事实上利用了或者损害了他人驰名商标所代表的声誉，属于不正当竞争的范畴。由此看来，中国在修订《反不正当竞争法》时，应当明确规定对于驰名商标的反淡化保护。

在这方面，日本的做法也值得中国效法。一方面，可以在《商标法》中，从防止不当注册的角度，提供对于驰名商标的反淡化保护。另一方面，则应当在《反不正当竞争法》中，从禁止使用的角度，提供对于驰名商标的反淡化保护。这样，无论是在立法的层面上，还是在实际操作的层面上，《商标法》和《反不正当竞争法》都可以相互补充，对驰名商标提供比较充分的反淡化保护。

---

① 红河卷烟厂诉昆明市宜良金象洗涤用品有限公司，昆明市中级人民法院，2004年10月26日。

四、企业名称与驰名商标

企业名称，又称商号，与商标密切相关。在很多情况下，企业名称中的字号，也是企业的商标。例如，世界著名的可口可乐、英特尔、微软、诺基亚和索尼，等等，既是企业的商标，又是企业名称中的字号。所以在很多情况下，对于企业名称或者商号的保护，主要就是对于字号的保护。

巴黎公约第 8 条要求成员国保护企业名称，而且，对于企业名称的保护，不以申请或者注册为前提，也不论有关的企业名称是否成为商标的组成部分。根据公约的相关解释，该条虽然规定了企业名称应当获得保护，但是并没有说明以什么样的方式予以保护。这样，各成员国就可以依据本国的情况选择不同的保护方式，例如专门法的方式，或者反不正当竞争法的方式，或者采取其他的手段加以保护。在通常情况下，当第三人使用相同或者近似的企业名称，或者使用与企业名称类似的标记，并且有可能引起公众混淆时，就应当给予此种保护。①

绝大多数国家对于企业名称的保护，都是采用制止不正当竞争的方式。与此相应，企业名称保护所适用的也是制止假冒和混淆的标准。按照这个标准，使用与他人的企业名称相同或者近似的商业标识，有可能造成企业的商业活动混淆，或者企业所提供的商品或服务来源的混淆，就会构成不正当竞争。当然，依据现代的淡化理论，驰名的企业名称，还可以受到反淡化的保护。按照这个标准，使用他人驰名的企业名称或者与之近似的企业名称，即使没有消费

---

① 博登浩森：《保护工业产权巴黎公约指南》，汤宗舜、段瑞林译，中国人民大学出版社 2003 年版，第 89 页。

者混淆的可能性，但如果有可能损害企业名称所有人的利益时，驰名的企业名称的所有人也可以依据反不正当竞争法加以制止。

除了反不正当竞争法对于企业名称的保护，在很多国家还有企业名称登记的法律或者行政规定。这是为了规范企业名称的使用。那么，经过行政机关登记的企业名称，与巴黎公约要求保护的企业名称是什么关系？如果有人在企业名称的登记中，将他人的驰名商标作为字号来使用，应当如何处理？应该说，在中国目前的驰名商标保护中，这既是一个突出的理论问题，也是一个突出的实践问题。而比较中日两国在这个问题上的理论和实践，将有助于中国解决相关的问题。

(一)日本对于企业名称的保护

《日本不正当竞争防止法》，分别从防止混淆的角度和反淡化的角度，提供了对于企业名称的保护。具体说来，《日本不正当竞争防止法》第2条第1款第1项从防止混淆的角度保护各种驰名的商业标识，第2条第1款第2项从防止淡化的角度保护各种驰名的商业标识，其中都包含了企业名称（商号）。

除此之外，日本还有企业名称登记的制度。根据《日本商法》，公司可以自由选择商号，但不得选择与他人营业产生误导的商号。[①] 又据《日本公司法》的相关规定，公司应当在自己的商号当中，使用股份公司等表示公司种类的文字。银行、证券等公司还应当在商号中使用表示其行业的文字。[②] 根据《日本商业登记法》，商号的登记，由当事人的营业所所在地的司法局或者司法局

① 《日本商法典》第11～12条。

② 《日本公司法》第6条、第7条。

的派出机关负责，[①]通常是由区、市、町、村一级的司法部门登记。[②] 在商号的登记中，区、市、町、村一级的司法部门只进行形式审查，例如本辖区之内是否有重复的企业名称存在。如果没有重复的企业名称存在，司法部门通常都会予以登记。商号的登记，不同于商标的注册。在日文的语义背景中，与商号相关的是“登记”，与商标相关的是“登录”，二者完全不同。

按照日本学术界的一般看法，企业名称，包括登记的和实际使用的，具有两个方面的含义。[③] 一是名称的方面，就像一个人的姓名一样，仅仅涉及公司的名称和身份。二是财产权的方面，是指企业名称，尤其是其中的字号所体现的商誉和名声，应当由反不正当竞争法加以保护。按照日本学者的看法，区、市、町、村一级的司法部门在登记企业名称时，仅考虑企业名称的名称方面，并不考虑企业名称的财产权方面。与此相应，如果已经登记的或者实际使用的企业名称，侵犯了他人企业名称中的财产权方面，或者侵犯了他人商标中的财产权，相关的权利人可以依据《日本不正当竞争防止法》予以制止。

在这方面，由千叶地方法院于 1996 年 4 月判决的“Walkman”一案，[④]是一个非常典型的判例。根据案情，原告“索尼公司”拥有英文“Walkman”及其片假名的商标，使用于磁带录音机上。“Walkman”是一个臆造的商标，在国外和日本驰名。本案的被告是一家销售鞋类和服装的小商店，在千叶市企业名称登记部门登记了“Walkman 有限会社”的名称，并在包装纸、包装袋、价签、收

---

① 《日本商业登记法》第 1 条之 3。

② 按照日本的行政区划，中央政府之下为都、道、府、县，再次为区、市、町、村。

③ 上智大学法学院的小冢庄一郎教授和早稻田大学法学部的高林龙教授、立命馆大学法学院的宫胁正晴教授，在与本文作者讨论时，都表达过企业名称具有“两个方面”的看法。

④ ソニー株式会社诉有限会社ウォークマン，千葉地方裁判所判决，1996 年 4 月 17 日。

据上，以及商店周围的招揽彩旗和指示商店位置的地图上，使用了英文的“Walkman”和相应的片假名。法院在审理中认为，被告使用的商业标记，在发音、含义和外形方面，都与原告的商标相同，而不同之处仅在于被告的商业标记中多了一只鞋子，以及采用了不同的书写字体。在此基础上，法院依据《日本商标法》和《日本不正当竞争防止法》，认定被告的行为不仅侵犯了原告的商标权，而且构成了不正当竞争。①

在本案的诉讼中，被告曾经提出抗辩说，自己已经登记了“Walkman有限会社”的企业名称，“Walkman”及其片假名是自己企业名称的简称。与此相应，自己对于“Walkman”及其片假名的使用，不是对于原告注册商标的使用，而是对于自己企业名称的使用。在这个问题上，法院并没有分析企业名称及其构成，而是把分析的侧重点放在了对于原告商标权的侵犯上。法院认为，尽管被告所使用的“Walkman”及其片假名是企业名称中的一个部分，但被告使用的标记与原告的注册商标相似，从而造成了对于原告商标权的侵犯。同时，被告使用“Walkman”及其片假名的标记，不正当地利用了他人的商誉。正是由此出发，法院下令撤销被告已经登记的企业名称，并责令被告前往企业名称登记部门更改自己的企业名称。②

在企业名称与驰名商标的关系上，不仅会发生像“Walkman”

---

① 本案被告是在销售服务中，而不是在同类或者类似商品上使用原告的商标“Walkman”及其相应的片假名，属于淡化他人驰名商标的行为。事实上，法院也认为本案应当适用《日本不正当竞争防止法》第2条第1款第2项，即有关淡化商业标记的规定。不过，《不正当竞争防止法》第2条第1款第2项自1994年5月1日起生效，而被告的侵权行为却发生于法律生效以前，因而不能适用有关淡化的规定。尽管如此，法院仍然依据《不正当竞争防止法》的精神，作出了上述判决。

② 根据上智大学法学院小冢庄一郎教授的谈话，日本法院在处理这类案件时，一开始还只是下达禁令，禁止被告继续使用相关的企业名称。但到了后来，则直接下令撤销相关的企业名称，甚至责令被告更改自己的企业名称。显然，“撤销”或者“责令更改”，已经涉及了企业名称登记部门的工作程序。

这样，将他人的驰名商标登记为企业名称的问题，而且还会发生将他人驰名的企业名称注册为商标的问题。这对于驰名商标和企业名称的保护来说，同样具有重要的意义。在这方面，由东京地方法院于1966年判决的“ヤシカ”（yashica）一案，也是一个非常典型的判例。①

根据案情，原告自1958年开始使用“株式会社ヤシカ”的名称，是一家销售照相机和摄影器材的公司，并且是东京证券交易所的上市公司。原告不仅在照相机和摄影器材上使用了“ヤシカ”的标记，而且还有可能在彩色胶卷、黑白胶卷、收音机、磁带录音机和其他产品上使用“ヤシカ”的标记。本案的被告是一家销售化妆品盒和化妆品包装物的公司，并且成功地就其销售的商品注册了“ヤシカ”的商标。被告辨称，自己的商标虽然是在原告的商号驰名以后才注册的，但由于使用于非同类的产品之上，不会造成消费者的混淆，属于正常使用自己的注册商标。

在具体的审理中，法院讨论了被告滥用商标权和不正当竞争的问题。法院认为，当原告的商号和商标“ヤシカ”驰名以后，被告将其注册为商标，甚至使用了原告标记的书写风格，显然是利用了原告标记已经具有的商誉，属于不正当竞争。法院还认为，被告尽管就“ヤシカ”获得了商标注册，但是被告对于该商标的使用却相当于使用了原告的商业形象及其所体现的商誉，不属于商标的正常使用。正是由此出发，被告对于自己注册商标的这种使用，相当于是商标权的滥用，应当加以禁止。

值得注意的是，“ヤシカ”一案不仅讨论了滥用商标权的问题，而且讨论了驰名商号的淡化问题。法院认为，被告在化妆品盒和包装上使用“ヤシカ”商标，尽管不会造成商品来源上的混淆，但是会造成原告驰名商号的淡化。如果被告将与原告商号相同或者近似的商标使用在化妆品上，就会淡化原告商号的形象，削弱原

① 株式会社ヤシカ诉ダリヤ工業株式会社，東京地方裁判所，1966年8月30日。

告商号与照相机的联系。这样，原告商号所具有的，将照相机与社会公众联系起来的功能，以及吸引消费者和促销产品的能力，就会被淡化。

应该说，“ヤシカ”一案不仅讨论了驰名企业名称与注册商标的关系，而且讨论了驰名企业名称的反淡化问题，在对于驰名商标和驰名企业名称的保护方面，具有独特的意义，值得关注。

(二)中国的相关规定和做法

与日本的做法一样，中国也在《反不正当竞争法》中提供了对于企业名称的保护。根据第5条第3款，擅自使用他人的企业名称，引人误认为是他人商品的行为，属于不正当竞争行为。这表明，中国的《反不正当竞争法》是从防止混淆的角度来保护企业名称的，这与大多数国家的做法相同。当然，中国的《反不正当竞争法》尚未规定对于驰名企业名称的反淡化保护。

此外，中国也有企业名称登记制度。根据国务院于1991年批准的《企业名称登记管理规定》，企业名称由各级工商行政管理部门登记，通常由行政区域名称、字号、行业或者经营特点、组织形式等四个部分构成。例如，“北京国美电器有限公司”、“中国云南红河卷烟总厂”等。又据规定，企业可以自由选择字号，包括使用投资人的姓名作为字号。① 显然，在企业名称的构成要素中，字号是区别同类企业的关键要素，具有财产权的价值。

根据国家工商行政管理总局颁布的《企业名称登记管理实施办法》，企业名称实行分级登记管理。国家工商行政管理局负责全国企业名称登记，并负责核准带有“中国”、“中华”、“全国”、“国家”、“国际”等字样的企业名称，以及不含行政区划的企业名称。地方的省、市、县一级的工商行政管理机关，负责核准本辖

---

① 《企业名称登记管理规定》（1991年5月6日由国务院批准，自1991年9月1日实施）第7条，第10条。

区之内的企业名称登记。[①] 在实际的操作中，各级工商行政管理部门主要进行形式审查，包括本辖区之内是否有相同的企业名称。这与日本企业名称登记部门的做法大体相同，即只进行形式审查，而非实质审查。

对于各级工商行政管理机关登记的企业名称，中国的行政、司法部门和学术界，并没有像日本那样从“名称”的角度加以看待，而是将“名称”的方面与“财产权”的方面混同了起来。在这方面，有关的行政规定甚至认为，企业名称的登记属于国家机构的授权，与商标注册具有同等的效力。例如，《企业名称登记管理规定》第3条规定：“企业名称经核准登记注册后方可使用，在规定的范围内享有专用权。”国家工商行政管理局于1999年4月发布的《关于解决商标与企业名称中若干问题的意见》第1条也说：“商标专用权和企业名称权均是经法定程序确认的权利，分别受商标法律、法规和企业名称登记管理法律、法规保护。”[②]显然，这是将企业名称的“登记”与商标的“注册”混同了起来。

正是基于以上的认识，中国出现了独特的“企业名称权与商标权冲突”的说法。一方面，一些企业出于不正当竞争的目的，利用企业名称登记的程序，将他人的驰名商标纳入了自己的企业名称。而当商标权人主张自己的权利时，他们又诉诸“权利冲突理论”，甚至说商标所有人有商标权，自己有企业名称权，要求解决所谓的权利冲突。另一方面，有关的行政部门和司法部门，由于混同了企业名称中的“名称”方面和“财产权”方面，也试图从行政管理和司法的角度，寻求解决“权利冲突”的途径。基于以上两方面的原因，一些专家学者也试图站在超然的立场上，寻求解决商标权与企

---

① 《企业名称登记管理实施办法》（1999年12月8日公布，2004年6月14日修订）第5条。

② 《关于解决商标与企业名称中若干问题的意见》。

业名称权冲突的途径，并由此而撰写了大量的论著。①

大体说来，行政机关试图解决“企业名称权与商标权冲突”的探讨，集中反映在1999年4月国家工商行政管理总局发布的《关于解决商标与企业名称中若干问题的意见》中。②《关于解决商标与企业名称中若干问题的意见》在“有效执行《商标法》和企业名称登记管理的有关规定，切实保护商标专用权和企业名称权，维护公平竞争秩序和社会公共利益”的前提下，提出了10条解决“冲突”的指导性意见。除此之外，在一些相关的学术会议上，主管商标注册的商标局与主管企业名称登记的企业名称登记司，也认真探讨过两个部门如何配合，包括交换信息，加强沟通，建立具体操作规范，以降低将他人的驰名商标注册为企业名称，或者将他人的驰名企业名称注册为商标的可能性。有人甚至提出，应该在企业名称登记制度中，建立如同商标那样的全国统一审查登记制度，或者建立商标与商号统一检索制度，这样才能从根本上解决商标与商号的冲突问题。③

在司法方面，试图解决“企业名称权与商标权冲突”的探讨，则集中反映在2002年由武汉市中级人民法院和湖北省高级人民法院审理的“立时”一案中。

根据案情，原告立时公司注册了“立邦”文字及图形商标，使用于油漆及相关产品上。被告是一家生产建筑涂料的公司，经营范围与原告大体一致。当被告在工商行政管理部门登记了“武汉立邦涂料有限公司”的名称后，在其生产的各种建筑涂料上，以及相关

---

① 例如，中国法学会知识产权法研究会于2003年6月，在北京召开过一次“商业标识权利冲突及其解决对策理论研讨会”，其中重点讨论的就是商标权与企业名称权的冲突。会议的综述和相关论文，参见《知识产权法文丛（第10卷）》，中国方正出版社2004年版。

② 《关于解决商标与企业名称中若干问题的意见》。

③ “商业标识权利冲突及其解决对策理论研讨会综述”，见《知识产权法文丛（第10卷）》，中国方正出版社2004年版。

的包装和宣传资料上，使用了“立邦”的字样。于是，原告以被告的行为构成商标侵权和不正当竞争，向武汉市中级人民法院提起诉讼。法院在审理后认定原告的商标为驰名商标，被告的行为侵犯了原告的商标权，并且构成了不正当竞争。

被告在诉讼中曾经提出，商标与企业名称是性质不同的两种权利，前者是区别不同商品或服务来源的标志，后者是区别不同市场主体的标志。自己的字号是经过工商管理部门依法核准登记的，具有完全的合法性，不存在侵犯原告商标权和不正当竞争的问题。而武汉市中级人民法院则认为，被告在申请登记企业字号时未遵循诚实信用的原则和公认的商业道德，具有明显的过错；被告在其产品上使用原告的商标，不仅造成了消费者的混淆，而且淡化了原告的商标。由此出发，法院判决被告于判决生效后的10日以内变更企业字号，新企业字号中不得含有“立邦”字样；判决生效10日以内销毁带有“立邦”字样的产品宣传资料和产品外包装。①

应该说，一审法院依据诚实信用和商业道德的原则，认定被告的行为侵犯了原告的商标权，构成当了不正当竞争，进而责令被告变更其企业字号，这不仅符合反不正当竞争法的精神，也符合巴黎公约保护企业名称的精神。然而，本案的二审法院却在这个问题上作出了一个不恰当的判决。湖北省高级人民法院在二审判决中，一方面肯定了一审法院的判决，判令被告不得在其所有产品、产品包装、宣传资料以及其他经营活动中使用“立邦”文字。但在另一方面又认为，企业名称的登记和管理不在人民法院审判职权范围之内，故原审法院直接判决武汉立邦变更其企业字号不当，应当予以纠正。②

---

① 立时集团国际有限公司诉武汉立邦涂料有限公司，湖北省武汉市中级人民法院，2002年9月10日。

② 立时集团国际有限公司诉武汉立邦涂料有限公司，湖北省高级人民法院，2003年1月13日。

显然，湖北省高级人民法院的判决，反映了法院在应对企业名称侵犯驰名商标方面的心态。一方面，法院认为应当按照《商标法》和《反不正当竞争法》的精神，制止被告使用原告驰名商标的行为。而在另一方面，法院又认为，企业名称是由行政管理机关登记的，属于行政授权，法院不应该干预。但不管怎么说，法院责令被告停止在产品、宣传资料上使用他人的驰名商标，也算是尽到了保护驰名商标的责任。

值得注意的是，就在“立邦”案上诉的过程中，最高人民法院于2002年10月12日通过了一个《关于审理商标民事纠纷案件适用法律若干问题的解释》。根据该解释第1条第1款，将与他人注册商标相同或者相近似的文字，作为企业的字号在相同或者类似商品上突出使用，容易使相关公众产生误认的，属于《商标法》规定的对他人注册商标权造成其他损害的行为。这似乎可以解释为，在工商行政管理机关登记的企业名称中，即使含有他人的注册商标，只要规范使用，不是“突出”使用，就不属于侵犯商标权的行为。但如果在规范使用的前提下仍然造成了消费者的混淆，又该如何处理呢？司法解释没有作出明确的回答。

由于最高人民法院的这个司法解释是针对《商标法》作出的解释，似乎并不排除法院在具体的案件中，依据《反不正当竞争法》的规定，责令企业名称的所有人不得使用他人的驰名商标。例如，在2006年12月20日由北京市第一中级人民法院判决的“蒙牛”一案中，原告就乳制品使用的“蒙牛”商标为驰名商标，而被告则在明知的情形下登记了“呼和浩特蒙牛酒业有限公司”的企业名称，并在商业活动中突出使用“蒙牛”字样。法院经过审理后认定，被告明知故犯，通过登记取得其企业名称，借合法形式故意制造混淆与冲突，侵占了原告的商誉，其注册行为已经构成对原告的不正当竞争。同时，被告在其宣传和经营的奶酒产品上突出使用“蒙牛酒业”，造成了商品来源的混淆，侵犯了原告在先的注册商标专用权。法院因此而判定，被告应当在合理的清理期限届满两个月后，停止使用含有“蒙牛”字样的企业名称，停止在其提供的商品中标示“蒙牛”字样。①

“蒙牛”一案不仅依据《商标法》的规定，从防止混淆的角度禁止被告使用含有“蒙牛”字样的企业名称和商品标识，而且依据《反不正当竞争法》的规定，判定被告登记含有“蒙牛”字样的企业名称，属于不正当竞争的行为。显然，这个判决没有局限于企业名称的“规范”使用，而是直接责令被告停止使用含有“蒙牛”字样的企业名称，从而有力地保护了原告的驰名商标。

（三）小结

在企业名称的保护方面，中国与日本的方式基本相同。一方面，两国都在反不正当竞争法中规定了对于企业名称的保护。另一方面，两国都有企业名称登记的制度。但是在如何看待经过登记的企业名称方面，两国却有着不同的理念和不同的处理方式。

在日本，将企业名称分为名称的方面和财产权的方面，认为企业名称登记机构仅涉及“名称”的方面，而反不正当竞争法则提供对于“财产权”的保护。正是基于这样的理念，日本法院在相关的诉讼中比较好地处理了企业名称与驰名商标，以及驰名的企业名称与注册商标的关系。

而在中国，由于没有像日本那样将企业名称分为名称和财产权的两个方面，从而导致了企业名称保护方面的混乱，以及企业名称与驰名商标关系的混乱。一方面，行政管理机关将获得登记的企业名称的效力与获得注册的商标的效力等同起来，认为企业名称的登记就是权利的授予。另一方面，法院在处理企业名称与驰名商标关系时，也不免有所顾忌，把重点放在了是否突出使用的环节上。

---

① 内蒙古蒙牛乳业有限公司诉呼和浩特蒙牛酒业有限公司，北京市第一中级人民法院，2006年12月20日。另据本文作者了解，该案没有提起上诉，已经成为生效判决。

在对于企业名称的保护方面，中国的行政机关、司法部门和学术界，应当了解和接受日本关于企业名称具有两个方面的看法。如果接受了这样的看法，一方面，中国的企业名称登记模式可以不必有任何改变。从中央到地方的各级企业名称登记机关仍然可以按照过去的方式，从事企业名称的登记。另一方面，如果已经登记的企业名称在实际的商业活动中，与他人的驰名商标或者驰名的企业名称发生了争执，可以由法院按照《反不正当竞争法》的规定或者精神加以处理。或者说，企业名称登记机构仅负责"名称"的方面，而法院则依据《反不正当竞争法》的规定和原则保护"财产权"的方面。这样一来，国家工商行政管理总局没有必要再去协调企业名称登记与商标注册的问题，甚至发布解决权利冲突的文件。法院也可以放心大胆地依据《商标法》、《反不正当竞争法》的规定和原则，处理相关的法律纠纷，而不必顾忌是否超越了司法机关的权限。至于许许多多的专家学者，也可以不必再去研究所谓的"商标权与企业名称权的冲突"了。

五、驰名商标的效力

在驰名商标的保护方面，无论是防止混淆的保护还是反淡化的保护，包括处理企业名称与驰名商标的关系，都涉及驰名商标的认定，以及由此而认定的驰名商标的效力问题。

在日本，无论是特许厅在商标审查、异议和无效请求中认定的驰名商标，还是法院在处理商标纠纷中认定的驰名商标，仅仅与解决相关的争端有关。驰名商标的认定是个案原则，其效力仅限于个案，与广告宣传没有任何关系。从理论上说，任何人都可以在广告上宣称自己的商标是驰名商标。[①] 显然，这不仅与绝大多数国家保护驰名商标的做法相同，而且也符合巴黎公约和 TRIPs 协议要求保护驰名商标的宗旨。

而在中国，驰名商标的认定，不仅与个案的争端解决相关，而且至少具有了两方面的超越个案的意义。一是广告宣传的意义。具体说来，一旦某个商标在行政程序或者司法程序中被认定为驰名商标，该商标的所有人就可以在广告活动中宣称自己的商标是驰名商标。本来，如果其他商标所有人也能够以"驰名商标"宣传自己商标的话，不会成为太大的问题。然而，根据中国的《广告法》，如果没有经过行政和司法的认定，在相关的广告宣传中宣称自己的商标是"驰名商标"就会成为虚假广告，遭到工商行政管理部门的查处。[②] 这样，本来是为了解决争端而认定的驰名商标，就具有了超越个案的身份和地位，并由此而获得了市场上的优势地位。

二是地方政府宣传政绩的意义。由于不了解驰名商标认定的本来含义，中国的很多地方政府误以为，本辖区的驰名商标越多，就表明本辖区的企业实力强，政府的工作做得好。于是，一些地方政府为了显示自己的政绩，积极追求"驰名商标"的数量，甚至提出了"争创驰名商标"的口号。[③] 还有一些地方政府，则对获得了

---

① 特许厅总务课制度改正审议室的木村一弘先生，上智大学法学部的小塚莊一郎教授，与本文作者讨论时都谈到这样的看法。

② 中国《广告法》第 4 条规定："广告不得含有虚假的内容，不得欺骗和误导消费者。"又据该法第 47 条，违反本法规定，利用广告对商品或者服务作虚假宣传的，由广告监督管理机关责令广告主停止发布，并以等额广告费用在相应范围内公开更正消除影响，并处广告费用一倍以上五倍以下的罚款；对负有责任的广告经营者、广告发布者没收广告费用，并处广告费用一倍以上五倍以下的罚款；情节严重的，依法停止其广告业务。构成犯罪的，依法追究刑事责任。

③ 例如，辽宁省政府曾经发布过一个《关于进一步加强争创中国驰名商标工作的意见》，而辽宁省工商行政管理局又在此基础上发布了《关于加快推进争创驰名商标工作的意见》，要求省内的各级工商行政机关予以落实。资料来源：http://www.lngs.gov.cn/law/file_info.jsp?id=51。

驰名商标称号的企业，给予奖励和支持。[①] 在这样的背景之下，一些企业想方设法让自己的商标成为“驰名商标”，也就毫不奇怪了。

由于驰名商标具有了超越个案的意义，因此引发了谁可以认定驰名商标，以及如何规范驰名商标认定的问题。在中国，驰名商标的认定有两个途径，即行政的途径和司法的途径。

先来看行政的途径。根据国家工商行政管理总局于2003年6月发布的《驰名商标认定和保护规定》，商标局和商标评审委员会，可以在商标异议和无效的程序中，应当事人的请求而认定驰名商标。这主要是为了解决相关的争端。另外，地方工商行政管理机关在处理商标权纠纷时，当事人可以向市（地、州）一级的工商行政管理部门提出认定驰名商标的请求，并提交相应的证明资料。市（地、州）一级工商行政管理部门经过初步审查后，上报省一级工商行政管理部门审查，再上报商标评审委员会，由其作出是否认定为驰名商标的决定。这样，就行政的途径来说，有权认定驰名商标的就是国家工商行政管理总局的商标局和商标评审委员会。而《驰名商标认定和保护规定》则是规范这两个机构认定驰名商标的文件。

再来看司法的途径。法院在解决纠纷的过程中认定相关的商标是否驰名，是各国通行的做法。在这方面，中国最高人民法院于2002年10月颁布的《关于审理商标民事案件适用法律若干问题的解释》，也在第22条明确规定：“人民法院在审理商标纠纷案件中，根据当事人的请求和案件的具体情况，可以对涉及的注册商标是否驰名作出认定。”不过，按照相关的程序，可以管辖商标权纠纷的各级法院，包括区、县一级的基层法院，都可以认定涉案的商

① 例如，广东省的《阳江日报》2004年5月10日有一篇报道《落实优惠政策支持企业争创驰名商标》。资料来源：http://www.southcn.com/news/dishi/yangjiang/ttxw/200405100711.htm。

标是否驰名。这样一来，驰名商标的认定就不可避免地与地方保护主义结合起来。例如，一些商标所有人感到行政认定比较困难或者复杂的时候，就会走捷径通过当地的法院获得“驰名商标”的身份。又如，一些地方政府部门的官员，出于自己政绩的考虑，也要求法院在相关的司法程序中放宽标准，多认定一些本地区的“驰名商标”。与此相应，随着司法认定的驰名商标数量的增多，一些人，尤其是来自工商行政管理部门的官员，又对法院认定的驰名商标的权威性提出了质疑，甚至提出应当限制地方法院对于驰名商标的认定。① 正是在这样的背景之下，最高人民法院于 2006 年 11 月 12 日下发了一个《关于建立驰名商标司法认定备案制度的通知》，要求各地法院将已经认定的驰名商标，以及今后认定的驰名商标，上报最高人民法院知识产权审判庭备案。② 这是试图规范地方法院认定驰名商标的一个措施。

与驰名商标具有广告宣传和显示政绩的效力相关，中国的商标行政部门和法院，还认定了许多本来不应该认定的“驰名商标”。具体说来，按照巴黎公约和 TRIPs 协议，依据混淆理论对于驰名商标的保护，应当仅限于未注册的驰名商标。因为，如果某一市场主体的未注册商标已经驰名，同时又允许他人在同类或者类似商品或服务上，注册和使用该商标或者与之近似的商标，必然会造成消费者的混淆。至于已经注册的商标，如果他人未经许可而使用了相同或者近似的商标，有可能造成消费者的混淆，则可以依据商标法的混淆理论和规定获得足够的保护。或者说，在依据混淆理论保护注册商标的时候，根本用不着将有关的注册商标认定为“驰名商标”。只有在依据淡化理论保护驰名商标的时候，才有必要将已经

---

① 例如，《中国驰名商标杂志》评选出的 2006 年驰名商标保护的十大新闻中，就有如上的评论。资料来源：http://www.21sb.com/magazine/view.asp? magazine_id = 381. 另外，本文作者在商标评审委员会的一个通讯中，也看到过类似的说法。

② 最高人民法院《关于建立驰名商标司法认定备案制度的通知》。

注册的商标认定为驰名商标。

事实上，中国《商标法》第 13 条所具有的就是上述含义。按照第 13 条第 1 款的规定，只有对于“未在中国注册的驰名商标”，才可以在“容易导致混淆”的情况下，提供“不予注册并禁止使用”的保护。其中并不包括对于“已经注册的驰名商标”提供防止混淆保护的含义。与此相应，商标行政机关和法院需要在相关程序中加以认定的，也是有关的“未注册商标”是否驰名，并由此而决定是否应当提供必要的保护。又据第 13 条第 2 款，对于“已经在中国注册的驰名商标”，如果他人的复制、模仿和翻译有可能淡化该驰名商标（误导公众，导致该驰名商标所有人的利益受到损害）的，可以提供“不予注册并禁止使用”的保护。与此相应，只有在对于“已经注册的商标”提供反淡化保护的情形下，商标行政机关和法院才有必要认定有关的注册商标是否驰名，并由此而决定是否应当提供反淡化的保护。显然，根据《商标法》第 13 条的相关规定，如果一方面对注册商标提供反混淆的保护，另一方面又将其认定为“驰名商标”，就是误解了驰名商标保护的原意。

然而遗憾的是，中国的商标行政机关和法院，在对注册商标提供反混淆保护的时候，却认定了很多所谓的“驰名商标”。这里仅举 2006 年 6 月成都市中级人民法院判决的“天下秀”一案为例。① 根据案情，原告四川什邡卷烟厂在其生产销售的卷烟产品上使用了“天下秀”的注册商标，被告成都瑞曦科技发展有限公司注册了“www. 天下秀 . 网络”和“www. tianxiaxiu. cn”的域名。原告提起诉讼认为，被告的行为足以造成公众的混淆和误认，损害了原告的商誉，构成商标侵权，并要求法院在认定自己的商标为驰名商标的基础上，判令被告撤销其域名。基于原告的上述主张，法院一方面依据商标法的混淆理论，认定被告的域名与原告的注册商标近

---

① 四川什邡卷烟厂诉成都瑞曦科技发展有限公司，四川省成都市中级人民法院，2006 年 6 月 26 日。

似，足以造成相关公众的误认，侵犯了原告的商标权；另一方面又依据原告提供的大量证据，认定原告的注册商标“天下秀”为驰名商标。

应该说，在“天下秀”一案中，如果原告和法院依据《商标法》第13条第2款，认为被告注册的域名“淡化”了原告的商标，则有必要先将“天下秀”注册商标认定为驰名商标，然后判令被告撤销其域名。然而在该案中，原告是依据《商标法》的混淆理论主张被告侵权，法院也是依据混淆理论认定被告侵犯了原告的注册商标。在这种情况下，法院没有必要认定注册商标“天下秀”为驰名商标。因为，即使法院不去认定“天下秀”为驰名商标，商标法有关防止混淆的规定，已经可以提供足够的保护。

综上所述，当中国的商标局、商标评审委员会和最高人民法院围绕着驰名商标的认定和保护，设立各种纷繁复杂的制度的时候，当中国的商标行政机关和法院依据混淆理论将一些注册商标认定为“驰名商标”的时候，我们也许有必要反省驰名商标保护的本意。如果中国能够像日本和其他国家一样，把驰名商标的认定和保护，限定在个案和争端解决的范围之内，不与广告宣传和政府的业绩挂钩，那么我们就用不着费尽心思地设计那些规范性的制度，更不至于发出地方法院不应当认定驰名商标的声音。如果我们真正理解了驰名商标保护的真实含义，也就不会发生依据混淆理论而认定注册商标为“驰名商标”的现象了。显然，让驰名商标具有超越个案的含义，与广告宣传和政府业绩挂钩，或者依据混淆理论而认定某些注册商标为“驰名商标”，已经偏离了巴黎公约和TRIPs协议要求保护驰名商标的宗旨。

六、结　论

本文从四个方面，即依据混淆理论的保护、依据淡化理论的保护、企业名称与驰名商标、驰名商标的效力，比较了中日两国有关驰名商标保护的法律规定和实践。其中既有中日两国具有共性的方面，又有中国驰名商标保护中的特殊问题。通过比较可以看出，日本有关驰名商标保护的法律规定和相关的理论与实践，有许多值得中国借鉴的东西。其中的一些规定和做法，不仅具有理论上的启发意义，而且有助于中国解决驰名商标保护中出现的一些问题。

显然，从防止混淆和淡化的角度提供对于驰名商标的保护，是中日两国具有共性的方面。在这方面，中日两国都依据巴黎公约和TRIPs协议的要求，在相关的法律中作出了规定。尽管如此，日本的一些规定和做法，仍然值得中国借鉴。例如，日本法院在不触动注册商标权效力的前提下，以“商标权滥用”的理论来限制注册商标所有人的行为，进而保护未注册的驰名商标，值得中国法院借鉴。又如，日本2004年修订的《日本商标法》，允许法院直接否定抢先注册的商标权的有效性，既简化了相关的程序，节省了当事人的时间和成本，又对未注册驰名商标提供了有效的保护，也值得中国的立法机关加以借鉴。再如，日本一方面从防止注册的角度，在《日本商标法》中提供对于驰名商标的反淡化保护，另一方面又从禁止使用的角度，在《日本不正当竞争防止法》中提供对于驰名商标的反淡化保护，同样值得中国的立法机关借鉴。

至于企业名称与驰名商标的关系，以及驰名商标的效力，则是中国驰名商标保护中出现的特殊问题。在这两个方面，日本的做法和经验，更有值得中国借鉴的地方。例如，日本将企业名称分为“名称”的方面和“财产权”的方面，认为企业名称登记机关只涉及“名称”的方面，而《日本不正当竞争防止法》则提供了对于“财产权”方面的保护。这对于中国重新定位企业名称，处理企业名称与驰名商标的关系，具有极大的启发意义。又如，日本的理论界和实务界普遍认为，由特许厅在商标审查、异议和无效程序中认定的驰名商标，由法院在商标权纠纷案件中认定的驰名商标，其目的是为了解决个案的争端，其效力仅限于本案，与广告宣传等超出个案的事项没有任何关系。这对于中国重新认识驰名商标的含义，重新认识驰名商标保护的目的，具有积极的借鉴意义。

毫无疑问，如果中国的立法、行政和司法部门，以及中国的学术界，能够充分了解和认识日本有关驰名商标保护的法律规定和相关的理论与做法，将有可能借鉴其中的一些理论和做法，进而改进有关驰名商标保护的法律法规，以及相关的做法。与此相应，中国对于驰名商标保护的理论和实践，也将更加符合巴黎公约和TRIPs协议要求成员国保护驰名商标的宗旨。

论网络环境中版权直接侵权的认定标准

王　迁[*]

摘　要　在网络环境中版权直接侵权的认定方面，存在着“服务器标准”和“用户感知标准”之争，其关键分歧在于对作品设置深层链接是否可能构成直接侵权。两相比较，“服务器标准”符合“信息网络传播权”的立法原意，因为只有将作品上传至向公众开放的服务器，才能使作品处于“能够为公众获得的状态”，而对该作品设置链接只是扩大了作品传播范围，并非新的传播行为。“服务器标准”能够包容网络搜索技术的发展和合法应用，且权利人的合法利益也可以通过间接侵权规则得到合理维护。多数国家的司法实践也认同“服务器标准”。

关键词　深层链接　信息网络传播权　服务器标准　用户感知标准

2001年《著作权法》规定“信息网络传播权”至今已有8年的时间了，但由于网络技术的复杂性，有关如何理解和适用这项专有

---

[*] 王迁，华东政法大学教授、博士生导师。本文为上海市教育委员会曙光学者项目课题《网络环境中著作权侵权比较研究》的成果之一。本文原载《东方法学》2009年第2期。

权利的争议从未停止过。其中争论最大的问题之一，就是以何种标准认定与“信息网络传播权”所对应的“信息网络传播行为”（以下简称“网络传播行为”），及对该项权利的直接侵权行为。

《著作权法》中任何专有权利的作用都在于控制特定行为。如“发行权”控制的是以转移作品载体所有权的方式向公众提供作品原件或复制件的行为，即“发行”行为。如果未经许可实施某种受特定专有权利控制的行为（如出售盗版电影光盘就是一种未经电影权利人许可，向公众发行电影作品复制件的“发行”行为），除非这种行为属于《著作权法》规定的“限制与例外”，则该行为构成对该专有权利的直接侵权。因此，要正确地认定对“信息网络传播权”的直接侵权，必须首先明确何种行为属于受“信息网络传播权”控制的“网络传播行为”。

根据《著作权法》第10条第1款第（12）项的规定，“信息网络传播权”是“以有线或者无线方式向公众提供作品，使公众可以在其个人选定的时间和地点获得作品的权利”。由此可以推出受“信息网络传播权”控制的“网络传播行为”是“以有线或者无线方式向公众提供作品，使公众可以在其个人选定的时间和地点获得作品的行为”。

从该定义来看，将作品上传至向公众开放的服务器，就会使公众能够在其选定的时间和地点登录服务器，以在线欣赏或下载的方式获得作品，因此上传行为无疑构成“网络传播行为”。未经许可上传他人作品会构成对“信息网络传播权”的直接侵权。对此，法院8年以来的司法实践均加以认可，学术界也不存在太大争议。

然而，近年来深层链接技术引发了新的问题。传统的链接是“浅层链接”，即对第三方网站首页或其他网页的链接。用户点击链接之后，即会脱离设链网站，进入被链接的网页。此时用户浏览器中显示的网络地址为被链接的网页地址，而不再是设链网站的地址。而深层链接则是对第三方网站中存储的文件的链接。用户点击链接之后，即可以在不脱离设链网站情况下，从第三方网站下载该文件，或在线打开来自于第三方网站的文件，欣赏其中的作品。此时用户浏览器中显示的网络地址仍然为设链网站的地址，而不是被链接的文件在第三方网站的地址。那么，对第三方网站中的作品设置深层链接，是否也与上传作品一样，构成受“信息网络传播权”控制的“网络传播行为”呢？

2005 年以来，唱片公司和音乐著作权人连续以相似的事实背景对百度、雅虎和搜狐等提供 MP3 音乐搜索与链接的网络服务提供者提起了诉讼。[①] 在这些诉讼中，权利人均提出：百度等未经许可对网络中的音乐文件提供深层链接，使用户可以在线收听或下载，因此百度等未经许可传播了其享有录音制作者权的录音，或其享有著作权的音乐作品，构成了对其“信息网络传播权”的直接侵权。[②] 至于权利人诉称百度等直接侵权的理由，可以总结为以下几点：（1）用户可以在百度等提供音乐文件搜索和链接的网站上，直接打开音乐文件进行试听（如通过百度的“音乐盒”）和下载，而无需离开百度等网站进入真正存储音乐文件的第三方网站获取音乐文件。（2）百度等以这种方式对第三方网站中的音乐文件设置深层链接，实际上是将第三方网站作为自己的外置存储器来使用。百度

① 这些诉讼包括：2005 年发生的“上海步升音乐文化传播有限公司诉百度”案（一审判决见北京市海淀区人民法院民事判决书［2005］海民初字第 14665 号，二审调解结案）、2005 发生的“正东唱片有限公司等七大唱片公司诉百度”案（一审判决见北京市第一中级人民法院民事判决书［2005］一中民初字第 7978 号，二审判决见北京市高级人民法院民事判决书高民终字第 594 号）、2006 年发生的“浙江泛亚电子商务有限公司诉百度”案（一审判决见北京市第一中级人民法院民事判决书［2006］一中民初字第 6273 号，二审判决见北京市高级人民法院民事判决书［2007］高民终字第 118 号）、2007 年发生的“水星唱片有限公司等十一大唱片公司诉雅虎”案（一审判决见北京市第二中级人民法院民事判决书［2007］二中民初字第 02629 号，二审判决见北京市高级人民法院民事判决书［2007］高民终字第 1184 号）、2007 年发生“浙江泛亚电子商务有限公司诉百度”案（第二次“泛亚诉百度”案）（一审判决见北京市高级人民法院民事判决书［2007］高民初字第 1201 号）。另外，2008 年数字唱片公司诉百度和搜狐的诉讼目前正在由北京市第一中级人民法院审理。

② 在部分诉讼中，权利人除了指称百度等直接侵权外，还指称其构成帮助侵权。本文只讨论这些诉讼中涉及的直接侵权问题。

等可以在节省大量硬盘资源的情况下，控制第三方网站中的音乐文件并向公众进行传播。

上述观点的实质，是以用户的感知作为判断网络服务提供者是否实施了“网络传播行为”的标准。显然，这是一个主观标准：即使网络服务提供者仅仅对第三方网站中的内容设置深层链接，只要消费者误认为该内容直接来自于设置链接的网络服务提供者，就可以认定该网络服务提供者未经许可提供了内容，构成直接侵权。以百度提供的MP3搜索与链接服务为例，用户向“百度MP3”网站中的搜索框输入关键词后，页面将显示链接。用户在点击链接之后，百度网页上会弹出一个对话框，标明被链接的音乐文件位于第三方网站的真实网址，同时在对话框的“权利声明”中表明百度只是帮助用户找到第三方网站中的内容，其自身不存储被链接内容。但由于用户对被链接音乐文件的试听和下载均可以在百度网页中弹出的对话框中完成，许多用户并不会仔细观察音乐文件的真正网址，也不会点击阅读百度的“权利声明”，而是误认为自己是从百度网站中下载或欣赏音乐的。根据“用户感知标准”，法院就应当认定是百度未经许可“向公众提供作品，使公众得以在其个人选定的时间和地点获得作品”，从而构成对“信息网络传播权”的直接侵权。

笔者认为“用户感知标准”在法理上是难以成立的。认定网络环境中对“信息网络传播权”直接侵权的法律标准，应当是“服务器标准”，即只有将作品上传至向公众开放的服务器的行为，才是受“信息网络传播权”控制的“网络传播行为”，也才有可能构成对“信息网络传播权”的直接侵权。

一、“服务器标准”符合“信息网络传播权”的立法原意

我国《著作权法》规定的“信息网络传播权”来源于《世界知识产权组织版权条约》（以下简称WCT）第8条规定的“向公众提供权”。① 以用户的主观感知认定网络服务提供者是否实施了“网络传播行为”完全违背了WCT和我国《著作权法》创设此项专有权利的立法原意。

WCT第8条在规定“向公众提供权”，以及我国《著作权法》据此规定“信息网络传播权”时，均将这项权利的控制范围限定于“向公众提供作品……”。而“提供作品”是一种客观行为，某人实施“提供行为”是一个既定的事实。无论用户对究竟何人是行为实施者产生怎样的误解，都不应影响法院根据客观事实认定真正的行为实施者。单纯以高度主观的“用户感知标准”去认定“提供行为”的实施者是没有法律依据的。

根据WCT第8条和我国《著作权法》对“向公众提供权”/“信息网络传播权”的定义，“提供作品”应当能够导致作品可为公众在其个人选定的时间和地点获得。从“提供”的英文原文

---

① WCT第8条规定：“文学和艺术作品的作者应享有专有权，以授权将其作品以有线或无线方式向公众传播，包括将其作品向公众提供，使公众中的成员在其个人选定的地点和时间可获得这些作品。”第8条被认为规定了“向公众传播权”，其中“包括”之后的文字应被理解为是“向公众传播权”中的一项子权利“向公众提供权”，专门用于控制交互式传播行为。“向公众提供权”与我国《著作权法》规定的“信息网络传播权”在权利范围与文字表述上完全相同。无论是《著作权法》还是其后的《信息网络传播权保护条例》的立法者均承认我国规定的“信息网络传播权”来源于WCT第8条。见胡康生主编：《中华人民共和国著作权法释义》，法律出版社2002年版，第56页；张建华主编：《信息网络传播权保护条例释义》，中国法制出版社2006年版，第92页

making available 来看，它特指能够单独导致作品处于可为公众所获得的状态的行为。将作品上传至向公众开放的服务器，当然能够导致作品处于可为公众所获得的状态。只要作品没有被从服务器上删除，以及服务器一直开放，这个状态就会一直持续下去。因此，对该服务器中的作品设置深层链接，不可能导致作品“第二次”处于能够为公众所获得的状态。设链行为只可能使本身已经在该服务器中处于“为公众所获得的状态”的作品在实际传播范围上进一步扩大，因为会有更多的人通过点击链接实际获得他们原本就可以通过直接登录该服务器获得的作品。无论有多少人是通过点击链接获得作品的，他们利用的始终是作品在该服务器中处于的“为公众所获得的状态”。如果该服务器被关闭，或该作品被从该服务器中删除，则作品就不可能处于“为公众所获得的状态”。此时即使链接仍然存在，也不能使作品保持“为公众所获得的状态”。因此，作品“为公众所获得的状态”并非由设链行为形成，而仅由上传行为导致。

与之形成鲜明对比的是，如果有人将该服务器中的该作品下载之后，又上传到其他网站的服务器中，则此时作品在两部服务器中各自形成了能够为公众所获得的状态。若有人登录第二部服务器获得了作品，他利用的并非是作品在第一部服务器中处于的“为公众所获得的状态”，而是在第二部服务器中处于的“为公众所获得的状态”。而导致这一新的、独立的“为公众所获得的状态”的，是将作品上传至新服务器的行为。两相对比，可以清楚地看出：能够使作品处于“为公众所获得的状态”的，只能是将作品上传至向公众开放的服务器的行为，而不可能是设置深层链接的行为。换言之，在认定网络服务商是否实施了“信息网络传播行为”时，应当采用“服务器标准”而非“用户感知标准”。

需要指出的是：随着技术的发展，“上传”的实现手段日趋丰富，它已不局限于通过互联网将作品传至远端服务器，而是包括以任何方式将作品置于服务器中供公众获取的行为。例如，P2P 软件用户将作品从同一计算机硬盘的一个目录复制到 P2P 软件指定的“共享目录”，也构成“上传”。因为在使用 P2P 软件的情况下，这部计算机实际上起到了服务器的作用，该 P2P 软件的其他用户可以从该部计算机的“共享目录”中下载作品。再如，网吧经营者将作品从互联网上下载至网吧局域网服务器中，供进入网吧的用户在联网的终端机上在线欣赏或下载的行为，仍然构成“上传”。但无论使用何种技术手段，“上传”必须导致作品被复制到服务器中，这是“服务器标准”的核心。

二、采用“服务器标准”不会导致“信息网络传播权”与“复制权”的重合

有一种观点认为：如果采用“服务器标准”，将导致“信息网络传播权”和“复制权”的重合。因为将作品上传至向公众开放的服务器本身就是一个复制行为。如果认为只有将作品上传（即复制）至服务器才能构成“网络传播行为”及对“信息网络传播权”的直接侵权，则“信息网络传播权”与“复制权”将具有相同的控制范围，侵犯“信息网络传播权”的行为必然会侵犯“复制权”。这样，“信息网络传播权”就没有单独存在的必要了。

笔者认为：这一观点混淆了“复制权”与“信息网络传播权”之间的界限。将作品上传到服务器确实是复制行为，因为上传行为会导致在远端服务器的硬盘中形成作品的永久复制件。我国法院也曾认定未经许可上传他人作品侵犯“复制权”。如早在 2000 年判决的“《大学生》杂志社诉京讯公司、李翔案”中，被告李翔未经许可将《大学生》杂志的内容上传到网站中。法院认定：“将他人作品上载的行为亦属于对他人作品的复制”，从而构成对原告

“复制权”的侵权。[①] 但是，“复制权”与“信息网络传播权”仍然存在重大区别。“复制权”控制的复制行为是一种一次性、不可持续的行为，而“信息网络传播权”控制的则是一种使公众得以获得作品的持续性状态，仅规定“复制权”不足以在网络环境中保护权利人的利益。

首先，如果仅有“复制权”而没有“信息网络传播权”，则当权利人发现网站经营者未经许可上传作品，导致作品在网络中传播时，并不能据此起诉被告“停止侵权”。因为复制行为是一次性的、不可持续的行为。上传完毕之后，复制行为就自然实施完毕，权利人不可能享有“停止侵权”的救济。而“信息网络传播权”针对的是持续性的使公众得以获得作品的传播状态。上传完成之后，只要被上传的作品保留在向公众开放的服务器中，该作品就一直处于能够为公众获得的被传播状态。权利人对这种持续性的、未经许可传播的状态才享有“停止侵权”的救济。

其次，如果仅有“复制权”而没有“信息网络传播权”，则当权利人要求未经许可上传者赔偿其损失时，法院只能按照涉案作品一份复制件的价值来计算赔偿金额。因为单纯侵犯“复制权”的结果只是侵权复制件的产生，权利人的损失也只能按侵权复制件的数量和价值来计算。而未经许可将作品上传至开放的服务器导致的损害后果，实际上是由作品处于能够为公众所获得的状态（也即处于持续性的被传播状态）造成的，远大于单纯复制作品造成的损害后果。例如，未经许可将一部电影上传至一个视频分享网站进行公开传播，虽然只形成了一份侵权复制件，但却会导致无数人的反复下载或欣赏，仅以制作一份侵权复制件衡量损害后果，对权利人而言显然是不公平的。只有在规定了“信息网络传播权”的情况下，才可能根据传播范围和传播持续的时间（即作品在向公众开放的服务器中停留的时间）等因素综合计算侵权人应当向权利人支付的损

① 见北京市第二中级人民法院民事判决书［2000］二中知初字第18号。

害赔偿数额。

目前，世界上绝大多数国家的著作权立法中同时规定了“复制权”和“向公众提供权”（the right of making available，相当于我国《著作权法》中“信息网络传播权”），而其司法实践又承认“服务器标准”。这充分说明采用“服务器标准”并不会导致“复制权”和“信息网络传播权”的重合，从而使“信息网络传播权”丧失独立存在的意义。相反，“服务器标准”印证了“复制权”和“信息网络传播权”的区别所在：前者控制的是单纯的复制行为，而后者控制的是由上传导致的作品处于可为公众所获得的状态。

三、采用“服务器标准”能最大限度地维系利益平衡

目前，多数国家的司法实践是认同“服务器标准”的。其中原因，除了该标准本身就符合 WCT 第 8 条的立法原意之外，也与该标准能够最大限度地维系利益平衡有关。许多国家的立法在界定直接侵权时，并未将主观过错作为构成要件。只要未经权利人许可实施了受专有权利控制的行为，就构成直接侵权。即使侵权人能够证明自己没有主观过错，也要向权利人支付法定赔偿金或侵权所得利润。例如，《美国版权法》第 502(c)(2)条规定：在法院认定侵权人不知道也没有合理的理由认为自己的行为侵犯版权的情况下，法院可以根据情况将法定赔偿金额降低至不超过 200 美元。再如，《澳大利亚版权法》第 115(3)条规定：如果在实施侵权行为时，侵权人不知道，也没有合理的理由怀疑自己的行为构成版权侵权，版权人仍然有权要求侵权人支付因侵权行为而获得的利润。《德国著作权法》第 101 条规定：在权利人要求对无过错（既无故意也无过失）的侵权人下达禁令，销毁或没收侵权复制件或设备时，如果这些法律措施会给无过错侵权人造成严重的或与其侵权行为不成比例

的损害，而又有理由认为权利人应接受金钱赔偿，则无过错侵权人可以对权利人进行金钱赔偿，其数额应等于原本通过合同授权时权利人应获得的合理许可费。TRIPs 协议第 45 条第 2 款也根据多数国家的立法规定：在适当情况下，即使侵权人不知道，也没有合理的理由知道自己实施了侵权行为，各成员仍可授权司法机关责令其返还利润和/或支付法定赔偿金。

在我国，对于著作权侵权的构成是否需要主观过错虽然还存在争议，但在司法实践中，法院普遍以《著作权法》第 52 条为参考，[①]采取过错推定的方法。即对于未经许可实施受专有权利控制的行为，首先推定行为人有主观过错，只有当行为人能够举出充分的相反证据证明其已尽到法律要求的注意义务时，才认定其没有过错。如对于销售了侵权作品的书店，只有当其能够证明书籍的合法来源时，法院才会认定其没有主观过错。在实务中，除了侵权作品的出版者、销售者和出租者之外，被推定为具有主观过错的行为人往往很难举证证明自己已经尽到了合理注意义务，并无过错。[②] 因此在最后的判决结果上，我国的情况与多数国家并无太大区别。

在这种情况下，如果根据“用户感知标准”将设置深层链接界定为“网络传播行为”，则该行为将直接受到“信息网络传播权”的控制。一方面，如果被链接的是第三方网站中存储的侵权作品，

---

① 《著作权法》第 52 条规定：复制品的出版者、制作者不能证明其出版、制作有合法授权的，复制品的发行者或者电影作品或者以类似摄制电影的方法创作的作品、计算机软件、录音录像制品的复制品的出租者不能证明其发行、出租的复制品有合法来源的，应当承担法律责任。该条规定显然采用了“过错推定”的方法。

② 例如，在“何季民诉新浪案”中，新浪公司与世界知识出版社签订合同，将其出版社的《靖国神社大揭秘》一书在新浪网上连载。但实际上该书是世界知识出版社未经作者何季民许可出版的。何季民只许可过香港的文汇出版社将该书以繁体版在香港地区出版发行。法院认定新浪公司未尽到合理注意义务，具有主观过错。见北京市海淀区人民法院民事判决书［2005］海民初字第 23339 号。从此案可见除侵权作品的出版者、销售者和出租者之外，其他人很难通过证明自己已尽到合理注意义务来推翻对其过错的推定。

则设链行为将构成直接侵权。另一方面，如果被链接的恰好是权利人网站中存储的作品，则权利人仍然可以主张设链者未经许可对其作品设置链接等同于“未经许可通过信息网络传播作品”，从而构成直接侵权。由此可见，“用户感知标准”实际上创设了一种新的专有权利——“设链权”。它意味着对作品设置深层链接是受权利人控制的行为。只要未经权利人许可对其他网站中的作品设置深层链接，哪怕被链接的是权利人自己网站中的作品，设链者也构成直接侵权。

如果未经许可设链构成直接侵权，在美国等国，设链者将向权利人承担法定赔偿责任。而在我国，设链者将被推定为具有主观过错，且设链者很难通过证明自己已尽到合理注意义务而推翻这一推定，因此也要向权利人承担赔偿责任。这将导致各种类型的深层链接提供者遭受毁灭性的打击，实际上将在法律上宣告深层链接这一技术的死刑。

例如，Google 除了提供普通的搜索服务之外，还提供针对特定类型文件的高级搜索，其实质就是对特定类型文件设置深层链接，供用户在不离开 Google 页面的情况下下载。在进入 Google 的“高级搜索”之后，[①]用户可以指定 Google 只搜索 DOC 文件（即用微软公司的 WORD 软件创建的文件）、PPT 文件（即用微软公司的 PowerPoint 软件创建的文件）和 PDF 文件（即用 Adobe 公司的 Acrobat 软件创建的文件）等。搜索框中填入关键词后，Google 就会显示指向其他网站中这些文件的深层链接，用户点击之后，就可以在不进入其他网站首页的情况下，直接下载被链接的文件。如果采用“用户感知标准”，就会得出是 Google“传播”了被链接文件的结论。而这些被链接文件必然涉及大量作品，其中未经许可被上传至其他网站的也一定不在少数。对于这些未经许可被上传的作品，Google 对其设置深层链接就成了“未经许可提供作品，使公众在其个人选

① http://www.google.cn/advanced_search? hl=zh-CN.

定的时间和地点获得”，从而构成对作品权利人“信息网络传播权”的直接侵权。如上所述，这一结论所导致的必然结果，就是Google要承担赔偿责任。鉴于Google所提供深层链接的巨大数量，其要规避这一法律风险，唯一可选择的就是彻底关闭“高级搜索”功能。无疑，“用户感知标准”将极大地阻碍搜索技术的发展，利益平衡荡然无存。

因此，只有采用“服务器标准”，才可能维系利益平衡。设置深层链接（包括单纯提供针对特定类型文件的自动搜索服务）由于不涉及将作品上传至服务器的行为，并不构成“网络传播行为”和对“信息网络传播权”的直接侵权。只有设链者具有主观过错，即明知或应知其他网站中存储的内容侵权仍然设置链接，或在知晓之后不断开链接的，才构成间接侵权。① 如在“十一大唱片公司诉雅虎案”等一系列诉讼中，法院一方面以“服务器标准”认定提供深层链接的被告不构成对“信息网络传播权”的直接侵权，另一方面则认定其应知第三方网站中的内容侵权而提供链接，构成间接侵权。② 因此，“服务器标准”包容了网络搜索技术的发展和合法应用，且权利人的合法利益可以通过间接侵权规则得到合理地维护，

① 在美国的Perfect10诉Google案中，法院在采用“服务器标准”时强调：“服务器标准”维系了版权法所努力实现的精妙的平衡，也即在鼓励创意作品的创作与鼓励信息传播之间的平衡。仅仅对网络内容进行索引，以使用户能够更容易地查找他们想要的信息，并不构成直接侵权。但“服务器标准”并没有全面排除深层链接或加框链接行为的法律责任。它仅仅使搜索引擎无需为对储存在第三方网站上的侵权内容设置内置链接或加框链接承担直接侵权责任。如果链接设置者知晓被链接内容侵权，权利人可以要求其承担间接侵权责任。见 Perfect10 v. Google, 416 F. Supp. 2d 828, at 843 ~ 844（2006）。本案判决的中文翻译见王迁、王凌红：《知识产权间接侵权研究》，中国人民大学出版社2008年版，第167～203页。

② 见北京市高级人民法院民事判决书［2007］高民终字第1184号。本人所著“论‘信息定位工具’提供者间接侵权的认定”（载《知识产权》2006年第1期）；“再论‘信息定位工具’提供者间接侵权的认定”（载《知识产权》2007年第4期）；“三论‘信息定位工具’提供者间接侵权的认定”（载《知识产权》2009年第2期），也论述了深层链接提供者百度、雅虎等在何种情况下可构成间接侵权。

不会因采用“服务器标准”而受到损害。

四、多数国家的司法实践认同“服务器标准”

正是由于上述原因，目前多数国家的司法实践普遍认同“服务器标准”而非“用户感知标准”。笔者列出四个典型案例加以说明。

在美国发生的 Perfect10 诉 Google 案中，第三方网站未经权利人 Perfect10 公司的许可，将其享有版权的图片上传至自己的服务器中。而搜索引擎服务提供者 Google 利用加框链接技术，将从这些第三方网站中搜索出的图片显示在 Google 自己的页面之中。虽然 Google 已经说明了该图片来源于第三方网站，并提供了该图片在第三方网站中的真正网址，但由于用户可以直接在 Google 的网页上浏览这些图片，很容易误认为图片来源于 Google 的服务器。对此，图片的版权人 Perfect10 公司主张根据“用户感知标准”认定 Google 直接侵权，而美国加利福尼亚中区地方法院指出：“在判断 Google 页面下方的加框链接是否构成对侵权图片的‘展示’时，最恰当也是最直接的标准就是：储存内容并且直接通过服务器把内容提供给用户的网站，而不是设置了内置链接的网站，‘展示’了侵权内容。因此，本法院采纳的是‘服务器标准’”。

法院为此提出：“服务器标准”是基于用户浏览网页之时，在技术层面所发生的事实，以反映图片在出现于用户计算机上之前如何在互联网中穿梭的现实。用户点击链接之后，所看到的图片并不是 Google 所储存并通过服务器提供的，而是用户的计算机与第三方网站建立了直接联系，从第三方网站传输至用户计算机的，所以应该由第三方网站对内容的传输负责。“用户感知标准”则无视网络在物理上和逻辑上互连互通的属性，也无视互联网所具有的可从多种来源中聚合并展示内容的能力，因此不能为法院所接受。[①]

在该案的二审中，美国第九巡回上诉法院完全支持“服务器标准”。针对 Perfect10 公司提出的用户会误认为图片来自 Google 的指称，法院指出：“虽然内置的加框链接可能导致计算机用户以为他们正在观看 Google 网页（中的图片），但与商标法不同，版权法并不帮助版权人制止导致消费者混淆的行为”。[②]

在拒绝“用户感知标准”的同时，法院进一步指出：Google 传播的并非图片本身，而是可以引导用户浏览器到存储和展示图片的第三方网站的网络地址。该行为不可能构成对（图片版权的）直接侵权，只可能构成间接侵权。[③]

澳大利亚高等法院于 2005 年终审判决的“环球音乐公司诉 Cooper 案”与我国“百度”系列诉讼在事实背景上非常相似。[④] 原告澳大利亚环球唱片公司对音乐网站 www. mp3s4free. net 的经营者 Cooper 提出的第一项指称，就是其通过设置指向第三方网站中侵权歌曲文件的深层链接“向公众提供，使公众可以获得”录音制品，理由是用户只要在被告的网站上点击链接，就能直接从第三方网站中下载歌曲文件。[⑤] 对此，澳大利亚高等法院指出：“我不认为 Cooper 的网站使音乐录音制品在法律意义上‘可以被获得’。是远端网站使录音制品可以被获得，数字音乐文件是因发送到远端网站的请求而从远端网站被下载的。”“Cooper 的网站（向公众）提供

---

① Perfect10 v. Google, 416 F. Supp. 2d 828, pp. 843 - 844（2006）。本案判决的中文翻译见王迁、王凌红：《知识产权间接侵权研究》，中国人民大学出版社 2008 年版，第 167 ~ 203 页。

② Perfect10 v. Google, 508 F. 3d 1146, at 1160（2007）.

③ Perfect10 v. Google, 508 F. 3d 1146, at 1161（2007）.

④ 第一被告 Cooper 经营一家专门对 MP3 歌曲文件提供定位服务的网站。网站设有“流行歌手”、“50 首最常下载的歌曲”，以及“50 首新加入的歌曲”等目录。用户点击进入后就可以根据按照字母排序的歌手姓名或歌名查找 MP3 歌曲文件链接，再点击链接就可以从第三方网站下载或在线欣赏歌曲。

⑤ Universal Music Australia Pty Ltd v Cooper［2005］FCA 972, p. 60.

了更容易地寻找和选择数字音乐文件和指明远端网站的便利。……虽然触发下载的请求是从 Cooper 的网站上发出的，但使音乐文件得以被获得的却是远端的网站，而不是 Cooper 的网站。”“在我看来，对音乐录音制品的传输是在最终用户所指定的远端网站启动下载录音制品（过程）时开始的……但这却不是从 Cooper 的网站进行的传播。”“我不认为 Cooper 向公众‘传播’了录音制品。也就是说，Cooper 并没有使录音制品能够为公众所获得，或以电子方式将其传输给公众。”①

西班牙马德里地方法院在 2007 年判决的 Sharemula 案中，也采用了“服务器标准”。此案中，Sharemula 网站一方面向用户提供 P2P 软件 emule（即中国用户熟悉的“电骡”软件），一方面设置了大量指向电影、软件等作品的链接，供其 P2P 软件用户点击后下载，但网站自身不存储任何作品。《西班牙刑法》第 270 条规定：以营利为目的，未经权利人许可，复制、抄袭、发行或向公众传播文学、艺术或科学作品等，构成刑事犯罪。微软公司等以 Sharemula 网站的经营者“以营利为目的向公众传播作品”为由，提起刑事诉讼。法院认定：Sharemula 网站并没有直接实施未经许可向公众传播作品的行为，因为其没有在服务器上存储作品的复制件，而且用户也不是从其网站中下载作品的。虽然 Sharemula 网站提供经过选择或编辑的链接及相关信息，以及提供 P2P 软件可能构成间接侵权，但这种帮助本身不构成对作品的传播。②

同样，在德国最高法院于 2003 年判决的 Paperboy 案中，“服务器标准”也得到了体现。在此案中，被告经营名为 paperboy 的搜索引擎。该搜索引擎会根据用户输入的关键词搜索新闻并对搜索结果设置深层链接。原告为一家出版商，其在发现被告对自己网站中

① Universal Music Australia Pty Ltd v Cooper [2005] FCA 972, para 63, 65, 66, 67.

② Microsoft v. Sharemula. com, 1089/2006 28, Court of Instruction n. 4 of Madrid (September 2007).

的文章设置深层链接后，起诉被告侵犯其版权。科隆地区法院和科隆上诉法院对于被告的行为是否构成版权侵权观点不一。① 德国最高法院最终认定：只要作品已经在互联网上传播，而且传播者没有采用禁止设链的技术措施，对该作品设链仅仅意味着为用户获得作品提供便利。因此，对原本已经能够为公众所获得的内容设置深层链接，并不侵犯任何专有权利，包括复制权和向公众传播权（《德国著作权法》中的“向公众传播权”在范围上包括我国《著作权法》中的“信息网络传播权”）。②

五、我国以往的司法实践已多次采用“服务器标准”

需要指出的是：在以往的司法实践中，多数法院都坚持采用“服务器标准”，以认定网络服务商是否实施了“网络传播行为”，以及是否构成对“信息网络传播权”直接侵权。例如，在2005年发生的“新力唱片公司诉济宁之窗信息有限公司案”中，被告网站上有大量指向第三方网站中歌曲的深层链接，用户可以在不离开被告网站的情况下，对被链接歌曲进行试听和下载，而这些歌曲均是在未经过原告许可的情况下上传至第三方网站的。原告起诉被告侵犯其“信息网络传播权”。山东省高级人民法院就此案请示最高人民法院，其中附有两种意见，第一种意见是“这种链接服务本身并不是将原告的歌曲直接上载的复制行为，也不是传播”。第二种意见是：被告的行为“起到了公开传播被链对象的作用”，理由是被告的设链方式导致“其浏览器地址的一栏提示的仍然是设

① Paperboy, Court of Appeal Köln (Cologne), 27 October 2000, AZ: 6 U 71/00; Paperboy, District Court Köln (Cologne), 12 January 2000, AZ: 28 O 347/99.

② Paperboy, BHG, 17 July 2003, IZR 259/00 [2005] ECDR 7.

链者的地址，被链对象则自动出现在设链者的网页上，与网页的实在材料毫无区别。此时，链接已经失去了它原来的意义，而是直接引用了所指引的内容，这种意义上的链接称为‘用于引用的链接’（也有人称为深层链接或深度链接）”。最高人民法院对此的批复是：“网络服务提供者明知有侵犯著作权的行为，或者经著作权人提出确有证据的侵权警告，仍然提供链接服务的，可以根据案件的具体情况，依据《最高人民法院关于审理涉及计算机网络著作权纠纷案件适用法律若干问题的解释》（以下简称《网络著作权司法解释》）第4条的规定，追究其相应的民事责任。”①

当时的《网络著作权司法解释》第4条规定：“网络服务提供者通过网络参与他人侵犯著作权行为，或者通过网络教唆、帮助他人实施侵犯著作权行为的，人民法院应当根据《民法通则》第130条的规定，追究其与其他行为人或者直接实施侵权行为人的共同侵权责任。”

显然，《网络著作权司法解释》第4条规定的并非网络服务提供者的“直接侵权责任”，因为其中所涉及的网络服务提供者仅“参与”、“教唆”和“帮助”他人实施侵权行为。其引用的法律依据也不是《著作权法》第47条（规定了直接侵权行为的责任），而是《民法通则》第130条有关共同侵权责任的规定。因此，最高人民法院并不支持“用户感知标准”。

2007年终审判决的“十一大唱片公司诉雅虎案”和“七大唱片公司诉百度案”分别涉及“雅虎音乐”网站和“百度MP3”网站提供深层链接的定性。两案中，原告均指称被告的行为构成“网络传播行为”和直接侵权。在“十一大唱片公司诉雅虎案”中，原告指称被告的行为“使网络用户无需离开被告网站网页即可实现歌曲的试听及下载，已经超出了普通搜索引擎的服务范围。被告把第三方网站的资源变成自己的资源加以控制和利用，属于直接复制并通过

① 见最高人民法院［2005］民三他字第2号批复。

网络传播原告享有录音制作者权的涉案歌曲的侵权行为”。[①] 在“七大唱片公司诉百度案”中，原告称“我公司从未许可被告通过互联网向公众传播上述歌曲。被告的行为严重侵犯了原告录音制作者的信息网络传播权”。[②] 而两案的一、二审法院均驳回了原告有关被告的行为构成“网络传播行为”和直接侵权的诉讼请求。在“十一大唱片公司诉雅虎案”的二审判决中，北京市高级人民法院认定：被告“提供的音乐搜索服务，是为用户试听和下载第三方网站上载的歌曲提供设施和便利”；“上述服务本质上仍然属于搜索、链接服务，在其服务器上没有复制、向公众传播被控侵权的录音制品”。[③] 在“七大唱片公司诉百度案”的二审判决中，北京市高级人民法院更是明确指出：“将作品上传至或以其他方式将其置于向公众开放的网络服务器中的行为即构成信息网络传播行为，其后果是使公众可以在其个人选定的时间和计算机上通过访问作品所在的网站而获得作品。因此判断被控侵权行为是否构成侵犯信息网络传播权，应该以被控侵权行为是否属于上传等方式提供作品的行为进行判定。”[④]

这正是“服务器标准”的典型反映。同样，在2008年北京市高级人民法院一审判决的“浙江泛亚电子商务公司诉百度案”中，原告指称被告提供音乐搜索，以及在通过“音乐盒”在线播放音乐过程中显示歌词的行为均构成对其音乐作品的“网络传播行为”和直接侵权。法院再次指出：“根据我国著作权法的规定，信息网络传播行为是指将作品上传至或以其他方式将作品置于向公众开放的网络服务器中，使公众可以在选定的时间和地点获得作品的行为。……百度网站的服务器上并未上载或储存被链接的涉案歌曲。

① 见北京市第二中级人民法院民事判决书［2007］二中民初字第02629号。

② 见北京市第一中级人民法院民事判决书［2005］一中民初字第7978号。

③ 见北京市高级人民法院民事判决书［2007］高民终字第1184号。

④ 见北京市高级人民法院民事判决书［2007］高民终字第594号。

因此，被告所提供的是定位和链接服务，并非信息网络传播行为。被告不构成对原告相关信息网络传播权的直接侵犯。……音乐盒提供的 MP3 搜索服务系基于关键词的搜索服务，这种服务不构成信息网络传播行为。……虽然百度网站在音乐盒中显示歌词内容时未载明歌词来源，容易使用户误以为歌词来自百度网站，被告行为有不妥之处，但在原告没有其他相反证据足以推翻前述公证证明的事实的情况下，应当认定百度网站音乐盒显现的歌词系对 LRC 文件进行搜索的结果”。[①]

该案中，被告网站在通过“音乐盒”链接歌曲时，没有显示歌词在第三方网站中的真实网址，容易使用户误认为歌词是由被告网站直接提供的。如果按照“用户感知标准”，被告网站的服务就是“网络传播行为”和对“信息网络传播权”的直接侵权。但在被告举证证明了其仅仅是对第三方网站中的歌词提供链接，歌词并不来源于其服务器的情况下，法院非常坚决地否定了“用户感知标准”，而坚持以“服务器标准”作为认定被告网站是否实施了“网络传播行为”和直接侵犯了“信息网络传播权”的唯一依据，这显然是正确的。

六、不应将推定上传者的标准与“用户感知标准”相混淆

当然，在采用“服务器标准”的情况下，仍然需要根据证据判断相关网络服务提供者是否实施了上传行为。如果网络服务提供者在网站中没有明确说明自己仅是对存储在第三方网站中的作品设置深层链接，作品并非由其上传；也没有列出作品在第三方网站中

① 见北京市高级人民法院民事判决书［2007］高民初字第 1201 号。

的真实网址；同时在被权利人指称侵犯“信息网络传播权”时又没有举出相关证据，则法院当然可以推定是该网络服务提供者实施了上传行为，从而构成对“信息网络传播权”的直接侵权。例如，在“广东中凯文化发展有限公司诉北京中搜在线软件有限公司案”中，权利人发现用户可以从“中搜网”上下载其享有“信息网络传播权”的电影《无极》，因此起诉该网站侵犯了其“信息网络传播权”。“中搜网”则辩称自己仅是对第三方网站 www. btwuji. com 中存储的电影《无极》设置了链接。但法院发现：该网站“并无任何内容显示用户所下载的文件系链接于其他网站或另有他人提供来源”，同时其也没有提交证据证明第三方网站 www. btwuji. com 真实存在，以及电影文件来源于此网站。因此，法院认定是“中搜网”直接提供了电影，而不是对第三方网站中的电影设置链接。[①]

表面上看，此案采用的似乎是“用户感知标准”，但实际上其是在坚持“服务器标准”的情况下，根据证据规则推定网络服务提供者未经许可上传了作品。因为法院对被告所称的第三方网站是否真实存在，以及涉案的电影是否真正来源于该第三方网站从证据的角度进行了分析。如果此案中被告能够清楚地在网页中标明相关电影文件在第三方网站中的真实网址，或者能够以其他方式举证证明自己仅提供了深层链接，则本案中法院认定的被告行为的法律性质就会有所不同。

但是，在目前的司法实践中，仍然存在直接以“用户感知”为标准，甚至是仅以被告网站提供深层链接为由，直接认定被告实施了“网络传播行为”和构成直接侵权的做法。例如，在“广东梦通文化公司诉北京衡准科技公司案”中，原告权利人起诉被告网站未经许可在线播放其享有“信息网络传播权”的电视剧《贞观长歌》。被告则以自己提供的服务仅为视频搜索，被链接的视频来自第三方网站为由进行抗辩。法院在没有根据证据规则

① 见北京市海淀区人民法院民事判决书［2006］海民初字第 24968 号。

认定视频来源的情况下，直接判定被告网站构成直接侵权：“衡准公司以其提供的服务为搜索服务为由，主张其不构成侵权，但搜索服务主要是根据用户的关键词给出查询结果，提供相应的摘要信息，在本案中，衡准公司在给出查询结果之后，不仅提供相应的摘要信息，还通过技术手段将作品的内容直接展示在自己的网页上，衡准公司已经成为网络内容提供者，不再是搜索服务提供者。衡准公司的辩称与事实不符，本院不予采信。”①

如果法院以被告网站未能举证证明其提供的只是链接服务为由，推定其是涉案视频的上传者，本案的判决无疑将是正确的。但法院在没有分析被告举证状况的情况下，直接以被告网站“通过技术手段将作品的内容直接展示在自己的网页上”作为认定其是“网络内容提供者”（即内容的上传者）的依据，实际上是采用了“用户感知标准”，在逻辑上是无法成立的。

总之，与“用户感知标准”相比较，“服务器标准”更为合理。它能够包容网络搜索技术的发展，有利于维系网络环境中的利益平衡，同时也得到了多数国家司法实践的认同。因此，在理论上和司法实践中承认“服务器标准”对于网络环境中著作权的合理保护十分必要。

① 见北京市海淀区人民法院民事判决书［2007］海民初字第25153号。

论民间文学艺术版权主体制度之构建

张 耕*

摘 要 民间文学艺术是集体创造物，以浪漫主义为基础的个人作者观被认为是构建民间文学艺术版权保护制度的最大障碍。版权作者观经历了从普通工匠到创作天才、从个人主义到集体主义与个人主义相结合的演变过程。民间文学艺术来源群体和以自然人为主的传承人享有民间文学艺术版权，这与现代版权制度中个人与集体相结合的二元主体结构具有契合性。运用法定代理制度可以解决因民间文学艺术来源群体民事行为能力欠缺带来的权利主体虚位的世界性难题。

关键词 民间文学艺术 浪漫主义 集体创作 群体 法定代理

---

* 张耕，法学博士，西南政法大学教授，博士生导师。 本文原载《中国法学》2008年第2期。

一、引 言

保护民间文学艺术，守护精神家园，成为全球化语境中引起广泛共鸣的话题。许多知识产权都能在保护民间文学艺术中发挥独特的作用，但对于民间文学艺术来源群体的直接保护，经适当改革后的版权制度是相对更合理的选择。在我国《著作权法》中，通过版权保护民间文学艺术有明确的法律依据，并且《著作权法》具有与时俱进的品质，可以克服或消除民间文学艺术版权保护所面临的系列障碍，如作者身份的可确定性要求、版权的个人主义私权属性与有限制的保护期等，更重要的是版权制度中人身权和财产权相结合的“二权一体”特点及有关权利内容正好能迎合民间文学艺术来源群体的保护需求和保护目标。

财产法的普遍性原则告诉我们，任何有价值的资源均须由特定的主体拥有。① 在民间文学艺术版权保护制度中，权利主体制度构建是最大难点。由于现代版权制度以浪漫主义个人作者观为基础，因而个人作者身份的不确定性被视为民间文学艺术版权保护的重大障碍。欧盟及其成员国就认为：“版权的取得要求作品的创作者必须是能够确定的，而民间文学艺术作品的特殊之处恰恰在于其创作者的身份不明，或是其传统的群体归属特征。”②构建民间文学艺术版权制度必须进行制度创新，将民间文学艺术权利主体制度与现代私法主体制度进行整合，重新设计一种既能适应民间文学艺术保

---

① [美]迈克尔·D. 贝勒斯：《法律的原则：一个规范的分析》，张文显译，中国大百科全书出版社 1996 年版，第 90 页。

② WIPO, “Consolidated Analysis of the Legal Protection of Traditional Cultural Expressions/ Expressions of Folklore,” published on May 2, 2003, p. 36. http://www.wipo.int/tk/en/publications/785e_tce_background.pdf. 访问时间：2006 年 11 月 5 日。

护的特殊需要，也能与现代私法主体制度吻合的特殊版权主体制度。

二、个人与集体：二元共生版权作者观的嬗变

为了全面了解版权法的作者身份，有必要探究其历史发展过程。“作者”的身份定位，经历了从普通工匠到创作天才、从个人主义到集体主义与个人主义相结合的嬗变过程。集体主体和个人主体相结合的版权二元主体结构，为民间文学艺术版权保护提供了权利主体构建的适当路径。

在古希腊时代，哲学家大都将万物唯一的原理归于物质本性，人的活动及其创造都不过是顺应自然、上帝或神灵的一种结果。苏格拉底认为，每一个客体存在的形式有三个层次。比如床的概念，其一是关于床的抽象概念，涵盖了上帝眼中床所应成为床的要素；其二是木匠所造的床；其三是艺术家所画的床。在苏格拉底看来，对于抽象的床的思想的掌握具有终极价值，艺术家、工匠不过是对这一抽象概念思想的临摹。这种临摹显然比抽象的概念要低级。① 在这种古典自然法哲学思想的影响下，“作者仅被看做是接纳九个缪斯女神赐予的艺术、文学礼物的容器。因此，柏拉图和亚里士多德并不认为自己是作品的创作者，而仅是加工者或临摹者。即使在莎士比亚时期，对白、情节和台词都可以被他人随便使用，而不是

① Christopher Aide, A More Comprehensive Soul: Romantic Conceptions of Authorship and the Copyright Doctrine of Moral Rights, 48 *U. Toronto Fac. L. Rev*211. 转引自崔国斌：”文化多样性保护与知识产权”，北京大学博士论文 2002 年 5 月，第 64 页，注 193。

归属于其最初的创作者所有。"①那时没有作品和作者的观念。"作者"写书以及其他"创作"活动，除被认为是复制或模仿神灵思想外，还被认为是对先前文化的记忆或利用的一种结果而已。如诗的形成不被认为是一种创造性劳动过程，而被认为是一种记忆活动。"可以说回忆具有诗的特点，因为想象本身就是进行回忆。我们想象的东西不会有我们不知道的东西。我们能够想象就是因为我们能回忆起我们先前的经历，并且在某些情况下会运用这种经历，这样最伟大的诗人就是具有惊人记忆力的人。"②18世纪著名作家George Borrow通过其小说《Lavengro》直白地表达了此思想："我不断发现，尽管我希望有创造性，但我始终写出的是别人已写过的东西。"③否认创作活动的必然结果就是，作品的概念被隐藏在物理意义的"书"之中，而书不过是记载着知识和真理的若干纸张编结起来的、便于阅读的物件而已。"书"成为知识产品的代名词。许多人为书的面世作出了贡献，如纸张的制作者、打字者、校对者、出版者、印刷者、装订者等。创作者，不过是与其他工匠同等的一员罢了。而书中知识或真理的产生，一般被认为是协作的结果。④那时，"作者"作为一种个体，几乎不被关注，不享有任何特殊的地位，除和其他普通工匠能获得一定的报酬外，也不享有其他任何法定权利。

18世纪兴起了一种迥然不同的时代精神，这就是文学和艺术领

① Megan M. Carpenter, Intellectual Property Law and Indigenous Peoples: Adapting Copyright Law to the Needs of a Global Community, *Yale Human Rights & Development Law Journal*, 2004, pp. 8 - 9.

② Stephen Spender, *The Making of a Poem*, *in the Creative Process*, University of California Press. 1985, p. 122.

③ George Borrow, *Lavengro*, Everyman' Library. 1961, p. 333.

④ 张今、严永和："传统知识权利主体研究"，见吴汉东主编：《知识产权年刊》，北京大学出版社2005年版，第242页。

域的浪漫主义精神。① 浪漫主义（romanticism）的定义，虽然在学术界尚无定论，但其偏重于想象和理想，寻求思想和情感的自由，崇尚主观和自我表现，以及个体性和个人主义的张扬还是得到了大致的认同。② 浪漫主义的主要奠基人是卢梭。他建立了对抗绝对理性的人类情感的主张，倡导自由、平等、博爱和天赋人权，"是我们归之于革命前的18世纪世界的形式化的、仿效古典的，以及贬抑人性的礼仪、艺术和文学的反叛者中的第一人。"③德国古典个人主义哲学是浪漫主义的另一重要理论来源。康德认为，在人的"感觉"世界和"概念的"或"本体的"世界里，人是理性的生灵，"是一种自由且道德的能动力量"，"每个人都是独立的并是它自己的主人"，使个人得到最大限度张扬的理性的理想是法律秩序存在的目的。④ 康德在《判断力批判》中更明确地指出，天才和模仿者、天才和工匠之间存在着根本的区别。通过天才的作品，普通人能够了解天才的超自然人格，并从中获益。⑤ 康德的追随者费希特也认为现实只是人的一种创造，强调天才、灵感的主观能动性，把人的心灵提高到客观世界创造者的地位。由于人们开始将作者看做是创造者，而不是工匠，因此，灵感也被认为是从作者内心激荡出来的创作源泉，而且"作品被特别地看做是作者的产物和财产。"⑥总之，浪漫主义作者观强调作品产生的个性化过程，以及

---

① ［爱尔兰］J. M. 凯利：《西方法律思想简史》，王笑红译，法律出版社 2002 年版，第 243 页。

② 吴艳："新时期浪漫主义失落的多维考察"，载《黑河学刊》2004 年第 4 期。

③ ［爱尔兰］J. M. 凯利：《西方法律思想简史》，王笑红译，法律出版社 2002 年版，第 243 页。

④ ［美］E. 博登海墨：《法理学：法律哲学与法律方法》，邓正来译，中国政法大学出版社 2004 年版，第 79 ~ 82 页。

⑤ 转引自崔国斌："文化多样性保护与知识产权"，北京大学博士论文 2002 年 5 月，第 65 页。

⑥ Megan M. Carpenter, Intellectual Property Law and Indigenous Peoples: Adapting Copyright Law to the Needs of a Global Community, *Yale Human Rights & Development Law Journal*, 2004, p. 9.

创作作品过程中作者为知识领域作出突出贡献的独特天赋。

浪漫主义指引下个体主义作者观的形成，促进了版权法的产生和发展。浪漫主义鼎盛时期的18世纪和19世纪初，主要西方国家就陆续颁布承认个体主义作者观的版权法。一般认为，现代版权法起源于英国1709年的《安娜法》，但实际上，该法案是对调整英联邦图书贸易的出版社和书商的伦敦贸易指南的法典化，因此其主要是继续维持出版商的特权而不是"作者"的利益，"作者"仍被视为图书生产流水线上的一个环节而已。直到1731年才将"鼓励饱学之士创作有用的作品"等目的性文句纳入条款中，该法才真正开始从保护出版商的权利转向对作者权益的关注。① 美国于1790年通过了第一部《美国版权法》；法国于1791年颁布保护作者权利之一的《法国表演权法》，1793年颁布了全面的《法国作者权法》；德国于1837年颁布了第一部现代意义上的《德国著作权》法。不仅如此，个人主义作者观，还成为近代和现代各国版权法的基本理念和立法指导原则。有学者指出："个体的主体性和自我意识的生成或走向自觉，是全部现代文化精神的基础和载体。"②在TRIPs协议中，知识产权的个人主义属性得到确认并趋向神圣化。"……在TRIPs协议所明文昭示的知识产权制度中，知识产权以它们被个人化的事实为特征——它们依附于它们的所有者，存在于公民个人的浪漫的自由的传统权利之中。"③

随着科学技术的发展和社会的进步，知识产品的生产本质发生了变化。虽然个人创作或发明依然兴盛，但现代社会已经进入合作时代，集体知识产权权利主体越来越多。在作品创作领域，虽然不

---

① 刘春田："著作权保护的原则"，载最高人民法院编：《中华人民共和国著作权法讲析》，中国国际广播出版社1991年版，第92页。

② 衣俊卿："现代性维度及其当代命运"，载《中国社会科学》2004年第4期。

③ Coenraad J · Visser, Making Intellectual Property Laws Work for Traditional Knowledge, edited by J · Michael Finger, Philip Schuler, *Poor People' s Knowledge: Promoting Intellectual Property Developing Countries*, the World Bank and Oxford University Press. 2004, p. 209.

像发明创造那样更多地依靠集体合作才能完成，但以个人主义为核心的浪漫主义作者观越来越受到集体创作实践的强烈冲击。在有的作品中，作品的内容和表达体现了集体意志，个人的意志并不起主要作用，完全否认集体创作的事实并否认享有相关的权利不能很好地平衡作品产生的利益冲突。日本著作权法很早就将公司、团体等法人组织视为作者，法国 1992 开始承认法人可以成为集体作品的原始著作权人。① 早在 1988 年前，美国版权法就已经把雇佣状态下创作作品的作者，统统认定为雇主。这是最典型的承认法人为作者的实例。②

是否承认集体创作，是否承认法人或其他组织成为作者，是我国《著作权法》起草过程中争议最激烈的问题之一，当时主要有肯定说、否定说和折衷说三种学说。现行《著作权法》采纳了折衷说。该观点认为，自然人才能成为真正作者是各国版权立法的普遍原则，但为了某种需要，在一定的社会条件下，法律也可以把某些作品的创作角色规定为社会组织，以体现单位的意志，并且提高作品的权威性。③ 我国《著作权法》第 11 条第 3 款将法人或其他组织视为作者的规定，在一定程度上承认了集体创作的事实。虽然这种立法也受到了国内外部分学者的批评，但反映了文化创造的客观事实，避免了复杂文化创造简单化的趋向，并且具有法人可以成为民事权利主体的私法文化传统的支持，是版权法与时俱进的又一进步体现。

浪漫主义作者观受到两方面的严峻挑战：一是版权法承认集体为作者或将集体视为作者，二是版权法将原作者独享的部分权利甚至全部版权规定直接归属于作者以外的集体单位，呈现出个人作者

---

① 吴汉东、曹新明、王毅、胡开忠：《西方诸国著作权制度研究》，中国政法大学出版社 1998 年版，第 95 页。

② 郑成思：《版权法》，中国人民大学出版社 1997 年版，第 29 页。

③ 刘春田：“著作权的主体和权利归属”，见最高人民法院编：《著作权法讲座》，法律出版社 1991 年版，第 69 页。

的权利弱化甚至虚化，集体权利主体的权利不断扩张的趋势。特别是将原作者独享的部分权利甚至全部版权直接规定归属于作者以外的集体单位的情况在各国版权法中普遍存在。除德国等少数国家坚持只有自然人才能成为原始版权主体的原则外，多数国家的版权法均将雇佣作品中的部分权利甚至全部权利规定属于雇主享有。在英美法系国家，雇佣活动中创作的作品版权归属于雇主，而雇主既可能是自然人，也可以是公司、团体或其他组织。[①] 在不少大陆法系国家，如法国、日本等不仅承认集体创作，规定法人直接享有著作权，而且在雇佣活动中创作的版权部分属于雇主享有或归雇主行使。如法国《知识产权法典》L. 113 –2 条规定了集体作品，第 113 –5 条规定了集体作品的著作权由该法人享有。[②] 我国《著作权法》除规定了集体作品外，还规定了作者所在的单位对一般职务作品享有一定期限的优先使用权，对特殊职务作品享有署名权以外的其他著作权。总之，集体创作已在不少国家版权法中得到明确承认，集体单位享有全部或部分版权的情形更是不断增加，浪漫主义作者观中神圣的“作者”概念正在被外延更广泛的“著作权人”所替代，浪漫主义作者观完全否认作品创造活动的集体劳动性质应当得到修正。集体主义权利主体观的勃兴，并不意味着是对浪漫主义作者观的彻底否定。文化创作的社会实践反复向人们证明，人类社会已经进入了个体创作和集体创作并行、个人主义版权和集体主义版权共生的时代。

---

① 吴汉东、曹新明、王毅、胡开忠：《西方诸国著作权制度研究》，中国政法大学出版社 1998 年版，第 72 页。

② 黄晖译：《法国知识产权法典》，商务印书馆 1997 年版，第 6 ~ 7 页。

三、契合与冲突：民间文学艺术二元版权主体结构分析

民间文学艺术来源群体是浪漫主义作者观的主要受害者。在漫长的产生、发展和传承中，民间文学艺术以滚雪球的方式吸纳了特定群体不同时代、不同地域、不同文化素养的创作主体和传承主体的世界观和价值观，是集体智慧的结晶。个人贡献在民间文学艺术的创作和传承中具有十分重要的地位，但个人贡献又通常是不可分辨、不可考证的。这成为坚持浪漫主义版权作者观的西方学者反对民间文学艺术版权保护的重要理由。然而，民间文学艺术的创作和传承规律，决定了民间文学艺术权利主体也是一种集体和个人并存的二元结构，与现代版权的二元主体结构具有契合性。

民间文学艺术呈现出集体创作性的基本特征。在有关民间文学艺术保护的国际文件或国内立法中，民间文学艺术创作主体通常被称为“群体”（community）。① 群体是指基于一定的种族、血缘、地域、信仰、文化特质、历史习惯、生活习俗等自然因素和社会条件而形成的长期共同社会生活，并具有相对稳定的文化习俗传统的一群人。它是一个伸缩性很强的概念，可以是一个部落，一个民族，或者特定区域的族群。群体通常局限于以地域和生存环境划分或者以宗教和血缘为纽带的社区团体，但是有不少民间文学艺术属于一个民族、多个民族、一个国家甚至跨国家的特定族群。国家间以合作的方式将特定民间文学艺术成功申报非物质文化遗产的

---

① 也有学者将“community”译为“社区”。“群体”突出了人的因素，“社区”突出了地域因素，在讨论民间文学艺术权利主体的特定语境中，相比较而言，“群体”的译法比“社区”更精确些。

"跨国项目"，由两国或多国共享已有多例。截至2005年10月，非物质文化遗产中有3项民间文学艺术由三国共有，3项两国共有。[①]

英国学者吉布森（Gibson）从所有制关系、资源、地域、传统和历史、社会认知共五个方面详细分析了群体的特性[②]，认为群体必须被重新认识，为了能获得有效权利在国际范围内保护、管理和控制传统知识，群体不只是独特团体构成的地理或社会现象，还必须具有特定的身份，可以识别，具有显著特征。换言之，它必须被赋予法律意义，成为权利主体，而不应只是历史和地理概念。[③] 当前，国际上关于传统知识、民间文学艺术等群体资源的法律上和政治上的讨论，已导致人们对"群体"观念的认识发生了重大改变。我们必须意识到传统群体或本土群体与其他"群体"不同，虽然其他"群体"由于具有共同的特征而统称为"集体（collective）"，但传统知识保护语境中的群体是指传统群体，它具有传承祖宗传统的稳定性，肩负讲述传统的历史责任，并因此有权依据其共同价值进行"自我"表达（self-expression）。群体对其传统资源承担责任，依据这些传统资源来讲述自己并确认自己的身份。正是对传统的这种责任才使群体资源具有合法性。如果否定本土和传统群体对资源的固有权利，就会危及群体有效执行与资源有关的习惯法，会完全破坏群体作为法律主体的性质。[④]

---

① 伯利兹、洪都拉斯和尼加拉瓜共享加利弗那音乐，贝宁、尼日利亚和多哥共享杰莱德口头遗产，拉托维亚、爱沙尼亚、立陶宛共享波罗的海歌舞庆典，立陶宛和拉脱维亚共享十字架工艺及其在立陶宛的象征，厄瓜多尔和秘鲁共享萨培拉文化，塔吉克斯坦和乌兹别克斯坦共享沙玛克姆音乐。

② Johanna Gibson, Community Resources Intellectual Property, *International Trade and Protection of Traditional Knowledge*, Ashgate, 2005, pp. 42－69.

③ Johanna Gibson, Community Resources Intellectual Property, *International Trade and Protection of Traditional Knowledge*, Ashgate, 2005, p. 69.

④ Johanna Gibson, Community Resources: Intellectual Property, *International Trade and Protection of Traditional Knowledge*, Ashgate, 2005, pp. 32－33.

承认民间文学艺术来源群体成为知识产权的权利主体对于民间文学艺术的保护具有特别重要的意义。传统部落、土著民族或少数民族等群体在集体主义知识产权主体制度下，培育和滋养着集体创新机制，可以为人类创造更加丰富的民间文学艺术。从现代知识产权激励理论角度看，能够保障对个人创造性给予补偿的以集体为基础的所有权也可以达到激励创新的目的。① 另外，承认集体主义财产权，可以使传统部族控制自己的文化遗产，减少对传统文化的损害。传统知识的集体主义知识财产权模式，不仅一般地保存了传统知识，也保护了产生传统知识的历史文化背景。② 更重要的是，承认群体作为集体版权主体，可以通过版权特有的人身权制度从法律层面强制性要求民间文学艺术利用者表明特定民间文学艺术的创造者——民间文学艺术来源群体的身份，可以最大限度地增强特定群体的“文化自觉”和文化主体意识，并能把文化多样性的道德义务上升为法律义务，把文化多样性的政策性宣示转化为制度层面的操作行动，提供一种文化多样性的可持续保障机制，使世界各国人民能够平等地享受到不同文化的滋养，公平地分享传统文化的各种利益。

在世界知识产权组织1976年制定的《发展中国家突尼斯版权示范法》和1982年制定的《保护民间文学艺术表达、防止不正当利用及其他侵害行为的国内法示范条款》等保护民间文学艺术的国际文件中，都确认了集体权利制度。在突尼斯、尼日利亚、安哥拉、巴拿马、印度尼西亚等发展中国家国内立法或实践中，也承认了群体的集体版权主体地位。美国的立法和判例虽没有承认传统部族的版权主体单位，但却承认了印第安部族是一个相对独立的准主权单

---

① Daniel J. Gervais, Spiritual but not Intellectual: the Protection of Sacred Intangible Traditional Knowledge, *Cardozo Arts and Entertainment Law Journal*, 2003, Summer, p. 467.

② Angela R. Riley, Recovering Collectivity: Group Rights to Intellectual Property in Indigenous Communities, *Cardozo Arts and Entertainment Law Journal*, 2000(18), p. 175.

位，与美国政府构成一种特殊的政府与政府的关系，实际上承认了印第安部族集体权利的法律主体资格。[①]《澳大利亚土著习惯法》确认了传统文化的集体所有权，个人或组织可以成为群体遗产的管理人。管理人对社区的最佳利益负责。[②] 这无疑也承认了土著部落的集体知识产权主体资格。1997 年 9 月，澳大利亚达尔文城的地方法院审理了著名的 Bulun Bulun 和 MIlpurrurru 诉 R&T Texitiles-Bulun 案。该案是土著艺术家 Bulun Bulun 和该艺术家所在的土著部落诉制造商和零售商侵犯版权的系列诉讼案件中最新的一件。第一被告是位于布里斯班的一家纺织品公司，该公司进口的一批纺织品上的图案是摘自 Bulun Bulun 最有名的绘画《Magpie Geese and Waterlilies ate the Whitehole》中，该作品现在是由北部地区博物馆和美术馆永久性馆藏。生产纺织品的公司从没有找 Bulun Bulun 要求他给予作品使用许可，Bulun Bulun 也没有得到过任何费用。从《澳大利亚土著习惯法》角度看，此种侵权不仅伤害了 Bulun Bulun,还伤害了他所属的部落，因此第二原告 George Milpurrurru 实际上是代表土著部落 Ganalbingu 的部落高级官员。[③] 该案的审理引起了社会各界甚至政府官员以及美国人的高度关注，因为以前的澳大利亚法律及其判例所确认的土著集体权利仅指土地，从土地延伸到民间文学艺术将会引起敏感的土著权利扩张问题。法学家 Frank Brennan 赞同原告律师及其激进主义者的观点，他坚持认为土著艺术对其创造者来说是“通过理解和尊重方式分享土地的另类方式”。他还说，讼争的“那幅油画既在讲述故事又激活了人们的记

---

① 张今、严永和：“传统知识权利主体研究”，见吴汉东主编：《知识产权年刊》，北京大学出版社 2005 年版，第 248 ~ 251 页

② Betsy J. Fowler, “Preventing Counterfeit Craft Designs”, Edited by J. Michael Finger, Philip Schuler, *Poor People' s Knowledge: Promoting Intellectual Property Developing Countries*, the World Bank and Oxford University Press. 2004, p. 117.

③ Michael F. Brown, *Who Owns Native Culture?*, Harvard University Press. 2003, pp. 44 – 45.

忆；它是一本教科书，也是对土地权利主张的生动援助；它是一张地图，也是一部法律规则，一张地形图代表人们未说出来的意思表示”。[①] 该案的判决结果是第一原告的诉讼请求基本得到满足，第二被告即土著部落没有获得救济。形式上看，土著部落好像完全败诉。但事实并非如此，主审法官 Von Doussa 在判决中说，尽管艺术家和他所属的部落就 Waterhole 绘画并不享有同等权利，但他们确实就此画共同享有信托权益——换言之，他们就此画享有相互信任、彼此负责的权利。Von Doussa 法官还认为，“艺术家有权考虑和追求自己的利益，譬如他们可以出售艺术作品，但艺术家摆脱需要应随时随地采取行动保护 Ganalbingu 文化完整性的重要责任是不被许可的。”在其他情况下，“如果包含土著部落宗教知识的艺术作品权利人没有或者拒绝采取适当的行动保护版权，澳大利亚法律制度将允许土著部落向法院申请救济”。最后这一点最为重要，正是因为该点，部族获得了保护传统艺术的权利，因而该案赢得了土著保护组织的好评。[②] 该案对民间文学艺术的保护具有重大意义：其一是认为传承民间文学艺术的权利人与民间文学艺术来源群体之间具有一种自然法意义上的信托关系，负有“按照群体最佳利益行动”的职责；其二是创造民间文学艺术的传统部族在判例上，首次被确认为可以成为维护传统文化权利的集体权利主体和诉讼主体。

个人是否能成为民间文学艺术的权利主体值得深入讨论。在世界民俗学界，民间文学艺术的创作主体是否只认定为集体并没有获得一致认识。美国俄亥俄州立大学厄特利教授考察了不同流派的学者们对包含民间文学艺术的民俗的 21 种定义，其中有 6 个定义强调民俗的集体性，博特金、哈蒙、利奇和泰勒 4 个学者的定义则

---

① Michael F. Brown, *Who Owns Native Culture*?, Harvard University Press. 2003, p. 47.

② Ibid., pp. 64－65.

特别提到民俗是个人创造的。① 民间文学艺术在漫长的历史传承中，吸纳了不同时代、不同阶层、不同地域、不同文化素养的创作主体和传承主体的世界观和价值观，呈现出时代变异性。这种变异性在民俗学理论中被描述为“活态”。在任何一个“活态”现场，都是作为表演者的个人占据中心位置，这样的表演需要特殊的能力，并不是一般人所能代替的。② 在一件民间文学艺术的具体传承过程中，虽可能有基本主题和程式，但没有固定的书面文本，每次表演都会建构新的文本。瑞典的冯·赛多是民俗学历史中最伟大的理论家之一，他的主要研究兴趣集中在民俗的传播方面，提出了传统的积极携带者、传统的消极携带者和“衍生型（oicotype）”理论。冯·赛多认为，传统的积极携带者是那些讲故事、唱歌的人，消极携带者仅仅听积极携带者的表演。民间故事和其他民俗形式不是通过超有机体的波浪或河流作神秘的自动迁徙而传播的，而是由一位积极携带者传承给另一位积极携带者进行传播。“衍生型（oicotype）”是植物学术语，冯·赛多借用该术语的目的是想用植物遗传过程中，植物体为适用自然环境而出现的变体现象解释民俗在不同地域传播而出现的变异问题。③ 冯·赛多所称的积极携带者就是指民间文学艺术的传承人。在他看来，民间文学艺术的创作和流传，有无数投入了智慧劳动的个体的积极参与，机械的传播不能解释民间文学艺术的变异或活态现象。除少数宗教类民间文学艺术通常必须严格进行复制性的机械传承外，多数民间文学艺术的传承都是一种变异的、活态的传承。正因为如此，有学者称民间文学

---

① ［美］弗朗西斯·李·厄特利：“民间文学：一个实用的定义”，见阿兰·邓迪斯编：《世界民俗学》，陈建宪、彭海斌译，上海文艺出版社 1990 年版，第 32 页。

② 贺学君：“从书面到口头：关于民间文学研究的反思”，见周星主编：《民俗学的历史、理论与方法（上册）》，商务印书馆 2006 年版，第 91 页。

③ ［瑞典］C. W. 冯·赛多：“民间故事研究与语义学：几点意见”，见阿兰·邓迪斯编：《世界民俗学》，陈建宪、彭海斌译，上海文艺出版社 1990 年版，第 307 ~ 308 页。

艺术的创作“永远不可能完成”。①

民俗学理论研究成果是构建民间文学艺术版权权利主体制度的重要理论依据。任何对民间文学艺术的创造和传承作出实质性贡献的群体和个人，都应当成为民间文学艺术的权利主体。世界知识产权组织2006年10月发表的《保护传统文化/民间文学艺术表达草案：政策目标与核心原则》在第1条对民间文学艺术的定义中揭示，民间文学艺术的内涵特征之一是“个人和集体的智慧创造物”。WIPO在对该条的评论中，更明确地指出“个人在传统文化表达的发展和再创作中起着中心作用”。②个人对民间文学艺术的发展和再创作主要是通过传承人的活动来体现。民间文学艺术传承人是指遵循民间文学艺术传统，通过再现、模仿、表演或改编等智力劳动传播和发展民间文学艺术的自然人或单位。传承人既可能是单位，也可能是自然人③，但以自然人为主。传承人的法律地位十分重要。民间文学艺术有“口传心授，人在艺在，人亡艺亡”的特点。民间文学艺术的传承活动绝不能简单等同于版权法意义上的表演活动或机械复制活动。民间文学艺术的传承活动属于民间文学艺术创作活动的一种具体形式，是民间文学艺术再创作链条中的必要环节。我国理论界过去在解释民间文学艺术“集体性”的时候，往往忽视个人的作用，认为其作用就是一种版权法意义上的表演或机械复制，没有客观、公正地评价传承人的作用，不利于充分调动传承民间文学艺术的积极性、主动性和创造性，最终危害民间文学艺术本身。根据传承人在民间文学艺术传承过程中所付出

---

① 唐广良：“遗传资源、传统知识及民间文学艺术表达国际保护概述”，见郑成思主编：《知识产权文丛（第8卷）》，中国方正出版社2002年版，第62页。

② WIPO, “The Protection of Traditional Cultural Expressions/Expressions of Folklore: Draft Objectives and Principles” (WIPO/GRTKF/IC/10/4ANNEX), published on October 2, 2006, p. 13. http://www.wipo.int/edocs/mdocs/tk/en/wipo_grtkf_ic_10/wipo_grtkf_ic_10_4.pdf. 访问时间：2007年3月12日。

③ 张革新：“民间文学艺术作品法律保护若干问题探讨”，载《西南民族大学学报（哲学社会科学版）》2004年第2期。

的创造力的多寡，民间文学艺术的传承活动可以区分为再现式、模仿式、表演式、汇编式和演绎式五类。传承人应当获得与其智力劳动付出的多寡相应的回报。传承人对其再现、模仿、表演、汇编或演绎传承活动形成的民间文学艺术有权主张适当的权利。民间文学艺术的创作和传承十分复杂，传承与创作的界限十分模糊，多数民间文学艺术的传承活动都是民间文学艺术的发展或再创作形式。必须区别情况，客观公正地评价传承人的劳动，视其付出创造性劳动的多寡分别赋予其版权人、邻接权人的法律地位。对于汇编式、演绎式、表演式民间文学艺术，由于其符合演绎作品、汇编作品等普通作品的要件，或传承人具备表演者、录制者的特征，因而应当受我国现行《著作权法》的保护，传承人有权获得普通版权或邻接权。此外，传承人传承民间文学艺术的成果还可以通过《商标法》、《专利法》和《反不正当竞争法》等传统知识产权法保护。对于被排除在现行《著作权法》和其他知识产权法之外的传承民间文学艺术活动成果，如再现式或模仿式民间文学艺术传承活动成果，则应当通过民间文学艺术的特别版权立法保护，所取得的权利应当是一种特殊邻接权。

现代版权主体制度是一种集体和个体二元共生的体制，而民间文学艺术也是一种集体和个体二元共生的权利主体结构，因而构建民间文学艺术版权的集体权利主体制度的障碍不是是否承认集体权利主体这种特别的主体类型，而是现代版权制度已经认可的集体主体单位与创作民间文学艺术的来源群体无论在机构设置还是在集体意志体现方面，都有重大的差别。在我国现行版权法所承认的集体版权主体中，不管是针对集体作品还是其他职务作品，其中的集体权利主体都是“法人”或“其他组织”。民间文学艺术来源群体不管是特定的部落、民族还是特定地域的族群，多数群体都是松散的团体，没有统一而健全的管理机构，没有代表群体表达意志的代表，也没有独立承担责任的经费，在行使权利、签订合同、请求司法救济等方面存在着严重障碍。简言之，民间文学艺术的来源群体多数都不具备完全的民事行为能力，很难被现代民法、版权法、诉讼法认可为“法人”或“其他组织”。因而民间文学艺术版权主体与现代版权主体制度既有契合性，也存在着一定的冲突。构建民间文学艺术的版权制度必须进行制度创新，通过适当方式解决因民间文学艺术来源群体民事行为能力欠缺带来的权利主体虚位的世界性难题。

四、信托与代理：民间文学艺术集体权利行使模式选择

民间文学艺术来源群体民事行为能力的欠缺是构建民间文学艺术知识产权保护制度的一大障碍。为了解决此难题，有种观点认为，由国家直接享有民间文学艺术版权或特殊权利，由国家版权行政主管部门或文化行政主管部门具体行使权利，民间文学艺术来源群体不是权利人而是受益人或民间文学艺术的持有人。如苏丹法律规定民间文学艺术属于国家所有，国家有责任“像它的作者一样，在对民间文学艺术破坏、贬损或商业性利用的情况下，通过各种法律途径”保护它。① 还有一种观点认为，由民间文学艺术来源群体享有版权或特别权利，由具备法人资格的信托公司、民间团体或其他集体管理机构根据委托授权的信托模式代为行使和管理权利。②《太平洋地区保护传统知识和文化表达的框架协议》推荐该

---

① Agnè s Lucas-Schloetter, folklore, Edited by S. von Lewinski, Indigenous Heritage and Intellectual Property: Genetic Resources, *Traditional Knowledge and Folklore*, Kluwer Law International. 2004, p. 287.

② 管育鹰：《知识产权视野中的民间文艺保护》，法律出版社2006年版，第232～233页。

模式。[1]《巴西传统知识保护法律草案》也采取此模式保护传统知识。

以上两种观点或做法都是有严重缺陷的，至少不适合我国。民间文学艺术的权利全部确定给国家所有，最直接的后果是剥夺或削弱了民间文学艺术来源群体相对独立的私权利益，而特殊的私权利益是民间文学艺术存在和发展的最重要原因，也是国际上保护民间文学艺术的主要动力源泉。民间文学艺术来源群体的私权利益主要表现为民间文学艺术来源群体的精神利益，如民族感情的连接、文化身份的认同、文化完整性和真实性的维护，以及民间文学艺术来源群体的经济利益，如利用民间文学艺术特别是传统手工艺获得经济收益、从他人对民间文学艺术的商业使用中合理分享财产利益等。在民间文学艺术的历史发展过程中，国家有时还会成为促成民间文学艺术瓦解的首要力量，有时政府部门甚至还会与传统部族发生直接对抗和冲突。将民间文学艺术权利授予国家更容易导致国家和民间文学艺术来源群体特别是和少数民族群体产生紧张关系甚至对抗关系。因而前述第一种构建民间文学艺术权利主体的观点是不可取的。第二种观点将民间文学艺术权利确定给民间文学艺术来源群体而不是国家是合理的，但通过信托关系由其他机构代为行使和管理权利的主张虽在一定程度上解决了民间文学艺术来源群体自己行使权利的困难，但可操作性差，理论障碍大，在我国推广更难。我国民间文学艺术资源十分丰富，分布地域广泛，老、少、边、穷地区通常就是民间文学艺术资源丰富的地区，重新组建具备法人资格的遍布全国的信托公司、团体或其他机构将耗时费力，社会成本投入过大。更重要的是，信托理论并不完全适用于行使和管

① 2002年11月，“太平洋岛国论坛”与“太平洋共同体秘书局”一起，在联合国教科文组织太平洋地区办公室的协助下，共同通过了《太平洋地区保护传统知识和文化表达的框架协议》，旨在帮助太平洋岛国家和地区实现为其传统知识和民间文学艺术提供法律保护的愿望。

理权利单位与民间文学艺术来源群体之间的关系。信托是19世纪末为了克服合同的相对性规则给交易带来的严重不便而从英美法系国家衡平法中逐渐发展起来的一项法律制度，①不少大陆法系国家也采纳了此制度，但信托制度只适用于财产权的管理，②并且信托关系基于委托人与受托人签订合同或通过其他书面文件设立，委托人还必须是具有完全民事行为能力的自然人、法人或者依法成立的其他组织。③而民间文学艺术来源群体享有的权利不仅有财产权，还有精神权利，并且大部分缺乏自己签订委托合同的能力，因而不能适用信托制度解决民间文学艺术来源群体行为能力欠缺的问题。

相对合理的做法是法律明确规定由民间文学艺术来源群体享有版权，通过引进并适当改造民事代理制度中的法定代理制度解决权利主体的行为能力障碍，可以具体规定由国家各级政府中的文化行政主管部门或版权行政主管部门作为法定代理机构代表民间文学艺术群体具体行使有关民间文学艺术商业性使用许可合同的签订、履行、仲裁、诉讼等权利并承担相关义务。对于具备"法人"或"其他组织"主体资格的部分民间文学艺术来源群体，以及对于享有民间文学艺术权利的具备完全民事行为能力的自然人，则由其自己或授权他人管理或行使版权，不实行法定代理制。民间文学艺术来源群体的集体版权实行法定代理制的理由如下：

第一，这种做法可以最大限度地维护民间文学艺术来源群体的私权利益。规定民间文学艺术来源群体享有版权，可以全部实现民间文学艺术来源群体的私权利益。政府机构管理和行使权利是基

---

① ［英］P. S. 阿狄亚：《合同法导论》，赵旭东、何帅领、邓晓霞译，法律出版社2002年版，第392页。

② 参见我国《信托法》第2条、第7条。日本、韩国的信托业法也规定，信托公司只能承受金钱、有价证券、金钱债权、动产、土地及其固定物、地上权及土地租借权，作为信托财产。参见张玉敏主编：《知识产权法》，法律出版社2005年版，第161页。

③ 参见我国《信托法》第8条、第19条。

于法定代理的职责代为行使权利，而非自己为自己行使权利，可以要求义务相对人在有关民间文学艺术的利用中注明真正的权利人是民间文学艺术来源群体，保证其精神权利的实现，克服了将版权直接归属于国家或政府部门而使民间文学艺术来源群体标明其主体身份的请求不能在法律上获得支持的缺陷。此外，政府部门机构设置健全，管理规范，本身就属于维护人民群众利益的合法代表，可以最大限度地维护被代理人的利益，实现法定代理的制度价值。在我国民间文学艺术资源极其丰富的少数民族聚居地区，在经过“改土归流”[①]等政治改革后，少数民族的内部治理结构已发生了实质变化，基本上不存在国外那种部落首领、族长等土著民族或少数民族的管理机构，而是由政府机构进行管理。新中国成立后，实行了民族区域自治，有十分健全的管理机构，自治区、自治州、自治县的人民代表大会和人民政府是自治机关。[②] 自治机关的主要领导人由实行区域自治的民族的公民担任。[③] 除自治机关外，我国还建立了民族乡，作为少数民族基层政权的组成部分。[④] 自治机关和民族乡是维护少数民族文化利益、经济利益和政治利益的代表，能有效维护民间文学艺术来源群体的合法权益。

第二，这种做法最符合效益原则，既可以有效地维护民间文学艺术来源群体的利益，又能最大限度地减少民间文学艺术保护的资源投入。在机构设置上，这种做法可以利用现行政府部门的机构设置进行权利管理，而不必像前述第二种观点那样需要重新设置大量的新机构。以少数民族的机构设置为例。我国现在共有 5 个自治区、30 个自治州、120 个自治县（旗），共 155 个民族自治政府，

---

① 改土归流是指明清两代在少数民族地区废除世袭土司，改行临时任命的流官统治的一种政治措施。

② 吴宗金、张晓辉主编：《中国民族法学》，法律出版社 2004 年版，第 207 页。

③ 参见我国《民族区域自治法》第 16～17 条。

④ 吴宗金、张晓辉主编：《中国民族法学》，法律出版社 2004 年版，第 253～254 页。

另外还有1 200多个民族乡。[①] 要设置能够替代这些政府部门的信托机构花费的社会成本必然是巨大的。此外，政府文化管理部门同时还肩负文化遗产管理，促进传统文化交流和发展的行政职能。它们可以充分利用文化遗产和文化管理的优势和便利条件妥善行使法定代理职责，减少文化遗产管理制度和版权制度运作之间可能产生的冲突，有效地协调相关关系，促进各项制度最大限度地发挥作用。

第三，这种做法需适度创新法定代理制度，但不存在不可逾越的制度障碍或理论障碍。代理制度萌芽于欧洲中世纪的封建社会，产生于1896年的《德国民法典》，其基本功能就是扩张主体的行为能力和弥补主体行为能力之欠缺。[②] 法定代理是指代理权基于法律的特别规定而非基于本人意思的代理。传统的法定代理制度通常只适用自然人不具备完全民事行为能力的情形，如父母基于对未成年人的亲权及监护责任而被法律规定为法定代理人。但是，被代理人为单位或团体时，法定代理是否适用应当说并不存在严重的制度障碍。我国《民法通则》并未对此作出禁止性规定。在德国民法学说中，破产清算中破产清算管理人就被视为被破产企业的法定代理人。[③] 民间文学艺术来源群体通常欠缺相应的行为能力，最适合具有弥补行为能力缺陷功能的法定代理制度的适用。将法定代理制度对欠缺行为能力的自然人的适用，引进到对欠缺行为能力的民间文学艺术来源群体的适用，是民事代理制度在知识产权保护领域中的一种创新和有益尝试，将有效解决民间文学艺术来源群体权利主体的“虚化”问题，明显优越于信托制度的适用。2002年12月，北京市第二中级人民法院对黑龙江省饶河县四排赫哲族乡政府

① 吴宗金、张晓辉主编：《中国民族法学》，法律出版社2004年版，第253～254页。

② 李开国：《民法基本问题研究》，法律出版社1997年版，第196～201页。

③ ［德］迪特尔·梅迪库斯：《德国民法总论》，邵建东译，法律出版社2000年版，第721页。

诉郭颂、中央电视台、北京北辰购物中心侵犯民间文学艺术作品著作权纠纷的判决具有典型意义。被告的抗辩理由之一是原告无资格和理由代表全体赫哲族人提起诉讼，但该判决从“民族乡政府既是赫哲族部分群体的政治代表，也是赫哲族部分群体公共利益的代表”的角度，分析论证了原告饶河县赫哲族乡政府具有《乌苏里船歌》来源群体——赫哲族的合法原告主体资格，实际上就是利用了法定代理理论，妥善解决了民间文学艺术来源群体的权利主体和诉讼主体资格问题。

五、结　语

民间文学艺术的创作和传承规律，决定了民间文学艺术版权也是一种集体和个人相结合的二元主体结构。承认民间文学艺术来源群体的版权主体地位，创设区别于以浪漫主义作者观为基础的现行版权制度的一种新型集体版权制度，不仅可以使传统部族控制自己的文化遗产，减少对传统文化的损害，而且可以通过版权的激励功能培育和滋养一种集体创新机制，为人类创造更加丰富的民间文学艺术。法定代理制度是解决民间文学艺术来源群体民事行为能力欠缺相对更理想的办法。在各国开始关注民间文学艺术知识产权保护的早期，通常只将民间文学艺术纳入版权保护视野，但随着对民间文学艺术认识的深入以及更多的国家参与民间文学艺术保护的讨论，民间文学艺术知识产权保护的视野被不断拓宽，特别权利保护、商标权保护、专利权保护、反不正当竞争保护都被认为是可行的保护角度和保护方式。民间文学艺术的版权主体制度构建对民间文学艺术的其他知识产权保护主体制度的构建具有借鉴意义。

“淡化理论”在商标案件裁判中的影响分析

——对100份驰名商标案件判决书的整理与研究

李友根*

引言：问题的提出

依照一般的理解，法院裁判案件是“以事实为根据，以法律为准绳”，即在查清事实的基础上适用相应的法律规定（或称法律规范），进而作出判决结论。但是，随着法律界对法律解释、法律论证问题研究的深入，人们逐渐认识到，一方面，法律规定的具体内涵是需要进行解释甚至是漏洞补充的；另一方面，对于事实与规范适用之间，还需要论证，即为什么这一条规范能够适用于这一案件事实。在我国司法裁判文书逐渐强调规范与说理的背景下，越来越多的法官与法院在其裁判文书中加强了这一方面的工作。

然而，法官的法律解释、漏洞补充和司法论证等说理活动，

---

* 李友根，南京大学法学院教授、法学博士，南京大学中国法律案例研究中心主任。本文发表于《法商研究》2008年第3期，中国人民大学报刊复印资料《民商法学》2008年第9期全文转载。

又是依据什么而进行的呢？ 换言之，裁判文书所说之“理”，是基于什么能够被人们所接受，其背后蕴含着的除了公理、社会情理、定理这些能够为人们所普遍接受的内容外，是否还是可以包括法理的理论？

本文所提出的问题是，法学理论是否可以成为法官论证判决理由的一个依据？ 限于笔者的学术背景，本文只是从部门法的角度，在总结分析我国司法实践中有关驰名商标案件的判决书对于驰名商标淡化理论运用的情况，初步考察法学理论在判决论证中的现状、原因，进而为法理学的进一步研究提供素材。

本文首先探讨一个前提性问题，即在我国，“驰名商标淡化”是一种制度规定还是法学理论？ 确定其为一种理论后，再对100份有关驰名商标案件的判决书进行分类归纳，观察不同法院对于驰名商标淡化理论在判决书运用的情况；然后，初步探讨形成此种情形的一些原因，最后得出一点结论。

一、商标淡化：制度还是理论？

我国《商标法》在2001年修订后，其第13条规定突破了传统商标制度的商标保护范围，对于注册的驰名商标实行了跨类保护：“就不相同或者不相类似商品申请注册的商标是复制、摹仿或者翻译他人已经在中国注册的驰名商标，误导公众，致使该驰名商标注册人的利益可能受到损害的，不予注册并禁止使用。”但是这一规定是否意味着我国《商标法》已经正式接受并体现了驰名商标的淡化理论？ 换言之，淡化，究竟是我国法律中正式的制度规定还是仅停留在学术理论阶段？

（一）为何提出淡化理论

传统的商标法律制度对于注册商标的保护是建立在混淆理论基础上的，即为了保护消费者不致于对商品的来源发生混淆，因此要求使用在商品上的商标能够反映该商品的来源（即商品的生产者），于是规定任何人未经商标注册人许可，不得在同一种或类似商品上使用与其注册商标相同或者近似的商标。我国从1982年的《商标法》到2001年修订的《商标法》均依此作出了有关商标侵权的规定："未经注册商标所有人的许可，在同一种或者类似商品上使用与其注册商标相同或者近似的商标的。"

但是，正如学者所指出的，混淆理论是基于商标的标示来源功能，而现代社会经济发展过程中商标还具有品质保证功能和广告功能，而且广告功能正发挥着越来越重大的作用，并成为商标功能中更为重要与核心的功能，特别是对于驰名商标而言。于是，在不相类似的商品上使用他人的驰名商标，由于并不会导致消费者的混淆，按照混淆理论，并且根据传统商标法的规定，也就不构成商标侵权。但是，此类行为，一方面是行为人利用了他人驰名商标的商业信誉而获得利益，另一方面又使得该驰名商标与其所有人的独特与唯一联系被不断淡化从而使其利益受到损害。因此，混淆理论以及传统商标法律制度难以有效地保护驰名商标所有人更为重要、长远与根本的利益。

因此，从美国学者斯凯特1927年在《哈佛法律评论》发表《商标保护的理性基础》一文以来，淡化理论逐渐提出并在各国的司法与立法实践中发生影响。按照杜颖的最新研究成果，淡化包括冲淡和污损。"冲淡导致的淡化是指，未经著名商标权利人许可，在非类似的商品或者服务上使用与著名商标相同或者近似的标志，尽管消费者能够识别出标记所标识的商品或服务分别来自不同且不相关联的提供者，但该行为可能会消耗著名商标的独特性，使著名商标逐渐丧失吸引力，最终给商标权人带来损害。该定义既明确了商标反淡化保护以商标具有一定的知名度为前提，又把反淡化保护与传统的保护区别开来，指出商标淡化的危害并非在于商标无法发挥其识别来源功能，而在于削弱商标与商品的唯一联系性并使商标逐渐丧失销售力、吸引力。"①

概言之，淡化理论与混淆理论的区别在于：

第一，混淆理论的基础是商标的标示来源功能，而淡化理论的基础是商标的广告功能；

第二，混淆理论保护的第一对象是消费者利益，以防止其受商标的影响而混淆商品来源并导致消费利益的损害；而淡化理论保护的第一对象是商标（特别是驰名商标）所有人的利益，以防止其商标的吸引力被削弱并导致经济利益的损害；

第三，混淆理论与淡化理论存在一定的对立关系，商标的淡化不以消费者混淆为前提，不以所使用商品属于同一种或类似为前提，即淡化理论必然是适用于非类似商品；而混淆理论则主要适用于同一种或者类似商品。

（二）我国《商标法》是否已经引入淡化理论

我国《商标法》第13条对驰名商标的跨类保护，是否属于淡化理论的具体应用，是本文研究的前提问题。如果该条已经体现了淡化理论，则法官在裁判文书中阐述有关淡化问题，只是对制度规定内容的正确解释，不属于运用法学理论作为判决论证的依据；如果该条不是建立在淡化理论基础上，仍然是以混淆理论为基础，则淡化仅是一种理论而不是法律规范，法官在裁判文书中阐述有关淡化问题，只能被理解为运用法学理论作为判决论证的依据。

但是，对于这一问题，我国商标法学界尚未形成统一的认识，

① 杜颖："商标淡化理论及其应用"，载《法学研究》2007年第6期。

学者之间存在着不同的理解。

1. 肯定说

持肯定说的学者认为，早在 1996 年国家工商行政管理局发布《驰名商标认定和管理暂行规定》，将驰名商标的保护扩大到非类似商品，我国的商标法律制度就已经引入了淡化理论。2001 年修订《商标法》后，学者们更是坚信这一结论。例如，有学者指出："最早对驰名商标规定反淡化保护的是 1996 年国家工商行政管理局出台的《驰名商标认定和管理暂行规定》，……商标法第 13 条第 2 款在我国法律上第一次明确了对驰名商标的反淡化保护。"①李明德教授明确指出："中国商标法的上述规定（指第 13 条）有两点值得注意。第一，适用淡化理论的驰名商标，仅限于在中国驰名的注册商标。没有在中国注册的商标，以及没有在中国驰名的注册商标，不适用淡化理论。第二，根据'不予注册并禁止使用'的规定，一方面商标行政管理部门可以在注册审查、异议和无效的程序中适用淡化理论，对于经过认定的驰名商标予以保护。另一方面，法院也可以在相关的诉讼中适用淡化理论，对于经过认定的驰名商标予以保护。"②

肯定说的理论基础主要在于两点：第一，对商标进行跨类保护，已经不再是混淆理论所及的范围，只能是建立在淡化理论基础上；第二，我国 2001 年修订《商标法》的动因之一是为了与世贸组织的 TRIPs 协议相适应，而该协定体现了淡化理论的要求。

我国学者的这一逻辑，与桑德斯解读《欧共体协调成员国商标

---

① 杨柳、郑友德："从美国 Moseley 案看商标淡化的界定"，载《知识产权》2005 年第 1 期。另参见尹西明："商标淡化侵权构成要件辨析"，载《河北法学》2006 年第 2 期；李静冰："禁止商标混淆三规则"，载《中华商标》2007 年第 2 期。

② 李明德："中日驰名商标保护比较研究"，载《环球法律评论》2007 年第 5 期。

立法一号指令》[①]的有关规定是一致的：“这句话本身虽然不够清楚，但从一号指令的整体结构来看，仍可以间接推断联想理论确实被一号指令采纳。因为既然一号指令第5条第2款已明确同意在非类似商品或服务上保护商标，其基本理论无疑是建立在联想理论之上的反淡化理论。这一理论没有理由只适用于非类似的商品或服务，却不能适用于相同或类似的商品或服务。”[②]

2. 否定说

但是也有一些学者坚持认为我国商标法律规定中没有引入淡化理论：“我国2001年修改《商标法》时，虽然增加了驰名商标保护的条款，但并未采纳商标淡化理论。……该款规定没有商标反淡化的因子，我国尚未采纳商标淡化理论。”[③]更有学者通过对我国相关法律规定内容的分析，明确地提出：“所有这些规定都不是关于商标淡化行为的，仍然是传统的商标混淆侵权。可以认为，我国现行商标法律制度中没有关于淡化的规定，我国大多数学者之所以认为我国商标法律制度有淡化规范，是因为他们误读了商标淡化理论。”[④]

3. 笔者的观点

笔者认为，分析我国《商标法》是否已经吸收与引入了淡化理论，应从下列几个方面加以具体的研究。

---

① 该指令第5条第2款的规定是：“任一成员国也可以规定所有人有权禁止任何第三人未经其同意，在商业中在与其商标注册的商品或服务不相似的商品或服务上使用一标记，如果该标记与其商标相同或相似，且其商标在该成员国享有声誉，而该标记的使用无正当理由从其商标的显著性或声誉中获利或对它们造成损害的。”

② 黄晖：《驰名商标和著名商标的法律保护》，法律出版社2001年版，第129页。

③ 邓宏光：“我国商标反淡化的现实与理想”，载《电子知识产权》2007年第5期。

④ 杜颖：“商标淡化理论及其应用”，载《法学研究》2007年第6期。

第一，制度变迁逻辑的考察。

无论是官方对于《商标法》修订的理由阐述，还是学者对于我国商标法律制度变迁的分析，均表明：我国驰名商标保护制度的完善与 TRIPs 协议的规定有着直接关系。因此，TRIPs 协议对于驰名商标保护的理论基础，自然也会影响与决定着我国驰名商标保护的理论基础。对此，学者们同样存在着不同的见解。

一部分学者认为 TRIPs 协议对驰名商标的跨类保护是建立在淡化理论基础上。例如，黄晖博士排除了混淆理论："他人即使在非类似商品上使用该商标，消费者也不会误认误购，但只要这种使用可能表明某种联系，则商标所有人的利益仍然可能会受到损害。TRIPs 协议没有明确这是一种什么样的联系，但既然是在非类似商品或服务上适用，则至少不应指混淆。"因此"更愿意将此处提到的联系理解为联想而不是混淆。"[①]李明德教授则直接认为该协定体现了反淡化的要求，"是在防止混淆的基础上，提供了反淡化的保护。"[②]

另一部分学者则认为 TRIPs 协议未体现淡化理论。例如，杜颖认为："由于这里明确规定了'暗示该商品或服务与注册商标所有人存在某种联系'这一要件，因此从严格意义上说，该规定并不是关于淡化的，因为一旦消费者将两种标记都联系到驰名商标人那里，这时发生的就是混淆，而不是淡化了。"[③]邓宏光也认为："TRIPs 协议提高了驰名商标的保护水平，但仍然没有采纳商标淡化理论。"[④]

因此，基于全面实施 TRIPs 协议的需要而修订的《商标法》是

---

① 黄晖：《驰名商标和著名商标的法律保护》，法律出版社 2001 年版，第 250 页、第 156 页脚注。

② 李明德："中日驰名商标保护比较研究"，载《环球法律评论》2007 年第 5 期。

③ 杜颖："商标淡化理论及其应用"，载《法学研究》2007 年第 6 期。

④ 邓宏光："我国商标反淡化的现实与理想"，载《电子知识产权》2007 年第 5 期。

否引入了淡化理论，还取决于对 TRIPs 协议所规定内容及其理论基础的考察。尽管学者们存在分歧，但笔者认为解读其条文表述，应当得出这样的结论，即该协定并未采纳淡化理论，而仍然是建立在混淆理论基础之上。

即使 TRIPs 协议采纳了淡化理论而建立驰名商标跨类保护制度，但由于我国《商标法》条文的表述与其并不完全一致，是否必然也同样采纳了淡化理论仍然是值得研究的，[①]因此还需要结合其他的方法加以分析。

第二，立法背景资料的参考。

分析我国《商标法》第 13 条第 2 款的理论基础，还应当考察该法制定过程中立法者的真实意图，从而得出相应的结论。虽然我国立法实践中尚未形成提供“立法理由书”的制度，更未向全社会公布具体规定的详细说明，但仍然可以从相关的资料中获得相应的信息。例如全国人大常委会法制工作委员会委在新法颁布或法律修订后撰写出版的释义，一定程度上可以反映出立法工作人员所了解的有关立法背景与主要理由。在 2001 年《商标法》修订后，立法工作人员所出版的相关释义类书籍对这一问题的解释应当可以提供是否引入淡化理论的重要参考。然而，我们很遗憾地发现，淡化理论并未出现在这些释义之中。例如，在时任全国人大常委会法制工作委员会副主任卞耀武主编的释义中，针对第 13 条的释义，根本就未涉及淡化一词；[②]在全国人大常委会法制工作委员会调研员赵惜兵主编的释义中，在介绍与解释驰名商标的特殊保护时同样从未涉

① 例如郑成思教授在 1996 年曾经认为，我国没有必要采纳反淡化理论：“至于‘反淡化’，目前在我国尚显得‘超前’了一些。即使在西欧发达国家中，也仅有德国等有限国家将反淡化列入保护驰名商标的主要措施之中。……（我国）没有必要在起步最早的美国尚未将反淡化订入联邦法之时，我们倒来个反来居上。”见郑成思：《世界贸易组织与贸易有关的知识产权》，中国人民大学出版社 1996 年版，第 147 页。

② 卞耀武主编：《中华人民共和国商标法释义》，法律出版社 2002 年版，第 59 页。

及所谓的淡化问题。[①] 但是，与此相反，在解释传统的商标侵权行为时，释义中均提及了混淆的问题："实施此种行为，无论是出于故意还是过失，都会造成商品出处的混淆，使消费者发生误认误购。"[②]可见作者们在解释《商标法》的相关规定时并非无视商标保护的理论基础问题。

当然，释义中的有关表述似乎又反映出淡化理论的内容。例如，在解释《商标法》所规定的"给他人的注册商标专用权造成其他损害的行为"时，作者所例举的行为中包括"企业标志或者其主要部分构成对驰名商标的复制、摹仿、翻译或音译，可能暗示使用该企业标志的企业与驰名商标注册人之间存在某种联系，使驰名商标注册人的利益可能受到损害，或者会不正当地利用或者削弱该驰名商标的显著性特征的。"[③]但是，尽管其分析的后果确实含有淡化理论的色彩（"不正当地利用或者削弱驰名商标的显著性特征"），但其行为直接表现则是"显示使用该企业标志的企业与驰名商标注册人之间存在某种联系"，而这显然属于混淆理论中的赞助混淆的内涵。因此，可以说，在立法机关看来，新《商标法》与淡化理论没有直接的关系。

国家商标局局长安青虎在解释《商标法》第13条时指出："上述使用容易导致混淆，或者误导公众，致使驰名商标持有人的利益可能受到损害；……由此可见，驰名商标受到的法律保护远比普通商标要宽。"但其中从未提及淡化一词或者联想理论，[④]也可以说明淡化理论并非商标法的理论基础。

第三，制度与理论关系的可能模式。

---

① 赵惜兵主编：《新商标法释解》，人民法院出版社2002年版，第72～74页。

② 卞耀武主编：《中华人民共和国商标法释义》，法律出版社2002年版，第122页。

③ 同上书，第124页。

④ 安青虎："驰名商标和中国的驰名商标保护制度（二）"，载《中华商标》2004年第12期。

一般来说，制度与理论之间的对应关系可能有多种模式：同一种制度可能有不同的理论基础，而不同的制度也可能有相同的理论基础。至少从纯粹的逻辑角度看，驰名商标的跨类保护制度既可能基于淡化理论而建立，也可能基于混淆理论而建立。因此，不能仅仅因为制度的规定而直接推出其采纳了某一理论。

就我国《商标法》第 13 条第 2 款而言，如何正确理解其所规定的"误导公众"一词，是判断该规定所依据的理论基础的关键。按照学者们的研究，混淆的产生是基于一种联想，而联想可以分为三种情况：第一种是直接混淆，即公众将标记与商标混淆；第二种是间接混淆或间接联想，即公众认为标记的所有人与商标的所有人之间有联系并发生了混淆；第三种是纯粹的联想，即公众看到标记时唤起对商标的记忆，认为二者比较接近但还不到混淆的地步。① 显然，只有导致纯粹的联想，才是真正意义上的淡化理论，无论是直接混淆还是间接混淆（或间接联想）都仍然属于混淆理论的范畴。世界知识产权组织在其《关于反不正当竞争保护的示范规定注释》中具体将混淆分为来源出处混淆、附属关系混淆和保证人混淆（也有称为赞助关系混淆）三类。②

在实践中，商标局对于"误导公众"的理解，实际上都是从直接混淆与间接混淆角度加以把握的。例如，在 2005 年的《商标审查标准》中，商标局和商标评审委员会指出："混淆、误导是指导致商品/服务来源误认。混淆、误导包括以下情形：（1）消费者对商品/服务的来源产生误认，认为系争商标的商品/服务由驰名商标所有人生产或者提供；（2）使消费者联想到系争商标的商品的生产者或者服务的提供者与驰名商标所有人存在某种联系，如投资关

① 黄晖：《驰名商标和著名商标的法律保护》，法律出版社 2001 年版，第 126 页。

② 孔祥俊：《反不正当竞争法新论》，人民法院出版社 2001 年版，第 837 页。

系、许可关系或者合作关系。”[①]有些法官也是从混淆的意义上理解“误导公众”的含义：“所谓误导公众，是指由于侵权人的侵权行为使公众对于商品来源产生混淆，误认为侵权产品系商标权人生产；或者认为侵权使用驰名商标得到了商标权人的许可；或者认为侵权人与驰名商标权人存在某种特定联系。”[②]

因此，可以得出这样的结论：我国商标法对于驰名商标的特殊保护，并非建立在淡化理论的基础上，而是以扩大了的混淆理论为基础而建立的。

第四，制度实践的历史考察。

从法律制度的变迁规律来看，一种制度的建立往往不是一蹴而就的，必然有其萌芽、挫折与反复、最终确立的过程。因此，考察2001年《商标法》修订前我国的立法与司法实践中是否反映、体现了淡化理论，对于分析该法规定的理论基础是有重要参考价值的。

有法官曾经认为，对驰名商标的淡化侵权，我国虽还没有从立法层面予以确立，但在一些地方立法中已有所体现，并以上海市的规定为例。[③]上海市《著名商标认定与保护暂行办法》第22条第3项规定：“禁止他人以各种方式淡化、丑化、贬低上海市著名商标的行为。”尽管这一规定确实完全采纳并反映了淡化理论，但无论是在立法权限还是立法内容上均存在合法性问题，而且对于商标保护实践没有实际意义。[④]

也有学者认为我国司法实践中早就适用了淡化理论，并以美国杜邦公司诉北京国网公司一案为例：“一审法院和二审法院均适用

---

① 转引自杜颖：“商标淡化理论及其应用”，载《法学研究》2007年第6期。

② 阎春光：“青岛市司法审判认定驰名商标中的若干问题”，见蒋志培主编：《专利商标新型疑难案件审判实务》，法律出版社2007年版，第47页。

③ 黄从诊：“驰名商标的司法认定”，见蒋志培主编：《专利商标疑难案件审判实务》，法律出版社2007年版，第6页。

④ 在笔者所搜集的上海市各级法院有关商标纠纷的判决中，基本上没有见到援用该条规定保护著名商标的案例。

了巴黎公约的商标淡化的原则精神，认定被告无正当理由将原告的驰名商标'DUPONT'注册为域名的行为构成了商标淡化，是对原告商标权的侵犯，属不正当竞争行为。……可见，我国司法对商标淡化理论的适用先行于立法。"[①]但事实上，这一观点是完全错误的。北京市第一中级人民法院对此案判决的基础仍然是混淆理论："国网公司使用杜邦公司驰名商标'DUPONT'作为其域名中最具识别性的内容，必然会导致公众对其出处的混淆。"北京市高级人民法院在二审判决中仍然是基于混淆理论作为判决的理由："国网公司将'Dupont'一词在自己注册的域名中作为具有识别性的三级域名，构成了对杜邦公司该驰名商标的复制。国网公司的复制行为，必将在计算机网络中造成相关公众对国网公司与杜邦公司的混淆。"[②]而且两级法院在判决书中既未出现"误导"一词，更未出现"淡化"一词，将该判例作为适用淡化理论的案例，实在是主观臆断。

上述分析可以表明，我国商标法律制度中并未将淡化理论作为驰名商标跨类保护的基础，淡化并非一种法律制度，而仅仅停留于理论阶段。

二、实证考察：裁判如何引入理论

由于驰名商标保护制度存在着混淆理论与淡化理论两种不同的理论基础，因此考察我国司法实践中有关驰名商标案件的裁判中如何对待两种不同的理论，可以作为一种分析法学理论对司法裁判影

① 李昌凤："商标淡化理论及其在我国法律实践中的运用"，载《郑州轻工业学院学报》2005年第2期。

② 北京市高级人民法院［2001］高知终字第47号民事判决书。

响的样本。

自我国2001年修订《商标法》正式确立驰名商标特殊保护制度以及2002年最高人民法院规定各级法院在商标案件的审理中有权认定驰名商标以来，各级法院受理涉及商标民事案件7 000余件。截至2007年6月，全国各级法院通过案件审理依法认定了200余件驰名商标。目前已有17个高院向最高法院进行了备案，备案驰名商标203件。①

为此，笔者尽力地从北大法意网（http://www.lawyee.net）、中国知识产权裁判文书网（http://ipr.chinacourt.org）、北京务实知识产权发展中心网（http://www.bipi.org）等搜集各级法院认定驰名商标案件的判决书，最后搜集到了100份判决书。经过初步的阅读与梳理，100份判决书中，涉及“淡化”一词的共有38份。因此，本文将针对这38份判决书进行分析与总结。当然，其他62份判决书也有可能涉及淡化理论，但由于其判决书中并未涉及“淡化”一词，因此不再作为典型情况在本文中加以分析。

几点说明：第一，淡化理论与联想理论基本上是同一的，本文并不作严格的区分，因此统一以淡化理论表述之；第二，本文在对判决书进行实证考察时，暂不考虑、评论与判断法官们在裁判文书中使用的“淡化理论”是否理解正确，即是否属于真正意义上的淡化理论。因此尊重判决书的原意，只要使用了“淡化”一词，即列入本文的研究视野。

（一）判决书的基本分类

在38份判决中，如果按照原告起诉的理由与法院的态度作为标准，则可以分成这样几种类型。

---

① 车文秋：“驰名商标司法保护座谈会在闽召开”，载《中国知识产权报》2007年6月15日，第5版。

1. 原告提出淡化理论，法院未运用淡化理论

在7起案件中，原告起诉时均提及被告的行为淡化了原告的驰名商标，并结合其他理由（如导致消费者对产品来源出处的混淆、侵害消费者权益等），以被告侵犯原告的商标专用权为由提起诉讼。但是，法院在判决理由的论述中，均未提及"淡化"一词，从而既未对本案中是否存在淡化现象作出认定，更未将淡化理论作为论证被告侵犯原告驰名商标权益的理由，详见表1。

表1

审理法院及判决书案号	原告诉讼理由	被告行为	法院裁判理由之一
福建南平中院［2006］南民初字第04号	淡化原告驰名商标	网络域名	构成侵权和不正当竞争
山西大同中院［2005］同民初字第64号	淡化商标显著性	企业字号	侵犯原告商标专用权
福建南平中院［2005］南民初字第28号	淡化原告驰名商标	网络域名	侵犯商标专用权
福建泉州中院［2005］泉民初字第6号	淡化驰名商标	网络域名	侵犯商标专用权
湖北高级法院［2002］鄂民三终字第18号	造成驰名商标淡化	企业字号	不正当竞争
江西抚州中院［2005］抚民三初字第43号	淡化原告驰名商标	网络域名	侵犯驰名商标专用权
广东佛山中院［2006］佛中法民三初字第1号	淡化驰名商标	非类似商品	侵犯商标专用权

2. 原告提出淡化理论，法院运用淡化理论

在7起案件中，原告明确提出淡化理论，并结合其他理由，要求法院认定被告侵犯原告驰名商标的商标专用权。法院在认定原告的商标是驰名商标以后，运用淡化理论和其他理由，认定被告的行为构成了侵权。详见表2。

表 2

审理法院及判决书案号	原告诉讼理由	被告行为	法院裁判理由之一
宁夏银川中院［2006］银民知初字第 16 号	淡化驰名商标	企业字号	淡化原告的商标利益
江苏盐城中院［2006］盐民三初字第 11 号	可能导致商标淡化	非类似商品	淡化商标的积极影响
浙江温州中院［2004］温民三初字第 107 号	淡化商标显著性	企业字号	淡化商标显著性
云南高级法院［2005］云高民三终字第 32 号	驰名商标淡化	非类似商品	淡化驰名商标信誉知名度
福建厦门中院［2005］厦民初字第 211 号	造成驰名商标淡化	企业字号	且造成驰名商标的淡化
内蒙巴盟中院［2005］巴民二初字第 45 号	淡化驰名商标影响	非类似商品	造成驰名商标淡化的后果
山东淄博中院［2005］淄民三初字第 1 号	淡化驰名商标	非类似商品	淡化原告商标显著性

3. 原告提出淡化理论，法院间接采用淡化理论

之所以认为法院在裁判理由中是间接采用淡化理论，是因为：第一，法院在裁判理由中未明确采用“淡化”一词，因此至少不能直接认定法院采用淡化理论作为判决的理由；第二，尽管没有直接采用，但是有关论述的内容实质上可以理解为淡化理论的内涵，因而可以认定法院实质上是采纳了淡化理论，这样的案件共有 5 起。详见表 3。

表 3

审理法院及判决书案号	原告诉讼理由	被告行为	法院裁判理由之一
山东青岛中院［2003］青民三初字第 1095 号	淡化驰名商标	非类似商品	削弱了商标与原告唯一特定的联系，造成品牌对相关公众吸引力的降低
山东德州中院［2005］德中民四初字第 66 号	淡化知名商品	非类似商品	联想起原告产品

续表

审理法院及判决书案号	原告诉讼理由	被告行为	法院裁判理由之一
山东青岛中院［2004］青民三初字第304号	淡化知名商标的显著性	非类似商品	造成品牌对相关公众吸引力的降低
江苏苏州中院［2005］苏中民三初字第213号	（有关证据反映出）运用淡化理论	非类似商品 网络域名	降低驰名商标显著性及或然性损害其商誉价值
山东济宁中院［2004］济民四初字第49号	淡化驰名商标显著性和商业价值	非类似商品	削弱了商标与原告唯一特定的联系，造成该品牌对相关公众吸引力的降低

4. 原告未提出淡化理论，法院主动采用淡化理论

在18起案件中，原告在诉讼中并未提出“淡化”的理由，但是法院在判决理由的阐述中直接运用了淡化理论加以说明，并结合其他理由（例如导致消费者对市场主体和商品来源或出处产生混淆等），判定被告构成对原告驰名商标专用权的侵犯或者构成不正当竞争行为。详见表4。

表4

审理法院及判决书案号	被告行为	法院裁判理由之一
浙江杭州中院［2005］杭民三初字第221号	企业字号	来源混淆，淡化原告商标的显著性：构成不正当竞争
浙江衢州中院［2005］衢中民二初字第5号	企业字号	来源混淆，淡化原告驰名商标：侵权和不正当竞争
浙江高级法院［2005］浙民三终字第153号	企业字号	来源混淆，造成对驰名商标的淡化和商业价值的降低
江西抚州中院［2006］抚民三初字第46号	网络域名	造成公众混淆，淡化原告的驰名商标
山东济宁中院［2005］济民四初字第26号	非类似商品	误导相关公众，淡化原告的商标，商标吸引力降低
北京一中院［2003］一中民初字第9923号	企业字号	造成驰名商标的淡化

续表

审理法院及判决书案号	被告行为	法院裁判理由之一
河南洛阳中院［2005］洛经一初字第13号	非类似商品	淡化驰名商标，商标显著性下降或信誉降低
河南洛阳中院［2005］洛经一初字第17号	企业字号	淡化驰名商标，商标显著性下降、信誉降低
河南洛阳中院［2005］洛经一初字第34号	非类似商品	淡化驰名商标
湖北武汉中院［2005］武知初字第55号	企业字号	商品来源混淆，且造成驰名商标的淡化
江苏苏州中院［2006］苏中民三初字第68号	网络域名	产品来源混淆或产生错误联想，淡化驰名商标显著性
湖北武汉中院［2005］武知初字第31号	企业字号	商品来源混淆，造成驰名商标淡化和商业价值降低
海南海口中院［2005］海中法民三初字第1号	非类似商品	商品来源混淆，误导公众，造成驰名商标淡化
江西抚州中院［2006］抚民三初字第63号	网络域名	公众误认，出处混淆，淡化驰名商标
广西柳州中院［2006］柳市民三初字第6号	网络域名	公众误认，淡化原告商标显著性
湖北宜昌中院［2006］宜中民三初字第6号	网络域名	出处混淆，淡化原告驰名商标的识别功能
湖北武汉中院［2006］武知初字第118号	网络域名	原告享有禁止他人不当使用及淡化该驰名商标美誉度的权利
广东佛山中院［2006］佛中法民三终字5号	网络域名	使商标显著性降低，导致该商标的淡化

此外，在厦门市同安三得兴制衣有限公司诉韩忠一案中，法院虽然没有正面论述淡化理论（而以是混淆理论作为裁判理由），但在评述被告答辩理由时指出："被告韩忠辩称其未销售原告的'黑骑服饰'产品，不可能淡化其商标，也不会导致消费者混淆的理由，与事实不符，本院不予支持。"法院否定了被告不可能淡化的答辩，一定程度上可以理解为法院对于淡化后果的正面认定，因此

也列入本文的研究视野之中。①

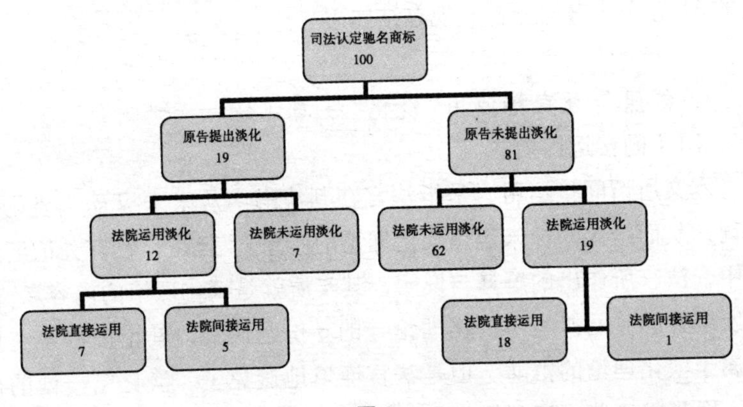

图1

5. 初步的统计

由上图可以发现，无论是否基于原告提出的运用淡化理论诉求，法院运用淡化理论（无论是直接运用还是间接运用）作为论证判决结论的理由之一的案件共有31件，其占所有案件的比例为31%。相应地，前文虽然列举了38份判决书，但由于其中7份判决书否定了淡化理论的运用，因此本文的有关研究基于运用淡化理论的31份判决书展开。

(二)淡化理论运用的基本模式

前文仅仅是对法院判决书是否运用淡化理论进行了初步的观察与统计，但是对于法学研究而言，仅仅得到这样的数据是远远不够的，我们还需要观察，法官们在运用法学理论进行论证时，如何解决在缺乏制度规定时运用法学理论的合法性问题。换言之，法官们运用什么样的论证与引用策略，从而消除被告一方或者上级法院可

① 江西省抚州市中级人民法院［2006］抚民三初字第42号民事判决书。

能作出的“没有事实和法律依据”的否定评价？基于对运用淡化理论的31份判决书的分析，现总结如下。

1. 依照是否直接使用“淡化”一词划分

（1）间接运用模式。

本文所谓间接运用，是指法官在判决书中从来未提及“淡化”一词，从而给人一种未运用淡化理论的印象。但是，在有关论证过程中，法官所作出的解释与说明，其实质就是淡化理论的内容。前文所统计的“间接运用淡化理论”的6份判决书，其论证内容实质上属于淡化理论的范畴，但是法官谨慎地避免了“淡化”一词的出现，而是将这些内容理解为是法律制度本身内容的解释与阐述。

例如，在青岛昌隆文具有限公司诉青岛亘豪商贸有限公司一案中，法院首先将“混淆”延伸解释至“误导公众”，再通过“误导公众”论证驰名商标权人的利益损害。在解释驰名商标人利益损害时，逐步推进至削弱商标与权利人之间唯一、特定联系，造成商标对相关公众吸引力降低的后果。

从一般消费者的注意力角度出发，由于原告商标本身所具有的显著性，又因为复读机与文具产品消费群体的相同性，当相关公众在见到标有原告商标的复读机时，即会对于商品的来源产生混淆，误认为标有原告商标的产品系原告生产或其生产者使用该商标获得了原告许可，或者该生产者与原告存在某种特定联系。这种行为构成了对相关公众的误导。当误导公众行为成立时，原告作为商标权人的利益便可能受到损害。这种可能的损害主要表现为：被控侵权产品上所标明“深圳创格电子有限公司”并不存在，致使消费者无法享受到相应的售后服务，当消费者无法获得相应服务后，便会产生对于原告商标评价降低的后果；即便相关公众事后得知被控侵权产品与原告无任何联系，但是侵权行为也削弱了原告商标与作为生产商的原告之间唯一、特定的联系，从而造成该品牌对相关公众吸引力的降低。[①]

法院在此处所阐述的利益损害后果，已经远离了基于混淆理论的制度解释，实质上正是联想理论或者淡化理论的内涵，但判决书并未出现“淡化”或者“联想”等字样。其他五份判决书的论证模式也基本上按照这一安排而展开。

（2）直接运用模式。

本文所称的直接运用，不仅是指法官在论述中运用了淡化理论的相关内容，而且直接以“淡化”等词概述侵权行为的性质或者后果。这样的判决书共有25份。

2. 依照淡化理论在论证中的作用划分

（1）补充运用模式。

所谓补充运用，是指法官在论证被告的行为构成商标侵权或不正当竞争行为时，首先依据的是法律制度及该制度的理论基础——混淆理论，以奠定该判决的合法性基础；其次才是论证被告的行为及其后果具有淡化驰名商标的性质与危害，以进一步强化其判决的合理性。

这一论证策略的优点在于：即使理论界、上级法院以及被告不认可淡化理论，但由于判决结论主要是建立在混淆理论的基础上，从而使判决仍然是正确、合法的；如果淡化理论被认可与接受，则判决的论证更为充分、合理。在31份判决书中，采用补充适用模式的共有21份，其基本表述逻辑是：被告的行为导致消费者混淆，而且会淡化驰名商标。

例如在福建龙净环保股份有限公司诉泉州市龙净环保技术咨询有限公司一案中，厦门市中级人民法院指出：“（被告将原告的驰名商标注册为企业字号的行为）足以误导公众，使公众对其服务来源产生混淆，或使他人误认为被告与原告存在某种关联，且造成了

① 山东省青岛市中级人民法院［2003］青民三初字第1095号民事判决书。

‘龙净’驰名商标的淡化。被告该行为违反了我国有关法律规定，已构成侵权，给原告的‘龙净’商标造成了损害，应承担相应的法律责任。”①

此处法院首先认定的是被告行为的混淆后果，从而确立其侵权行为的定性。至于造成驰名商标淡化的后果只是属于“而且”即延伸的后果，因而对侵权行为的成立并不具有决定性的影响。洛阳中院在洛玻案中也是采用这样的论证策略：（被告将原告的驰名商标注册为字号并突出使用）会造成相关公众对被告的经营主体以及其生产的产品来源产生混淆，使相关公众误认为被告是由原告参与经营或与原告有着其他的联系。……同时该行为亦使相关公众对原告驰名商标与玻璃产品之间独特联系的认识予以淡化，造成该商标对公众吸引力的降低。②

（2）独立运用模式。

独立运用，是指法官在判定被告行为构成对原告驰名商标的侵权时，虽然援用的是《商标法》及最高人民法院的司法解释，但论证过程中并未依据混淆理论，而是完全依据淡化理论。在31份判决书中，独立运用淡化理论进行论证的共有10份。

在这些判决中，法官的论证策略一般是首先区分了普通商标保护与驰名商标保护的不同理论基础，区别了混淆理论与淡化理论的不同对象，再结合本案进行论证以运用淡化理论分析被告的侵权行为。

例如，佛山市中级人民法院在广东雅洁五金有限公司诉深圳市雅饰达五金塑胶有限公司等一案中，明确指出不适用混淆理论，而适用淡化理论。若“雅洁”、“朗高”为普通商标，对普通商标的侵权以引起商品来源的混淆为原则，……若“雅洁”为驰名商标，对驰名商标的侵权则不以混淆为前提，其可以是对驰名商标的淡

① 福建省厦门市中级人民法院［2005］厦民初字第211号民事判决书。

② 河南省洛阳市中级人民法院［2005］洛经一初字第17号民事判决书。

化、模糊等。……雅饰达公司注册"雅洁"网络实名在互联网上使用的行为会使"雅洁"注册商标的显著性降低，必然导致该商标的淡化。①

洛阳市中级人民法院在上海弘奇食品有限公司诉张战江一案，也指出了本案中被告行为不产生混淆后果，因此只能采用淡化理论来认定侵权。被告在其销售的雨伞上对"永和"商标的商业性使用虽然不至于引起相关公众对该雨伞的来源产生混淆，但会误导公众，使公众产生联想，误认为该雨伞是由原告参与经营或认为该雨伞使用"永和"商标是得到了原告的许可或赞助。同时该行为使公众对"永和"商标与豆浆类食品之间独特、唯一联系的认识予以淡化，造成该商标对公众吸引力的降低。……这不是为了防止任何形式的混淆，而是为了保护原告的合法产权不受侵害。被告对"永和"商标的商业性使用所造成的损害在实质上不同于通常的混淆所造成的损害，即使不存在任何形式的混淆，该商标的潜能也会因为被告的商业性使用而被削弱、淡化。②

山东省淄博市中级人民法院则在山东博泵科技股份有限公司诉淄博市博山区池上煜龙食品加工厂一案中明确提出对驰名商标的保护必须要超越混淆理论。普通商标的基本功能是区别所标示商品或者服务的出处，因此造成出处的混淆或者可能混淆是普通商标侵权的构成要件。……驰名商标的侵权认定就是要保护普通商标所不具备而驰名商标所独具的作用部分，即超出基于混淆或可能混淆出处来保护驰名商标。因此即便相关公众不会混淆，只要未经商标权人许可使用了其标识，有可能误导公众认为使用人与商标权人有某种特定的关系，或认为商标权人对使用人的商品或者服务的质量作担保，这都是搭借商标权人的良好声誉掠夺本属于商标权人的利益的行为，是侵犯驰名商标权的行为；或者使用人的行为会淡化商

① 广东省佛山市中级人民法院［2006］佛中法民三终字第5号民事判决书。
② 河南省洛阳市中级人民法院［2005］洛经一初字第34号民事判决书。

标权人的商标，降低其显著性，模糊该商标与商品或服务间唯一特定的联系，这亦属于对驰名商标的侵权行为。①

而武汉市中级人民法院在武汉烟草（集团）有限公司诉邓九林一案中，则走得更远，干脆直接提出了驰名商标权人的反淡化权利，用于论证被告构成侵权行为。本案中，烟草公司对“黄鹤楼+图形”商标享有的民事权利具有合法性，“黄鹤楼+图形”商品商标作为驰名商标，原告依法享有禁止他人不当使用及淡化该驰名商标美誉度的权利。被告邓九林将原告烟草公司的“黄鹤楼+图形”注册商标注册为其域名并从事推销“老九蒸功夫汤馆系列”产品的行为侵犯了原告烟草公司的注册商标专用权，被告邓九林依法应承担停止侵权及赔偿经济损失的民事责任。②

三、原因分析：裁判为何引入理论？

在裁判文书中加强说理和论证，是提高司法裁判权威性和公信力的必然要求，也是近年来我国司法改革对裁判文书撰写的一个制度性要求。正如有学者指出的：“当代中国法律界已认识到了判决理由的重要性以及传统判决书模式的弊端，并将判决说明理由作为裁判文书改革的一条原则，纳入了《人民法院五年改革纲要》。”③

除此之外，在驰名商标案件的裁判中，法官需要运用淡化理论作为论证判决正当性的理由之一，依笔者分析，尚有下列几种可能的理由。

① 山东省淄博市中级人民法院［2005］淄民三初字第1号民事判决书。

② 湖北省武汉市中级人民人民法院［2006］武知初字第118号民事判决书。

③ 陈林林：《裁判的进路与方法》，中国政法大学出版社2007年版，第7~8页。

（一）法院需要对原告的起诉理由进行评论与判断

正如前文所指出的，在31起案件中，共有19起案件中原告起诉的理由之一是被告淡化了其驰名商标。当原告以淡化理论作为其起诉的理由时，为了能够充分地说理，法院必然需要对原告的理由进行评论与判断，并表明法院的立场与结论：或者支持淡化理论，或者否定淡化理论。这样，法院在判决书中就无法回避对淡化理论的表态，尽管表态方式有直接的，也有间接的。

当原告为国外企业时，这种情况更为突出。例如，在美国伊士曼柯达公司诉苏州科达液压电梯有限公司一案中，原告不仅提出了淡化理论，而且提供了“伊士曼公司诉 D. B. RAKOW 案例（1898年）、1995年美国国会记录摘录、伊士曼照相器材有限公司诉约翰·格里菲思自行车有限公司案例（1898年）、《麦卡锡论商标和不公平竞争》节选”等材料作为证据。而被告则明确提出：“我国不适用判例法，不能将美国的司法理论作为参考，且伊士曼公司举证美国案例中的商标淡化理论在美国使用也是存在很大争议的。”虽然，法院在判决书中并未对淡化理论进行明确的表态，但其论证理由实际上采纳了淡化理论的相关内容，在援引了最高人民法院司法解释、巴黎公约、TRIPs协议的相关规定后，法院指出：结合本案事实及上述法律规范，科达电梯公司使用“KODAK”标识，显然是模仿及标傍于伊士曼公司“KODAK”驰名商标的良好声誉形象，以取得不正当商业利益。从保护驰名商标专有性角度出发，科达电梯公司使用“KODAK”标识必然会产生降低伊士曼公司“KODAK”驰名商标显著性及或然性损害其商誉价值的结果，对伊士曼公司“KODAK”驰名商标专有性及长期商业标识形象利益造成实质性损害。因此，对科达电梯公司未经“KODAK”驰名商标权利人同意而使用“KODAK”商业标识的行为，应判定为侵权。①

因此，是否可以这样预测，或许法学理论研究成果最为直接的消费者与首批读者就是诉讼当事人？ 随着诉讼当事人更多地依赖于职业律师进行诉讼，随着律师队伍越来越关注法学理论，更多的法学理论会越来越频繁并越来越正常地被当事人提交给法官，作为维护本身利益的一种武器，而法官与法院也越来越多地面临着法学理论（甚至是其他领域的理论）的挑战与拷问。当然，随着法官队伍越来越重视调研与从事法学研究，他们也会主动地运用法学理论的武器，不断地将法学理论引入裁判之中，并形成理论与司法裁判的良性互动。

（二）法院需要运用淡化理论论证判决的正当性与合理性

在某些案件中，法院面临着适用法律的困窘与尴尬。一方面，《商标法》第 13 条及最高人民法院的司法解释明确规定了对驰名商标的跨类保护，尽管这些条款都是基于混淆理论而规定的，但是法院需要适用这些条款解决案件；另一方面，依据混淆理论，有些待决案件中的被告实际上不应当被认定构成侵权。

因此，法院既要适用法律条文，又要令当事人（特别是被告）接受依据这些法律条文所作出的判决结论，就必须要解释其判决（实际上也就是解释法律条文）的正当性与合理性。 而作为现行法律制度理论基础的混淆理论显然是无法论证的，只能引入淡化理论予以论证。

例如，在分析华光陶瓷集团有限公司诉无锡华光锅炉股份有限公司一案时，无锡的法官认为：“如果本案运用混淆理论来对原告驰名商标与被告企业名称权的冲突进行分析的话，却很难有准确的

① 江苏苏州市中级人民法院［2005］苏中民三初字第 0213 号民事判决书。

认定，也不会产生令人信服的结论。……如严格按照混淆理论考量，被告的行为将不构成商标侵权。……联想理论可以作为本案分析驰名商标与企业名称权冲突的理论依据。”①北京的法官也有类似的观点：“被告不存在在不相同或类似商品上作为商标使用情节，是不是仍有可能存在构成侵害驰名商标的情形？笔者认为可以借用《商标法》理论中的联想理论加以认识。……如果适用联想或淡化理论，有可能得出相反结论。”②

在那些法院独立适用淡化理论作为论证理由而作出的判决中，更能清楚地传达出法院运用法学理论的迫切需要。例如，在山东博泵科技股份有限公司诉淄博市博山区池上煜龙食品加工厂一案中，被告的答辩理由是其生产的产品是桔梗酱菜，与原告的产品水泵属于不同行业，不会在相关公众中造成混淆，因此不构成商标侵权。被告的这一辩解确实符合常理与传统商标理论（即混淆理论），法院如果简单地适用跨类保护的条文却不作论证，显然是无法说服被告接受侵权结论的。因此，要论证其判决理由，只能运用淡化理论。在本案中，作为普通消费者一般不会认为被告的产品是由生产水泵的原告生产的，但是由于原告商标的知名度高，社会声誉好，显著性强，当地一般公众知悉原告的声誉，被告在广告牌上使用与原告商标近似的标识，其搭便车的故意是明显的，就是想借用原告的良好的声誉，这种使用行为如果不加制止，将会降低原告的商标在公众心目中代表唯一、独特的商标形象，损害原告商标的广告价值，这就会损害原告的利益，淡化原告的商标的显著性。淡化的本质在于即使这种使用行为不会造成混淆，商标的活力也可能因为不当使用而受到损害，最后必然降低商标的广告价值。③

① 林山泉：“联想理论在认定驰名商标与企业名称权冲突中的运用”，载《中华商标》2006 年第 4 期。

② 刘继祥：“涉及驰名商标侵权纠纷的司法审理的几个重要问题探讨”，载《电子知识产权》2007 年第 12 期。

③ 山东省淄博市中级人民法院［2005］淄民三初字第 1 号民事判决书。

国外的商标司法实务中，也同样曾经面临这样的问题："如果严格适用混淆理论，就会出现一些看起来十分离奇的判决，意大利都灵上诉法院1997年在夏奈尔（Chanel）诉Fodermec一案中，虽然毫不犹豫地认定夏奈尔商标在全世界的绝对知名度，但这一认定不但没有导致侵权的认定，反而构成了认定侵权的障碍，因为法院认为，正因为夏奈尔商标如此知名，消费者显然不可能将该商标同其他哪怕十分近似的商标混淆在一起。"①

从另一个角度分析，如果法院不运用淡化理论进行论证，则判决结论与理由论证是否具有充分性与正当性呢？笔者认为是值得怀疑的。在没有直接涉及"淡化"一词的62份判决书中，法院如果不运用淡化理论，其论证或者是基于混淆理论，或者是直接援用条文而基本上不进行论证。例如，在美丽华实业（南京）有限公司诉杨兵一案中被告答辩的理由之一是："（被告）是做体育用品生意的，只在其体育用品溜冰鞋上使用'千百度'商标，与原告在女鞋上使用'千百度'商标两者不相同也不相类似，消费者在选购时把两者联系起来的可能性很小，而主要取决于所选购商品本身，因此并没有侵犯原告的商标专用权。"

法院在认定商品不相类似、原告商标为驰名商标后，虽然也简单地提及了联想，但未运用淡化理论进行阐述："对于驰名商标，即使被告在不相类似的商品或服务上使用，也会造成普通消费者错误的联想或误认，从而使原告商标专用权受到损害，因此，依法对原告驰名商标应给予跨类保护。被告杨兵未经权利人许可，以经营为目的将'千百度'文字用于溜冰鞋和以'千百度商铺'形式经销体育用品，其性质属于复制、摹仿原告注册的驰名商标在不相同或者不相类似商品和服务上作为商标使用，误导公众；对驰名商标的

① 黄晖：《驰名商标和著名商标的法律保护》，法律出版社2001年版，第112～113页。

权利人的利益造成了损害。因此，被告的行为构成商标侵权。”①

在该判决中，法院由于未能具体地阐述淡化理论的内容，既未论证在非类似商品上使用他人的驰名商标如何会造成误认或联想，也未论证这种使用如何令驰名商标所有人的商标专用权受到损害，因此只能简单地将被告行为与法律条文相联系，但在援用法律规范时无法充分地说明被告行为是否“对驰名商标的权利人的利益造成了损害”，使该规范的适用存在一定的瑕疵。

四、危险预测：理论破坏法治

尽管在裁判文书中运用法学理论加以论证，能够更充分地说明判决结论的正当性与合理性，特别是完满地解释了法律规定的可接受性，但这种运用存在一定的危险。

（一）理论能否被接受

当某种理论仅仅停留于理论阶段，而未被法律规定引入时，裁判文书引入法学理论作为论证的一种依据，则存在一个该理论的普遍可接受性危险。因为任何一种理论（特别是在其尚未成为主流理论与通识时），往往存在着与其对立的另一种理论，从而既存在着该理论本身的缺陷与漏洞，也存在着对立理论的一定合理性与一定范围的支持者。当这种对立的理论正好又是现行制度所依据的传统理论时，则新理论的可接受性更成为严重的障碍。这样，基于理论论证的判决，其公信力、权威性与可接受性便存在一定的问题。

在驰名商标保护的理论方面，姑且不论我国学者之间本身就存

① 南京市中级人民法院［2005］宁民三初字第48号民事判决书。

在着各种争议（例如何为淡化理论、我国《商标法》是否引入了淡化理论、我国应否采纳淡化理论等），即使在淡化理论高度发达并被制度化的欧美各国，也存在着争议。例如，“在美国众议院讨论联邦反淡化法时，莫斯金律师在反对证言中指出，传统的混淆理论不仅更便于操作，同时也完全能够应付裕如，斯科特期望建立的救济，由于赞助混淆理论的发展，市场的实际因素已经得到承认，没有必要去建立两个论证都说不清楚的淡化理论，尤其是这一理论正在脱离产品本身，朝着类似版权和专利一样的绝对垄断权发展，这样下去势必赋予商标所有人太大的保护范畴，阻碍正常的商业贸易。”①

（二）是否瓦解法律制度

由于淡化理论并非是现行法律制度的理论基础，裁判中引入这种理论在实践中就有可能衍生出与现行制度并不完全相符的理解与结果，从而有可能改造、歪曲甚至瓦解现行法律制度，于是涉及司法权力的边界问题。

在现行的制度规定中，对驰名商标跨类保护的要件之一是被告的行为“致使该驰名商标注册人的利益可能受到损害的”，然而许多判决书中将被告在非类似商品上使用他人驰名商标的行为，简单地归纳为“淡化驰名商标的显著性”，而不管该驰名商标的驰名度、独创性、被告经营商品的种类，这必然导致所有驰名商标全类别保护的结果。此种结果是否符合《商标法》的本意，确实是值得研究的。

正如当年英国法院在对待淡化理论时所担心的：“如果按照原告对联想的可能的理解，就相当于赋予了商标近乎版权的垄断权利，这一权利与商业贸易无关而只与商标有关，并且没有时间限

① 黄晖：《驰名商标和著名商标的法律保护》，法律出版社 2001 年版，第 151 页。

制，而这将是对传统商标理论的巨大改动，在没有立法部门的明确授权的情况下，不能擅自进行解释。”①普利斯科特具体论证了这一担心的理由：“扩大一方的权利，必然意味着限制另一方行动的自由。一方竭力主张的理论完全可能遭到另一方的坚决反对。因此，必须由立法部门来定夺。立法部门既然不愿将联想理论正式推出，只能说明他们不愿意承担相应的风险。立法部门为什么不明说，保护的条件是混淆的可能或联想的可能呢？”②

在我国，由于商标法律制度特别是驰名商标制度的理论与实践并无太长的历史，人民法院对驰名商标的认定和保护也是近年来才出现的新现象，兼之社会公众对于驰名商标存在一定程度的误解，轻易引入淡化理论，客观上确实存在着司法不统一、认识混乱进而瓦解商标法律制度的潜在危险。

（三）司法还能统一吗

正由于淡化理论并未为我国法律制度所正式引入，也尚未成为一种法律界的主流理论或者通识，不同地区的不同法官在案件审理与裁判的论证中，对于是否引入淡化理论有着不同的态度，而且对于所谓的淡化理论也有着完全不同的理解，从而使同一制度在不同的案件中有着完全不同的理解与解释，客观上导致驰名商标保护在全国范围内难以统一。

在前文的分析中，我们已经指出，对于淡化理论，不同的法官至少有下列几种不同的理解：第一种是赋予驰名商标注册人以“反淡化权”的权利内涵，而这显然是缺乏法律依据的；第二种是将淡化与混淆区别开来，独立将淡化行为作为侵权行为的类别，而这同

---

① 黄晖：《驰名商标和著名商标的法律保护》，法律出版社 2001 年版，第 128 页。

② 转引自黄晖：《驰名商标和著名商标的法律保护》，法律出版社 2001 年版，第 128 页。

样是缺乏法律依据的；第三种是将“淡化”等同于“误导”，而又将“误导”等同于混淆（特别是间接混淆），从而改造了淡化理论，或者说是错误地理解与运用了淡化理论。虽然此种理解符合法律制度的可能内涵，却并非淡化理论的真正内涵，第四种是将淡化理论作为混淆理论的补充。

可以想见，全国各地的法官们对淡化理论有着这么多种的理解与运用方式，固然可以进行有益的探索与研究，然而对于诉讼案件的被告们而言能否形成合理的预期，对于法律制度而言是否有悖法制统一的基本要求？

五、结论：裁判应否引入理论

（一）理论对司法的作用

通过前文的分析，不难发现，作为一种法学理论的商标淡化已经对司法实践产生了重大的影响。姑且不论对理论研究的此种指导作用如何加以评价，至少对于法学界而言这是值得欣慰的，法学研究的成果不仅对于立法产生了巨大的影响与作用，对于司法实践而言也正产生日益显著的影响。从这个角度，理论界也可以部分地回应“理论研究脱离实践”、“理论研究与司法实践两张皮”的指责与批评。

商标淡化理论正是借助于理论界对国外制度与理论的介绍和研究，才在我国商标法制度并无任何“淡化”、“联想”一类规定的情况下，进入司法领域，体现在部分法院的裁判文书中。

商标淡化理论的这种指导作用最为极端和最有说服力的情形就是判决书的表述内容直接来源于学者的研究成果。例如，洛阳市中级人民法院在上海弘奇食品有限公司诉张战江一案中以淡化理论论证时指出：被告对“永和”商标的商业性使用所造成的损害在实质上不同于通常的混淆所造成的损害，即使不存在任何形式的混淆，该商标的潜能也会因为被告的商业性使用而被削弱、淡化。混淆造成的是眼前的损害，而淡化却是一种感染，如果任其扩散，将最终摧毁该商标的广告价值。故被告对“永和”商标的商业性使用已对该商标的利益造成了潜在的、可能的损害，侵犯了原告的“永和”商标专用权，淡化了该驰名商标，应承担停止侵害的民事责任。①

该判决书中加下划线部分的表述，就是直接引自学者们对国外判例和理论的翻译与介绍：“淡化所造成的损害在实质上不同于通常的混淆所造成的损害。即使不存在混淆，商标的潜能也会因为他人的使用而被削弱。这就是淡化的本质。混淆造成眼前的损害，而淡化却是一种感染，如果任其扩散，将最终摧毁商标的广告价值。”②而大量判决书中所使用的“联想”、“淡化显著性”、“降低商业价值”等关键性的用词与内容基本上也是来源于学者们的论述。

当然，理论研究成果对于立法、司法实践的指导与引领作用已经成为共识，本文只是以商标淡化理论为例进一步说明这一共识而已。

（二）法律制度变迁的可能路径

认识与发现法律制度变迁的规律，是法学研究的重要任务。在我国，法律制度变迁的路径可能有多种，但是通过本文的分析，我们是否可以发现或者论证出其中的一条路径？

---

① 河南省洛阳市中级人民法院（2005）洛经一初字第34号民事判决书。

② 李明德：《美国知识产权法》，法律出版社2003年版，第360页。相似的语言表述还可见于黄晖：《驰名商标和著名商标的法律保护》，法律出版社2001年版，第144页；黄晖：《商标法》，法律出版社2004年版，第263页。

笔者以为，通过对我国商标淡化理论及其实证的分析，这一条可能的路径从形式上看就是：制度——问题——理论——裁判实践——司法解释——制度。其含义是：正式制度（当然是也基于一定的理论）确立后，在运行中必然会产生出新问题；理论界敏锐地发现了这些问题并试图提出一种新的理论予以分析和解答，尽管这样的理论在制度现状下显得前卫、不现实、不合法甚至是另类，但是，基于回应现实和解决制度难题的需要，法院在司法裁判中逐渐地抛弃了原有的理论，接受并引入了这些新的理论，并试图用各种方式在法律的安定性与妥当性之间、合法性与合理性之间寻求平衡，用以妥善地解决纠纷、裁判案件；在上述引入新理论的司法裁判具有普遍性，以及制度与现实之间矛盾具有严重性趋势的背景下，最高人民法院运用司法解释、指导性案例等各种方式试图统一与协调全国范围内的司法裁判，并进行各种可能解决方案的探索；当司法裁判经过一定时间的实践并逐渐获得理论界与实务界的普遍认同后，国家通过立法程序修订原有制度，从而实现制度的正式变迁。

美国商标反淡化的实践，基本上遵循着类似的发展演变过程：基于传统理论的制度——制度实践中出现的问题——新理论的提出——部分判例对新理论的接受与引入——部分州先行立法——最高法院司法判例——联邦立法——司法分歧——联邦立法修订。当然，谢科特教授的新理论一方面是基于对现实的分析，另一方面也同时受到相关判例的影响（例如德国法院1925年的Odolp判例在斯科特的论文中起到相应的作用）。① 欧洲的商标反淡化保护的实践及其制度变迁也有着类似的情形。

在我国，现行《商标法》基于混淆理论建立了驰名商标跨类

① 关于美国商标反淡化法的发展历程，可参见李明德：《美国知识产权法》，法律出版社2003年版；邓宏光："美国联邦商标反淡化法的制定与修正"，载《电子知识产权》2007年第2期；等等。

保护的制度，但实践中这一制度存在各种问题，难以完全适应驰名商标保护的需要，因此在理论界所介绍、研究的淡化理论的指导下，部分法院与法官在司法裁判中开始逐渐抛弃混淆理论，以各种不同的方式接受并运用淡化理论裁判驰名商标案件；但是，由于各种理论的争议，实践中适用的不统一以及可能产生的困惑，最高人民法院需要进行相应的统一规定，于是准备出台相关的司法解释，并引入淡化理论。在《有关驰名商标的司法解释》（草稿）中，最高人民法院拟在其第 8 条规定：“下列情形，可以认定为商标法第 13 条第 2 款和本司法解释规定的‘误导公众，致使该驰名商标注册人的利益可能受到损害’：（一）相关公众对商品的来源产生混淆或者误认为两者存在特定联系；（二）贬损驰名商标的声誉或者严重淡化其显著性的。”[①]由于现行法律制度尚未引入淡化理论，因此只能将淡化理论与混淆理论一起置于现行法律条文的理解之中。可以预见，如果这一司法解释正式出台，必将指导全国法院全面运用淡化理论解决驰名商标跨类保护案件，并推动全社会接纳淡化理论。当这些条件成熟后，《商标法》的再次修订必将正式引入淡化理论，将司法解释的内容上升为正式的法律规定，最后实现了驰名商标反淡化制度的正式确立。

当然，我们遗憾地发现，最高人民法院《关于驰名商标的司法解释》尚未出台，2006 年 4 月的《商标法修改草稿》也尚无引入淡化理论的任何迹象，仍然沿用了现行《商标法》的条文。或许，制度变迁的进程尚在继续之中，而淡化理论尚未成为社会各界（包括理论界与司法界）的共识正是其中的重要原因之一。

---

① 引自北京市第一中级人民法院知识产权庭课题组：“驰名商标司法保护中存在的问题及解决对策”，载《中华商标》2007 年第 11 期。

（三）裁判文书以法学理论为论证理由之评价

尽管司法裁判中引入新的法学理论，可能会存在一定的危险，也会造成一定的不良后果，但是，笔者认为，对于法院的这种努力，还是应当予以充分肯定的。第一，引入理论作为判决论证的理由之一，可以更充分地论证判决结论的正当性与合理性，使判决书更具说理的成份。第二，一种更具有合理性、前瞻性、适应社会变迁的理论，需要影响、体现并指导法律制度及其实践，并推动制度的变迁与完善。当然这是一种渐进的过程，在这一过程中司法裁判起着承前启后的作用。尽管有可能导致一定时期内司法的不统一，但这也正是社会发展过程所不可避免的沉痛与代价。

当然，我们应当尽可能减轻甚至避免这种沉痛与代价，这就需要使理论的引入符合一定的条件，即第一，尽可能正确把握理论的含义，避免对理论作似是而非的理解。在各地法院对淡化理论的运用过程中，有些法官实际上是将混淆理论表述为淡化理论，因而并非真正意义上运用淡化理论。第二，理论的运用，应当尽可能依附于现行制度规范，充分利于制度所提供的可能解释空间。

检讨与反思

……

著作财产权重构

张玉敏[*]　陈加胜[**]

摘　要　传统的著作权立法、理论和实务确立了以复制权为基础的著作财产权体系。这个财产权体系自身已遭遇困境并引发了理论、实务等方面的难题。本文尝试从著作权人财产利益的实现方式入手，论证"向公众传播权"作为著作财产权基础权利的合理性，并否定复制权在著作权中的基础地位。在此基础上，从著作权市场交易中的需求方——传播者的市场需要出发，重新设计各个权利项，界定各自控制范围，从而构建新的能适应当前市场需要的著作财产权体系。

关键词　著作财产权重构　向公众传播权　著作权市场交易

著作权的内容是整个著作权法律制度的核心。在市场经济条件下，著作财产权体系无疑是整个著作权法律制度核心中的核心。

---

* 张玉敏，西南政法大学教授，博士生导师，西南知识产权研究中心主任。本文为国家社科基金重大招标项目"科学发展观统领下的知识产权战略实施研究"（批准号：07 & ZD006）的中期成果。

** 陈加胜，西南政法大学民商法学院2007级硕士研究生。

如果著作财产权体系存在问题，那么想完善其他著作权法律制度是很困难的。而目前通行各国的以复制权为基础的著作财产权体系已经受到质疑。国内有学者指出："面对数字技术带来的困境，建立在复制权基础上的传统版权法已是力不从心，必须加以重构。"[①]美国"知识产权与新兴信息基础设施委员会"在《数字千年版权法》颁布实施以后的一份报告中提出如下问题："考虑到控制复制仅仅是一种手段而非目的，我们能否找到其他不管是在数字环境还是在模拟环境下都更能促成版权保护目的实现的控制手段？"[②]

关于如何重构著作财产权体系，易健雄博士在《版权的未来》一文中介绍了四种模式[③]："激励机制"（incentive-based）模式；"商业利用权"（right of commercial exploitation）模式；"接触控制权"（right to control access or access right）模式；"传播权或利用权"（right to disseminate or exploit）模式。何鹏博士则在《知识产权传播权论——寻找权利束的束点》一文中论证了"传播权"作为包括著作权在内的知识产权的基础权利的可行性。[④]这些研究成果都给我们思考著作财产权体系的变革以有益的启示。本文尝试从权利设计的目的——维护应受保护的利益出发，寻找一个能够涵盖各种作品财产利益实现方式的基础权利，并在此前提下以促进著作权交易的顺畅进行为目标来设计各项著作财产权，对著作财产权体系进行重新构建。

---

① 彭学龙"版权法的现实困境与未来展望"，载《武汉理工大学学报》2006年第2期，第234页。

② Committee on IPRs and the Emerging Information Infrastructure, *The Digital Dilemma*, Washington: the National Academy Press. 2000. 转引自彭学龙："版权法的现实困境与未来展望"，载《武汉理工大学学报》2006年第2期，第235页。

③ 易建雄："版权的未来"，载《电子知识产权》2009年第1期，第16~17页。

④ 何鹏："知识产权传播权论——寻找权利束的束点"，载《知识产权》2009年第1期，第23~25页。

一、我国《著作权法》著作财产权体系存在的问题

在《著作权法》中，著作财产权并非单一的权利项，而是由若干权利项组成的著作财产权体系。根据《著作权法》第10条，著作权人享有的财产权利包括复制权、发行权、出租权、展览权、表演权、放映权、广播权、信息网络传播权、摄制权、改编权、翻译权、汇编权以及应当由著作权人享有的其他权利，共12个明确权利项和1个“兜底性”权利项。此外，根据《著作权法》第46条，著作权人还享有注释权。因此，我国著作财产权包括并列的13项权利，复制权是其中一项。从立法的形式上看，复制权放在财产权的首位，最多可以被视为“最重要”或“最核心”的权利。但制度似乎不仅仅是由立法文本来确立的，理论和实务中则将复制权当做著作财产权甚至整个著作权的基础，将复制权视为几乎能覆盖其他全部财产权的权利。有研究者在谈到复制权的时候指出：“……属于复制权范围的还有出租权和展览权……。”①这实际上确立了以复制权为基础的包括复制权、演绎权、传播权三大类共13项权利的财产权体系。② 这个制度体系自身已经遭遇困境，且作为著作权制度的核心，又引发了理论、实务、普法等方面的诸多难题。

（一）制度和理论方面

立法体例问题。如果立法者认为复制权是其他各项权利的基础，应当将复制权规定在一般性条款中凌驾于其他权利之上，怎么

---

① 张今：《版权法中私人复制问题研究》，中国政法大学出版社2009年版，第44页。

② 张玉敏：《知识产权法》，法律出版社2005年版，第103页。

能和其他权利项“并排而坐”呢？

如何对待在线欣赏（临时复制）和下载（永久保存）？将这些行为纳入复制权的控制范围，不但不近情理，也难以执行[①]，不纳入，逻辑上此行为确实属于复制，现实中又有版权人的不断呼喊——两难。目前世界上大部分国家已经认同未经许可“下载”或“在线欣赏”侵犯了复制权，但是这种侵权行为的追究是否延及个人用户，许多国家还没有明确。[②]如果这个说法属实，至少非个人用户的“下载”和“在线欣赏”是要受到侵权追究的。网站传播作品要向著作权人付费，非个人用户下载或临时复制又要向著作权人付费，权利人岂不是就一次作品传播获得双重收益吗？这显然不合理。如果把非个人用户的下载和暂时复制纳入合理使用，又好像与合理使用的要件不合。似乎怎么走都是死胡同。这时我们就该回头看看：是不是复制权本身有问题？

演绎权上的问题。首先是多重许可制度，按照法律，发行演绎作品要经历双重三次许可：演绎人获得演绎权的许可；传播人获得演绎人发行权许可，获得原作品发行权许可。交易是讲成本的，要求著作权交易严格按照这个模式运作，怎么可行？其次是侵权演绎作品的地位。理论界历来在这个问题上争论不休。[③]保护有理，不保护也并非无根据。问题根源还是在演绎权自身上，此问题留待后文讨论，此处暂略。

覆盖不全问题。仅举一例，在互联网上做“直播”，既不能落入信息网络传播权的控制范围，又不能被广播权覆盖，只好考虑

---

① 张今：《版权法中私人复制问题研究》，中国政法大学出版社 2009 年版，第 69 页。

② 均光：“‘向公众传播权’研讨会引发的思考”，载《电子知识产权》2004 年第 3 期，第 5 页。

③ 吴晓萍：“与演绎作品有关的侵犯著作权行为”，载《著作权》1999 年第 4 期，第 32 页；马秀荣：“非法演绎作品之著作权辩”，见郑成思：《知识产权文丛（第 6 卷）》，中国政法大学出版社 2001 年版，第 341 页。

“应当由著作权人享有的其他权利”，这可不是长久之计。

（二）审判实务方面

复制权的存在及其“万能武器”的特点，会导致司法适用上的不统一。不管是侵犯哪一项权利，都可以同时将侵犯复制权捎带上（也可以不带上），甚至干脆就用侵犯复制权来解决问题，这个判断起来比较省事。以中国音乐著作权协会（以下简称音著协）诉西安长安影视制作有限责任公司、广州俏佳人文化传播有限公司、贵州东方音像出版社、北京图书大厦有限责任公司侵犯著作权纠纷案为例，长安影视公司因未经音著协许可在《激情燃烧的岁月》一剧中使用了其管理的歌曲，被诉至法院。一审法院认定，《激情燃烧的岁月》剧中以演唱方式使用音乐作品侵犯了音著协管理的“表演权”。被告不服该判决提出上诉，声称：“音著协有权管理的权利仅限于作品的公开表演权、广播权、录制发行权，而长安影视公司是以摄制电影、电视的方式使用音乐作品的，且《激情燃烧的岁月》剧中以演唱的方式使用音乐作品不应视为公开表演，故长安影视公司未侵犯音著协管理的权利。”二审法院认为该上诉理由不能成立，并在判决中指出：“影视剧中以演唱方式使用音乐作品虽然不被视为公开表演，但长安影视公司将该音乐作品制作并固定在载体上的行为构成复制。”[①]很明显，该案例中的行为侵犯的是摄制权，如果法院引用摄制权作出侵权判决，也不会引起争议。

（三）交易实务方面

著作权转让问题。著作财产权可以分项转让，复制权可以单项转让吗？按照立法表述当然可以。那么如果转让，受让人是否得到了复制权可以覆盖的其他权利呢？更大的问题在公示上。建立

① 北京市高级人民法院［2004］高民终字第627号。

著作权变动公示制度，是迟早的事，市场已发出强烈要求，理论上的论证已经非常充分。[①] 一旦建立公示制度，一项复制权转让公示，在受让人和社会公众看来，受让人是否取得发行权？ 如果答案是否定的，复制权这个最核心的财产权利就会沦落为市场上无人问津的东西，“买了也白买”，想发行还得购买发行权。 还有转让的价格问题，转让就得有价格，复制权如何评估其价格？ 一项和其他权利纠结在一起的权利如何公示、评估？ 自然给著作权转让带来莫大障碍。 转让问题还表现在作品直接发行和表演后发行上。 以适合表演的音乐作品为例，将乐谱直接印刷后发行和将音乐表演后录制在磁带上发行，都受发行权的控制。 某杂志社想获得发行乐谱的权利，某音像制品公司想获得发行磁带的权利，但都得“购买”同一项权利——发行权，目的是达到了，但“捆绑”了自己不想要的东西。 这意味着转让受到了阻碍。

（四）普法方面

将复制权作为基础权利增加了普法难度。 “知识产权”这个词的知名度比“物权”的知名度还要高，但是人们对知识产权的认知程度并不高，提高知识产权法的普法效果有重要的现实意义。 普及《著作权法》不是让公众研究《著作权法》，所以要尽可能的简明，最好的办法是只向公众介绍一项作为基础性的权利。 但被视为基础权利的复制权却难以当此重任。 我国《著作权法》列举了12项财产权利，4项精神权利，如果把这16项权利如一团乱麻堆到普通公众面前，谁又有兴趣和精力去把它理清楚呢？ 很多时候，人们不愿意为利用作品的行为付酬并不是出于利益的计较而是出于认知

---

① 张玉敏：“建立著作权转让登记制度，促进版权产业发展——从《老鼠爱大米》的著作权纠纷说起”，载《中国版权》，2006年第1期；黄玉烨、罗施福：“论我国著作权转让登记公示制度的构建——从著作权的‘一女多嫁’谈起”，载《法律科学》西北政法大学学报，2005年第5期。

上的不能理解。例如，当音著协开始向播放背景音乐的经营场所收取音乐作品使用许可费时，不少经营者表现出了强烈的抵触情绪。他们表示无法理解为什么播放合法购买的正版唱片还需要另外支付费用。① 复制权能帮助经营者理解音著协的收费吗？这些经营者根本没有实施复制行为。另外，部分权利项用语“词不达意”，与人们日常生活经验差距太大。法律概念不可避免地存在一定的专业性，但如果完全脱离了人们的生活经验，必将导致相应制度难以良性运行。最为明显的就是表演权。表演权居然能控制一种生活中被称为播放（或放映）的行为——被法律“定制”为“机械表演”，而放映权却管不了这种“放映”行为！这不仅给普法增加难度，甚至给专门学法者都惹来麻烦。这个问题难道真的就不能解决？

将复制权作为基础权利还会诱发公众逆反心理。互联网络大有可能成为占统治地位的作品传播途径，而在互联网环境下，复制无处不在。复制权将一切复制行为纳入控制范围，不管是不是这种行为在影响其利益，因此，即使《著作权法》不增加任何权利项目，人们也会惊呼著作权扩张了。这必然会诱发公众对著作权的逆反心理。一项不被公众从内心接受的权利是难以实现的。

对于我国著作财产权体系在上述各方面面临的困境和难题，根本的出路是重构著作财产权体系。

二、著作财产权的基础

美国知名学者李特曼教授从分析复制及复制权入手，考虑了著作权制度的重构问题。李特曼认为，除了历史原因以外，复制权不

① 王迁：《知识产权法教程》，中国人民大学出版社2007年版，第1页。

具备作为版权基础的其他正当性理由。在数字时代，不经许可的复制已难以被发现，也难以被计量。版权人利用自己作品的机会并不总是与复制件的数量相联系，发现、计量复制件对于确定版权被侵害也不是很有效的手段了。而且，在数字时代，复制成为人们接触、阅读作品在技术上不可或缺的附带过程，复制也不能再作为判断侵权的妥当方式了。历史的变迁使复制丧失了使其作为版权基础的唯一理由。在新技术时代，必须为版权制度寻找新的基础。①本文尝试从权利设计的目的——维护应受保护的利益出发，来寻找著作财产权的基础。

（一）“向公众传播权”基础地位之确立

法律借助于权利义务机制，通过规范行为来调整利益关系。权利设计的目的是保护人们在承载了其利益需求的事物上的利益，手段是权利义务机制。《著作权法》通过对权利义务的设计，明确著作权人可以控制他人利用作品的行为。所有他人利用作品的行为都需要控制吗？非也。既然著作财产权的目的在于保护著作权人的财产利益，那么，只有影响著作权人财产利益的利用作品的行为才可能被纳入著作财产权的考虑范围，那些根本不会损害著作权人财产利益的行为应当排除在外，哪怕这种行为利用了作品。

让我们来看一下作品上的财产利益是如何实现的。作者将作品创作出来并不会当然产生财产利益。作者要想获得财产利益，必须让他人接触到（感受到）其作品。唯有此时，受众才愿意支付费用。如果没有任何人接触到作品，作品就不会产生财产利益，只有向他人提供作品才可能实现作品之上的财产利益。受众愿意支付对价，是因为对方向其提供作品，而不管对方是不是作者。那么，损害作者财产利益的行为就是未经其许可向他人提供作品，从而获

① 易健雄：“版权的未来”，载《电子知识产权》2009年第1期，第17页。

得本应属于作者的利益的行为。因此应该将不属于提供作品的行为排除在著作财产权控制范围之外。复制、摄制、改编、翻译、注释作品并没有向他人提供作品，这些行为本身并不会损害作者的财产利益，应当排除在作者的控制范围之外。复制、演绎行为确实“利用”了作品，行为人可能获得了某种好处，但不能仅仅因为他人获得好处就要加以控制。在一家很红火的超市旁边开一快餐店，快餐店因利用超市的人气而获得好处，但如果超市因此而要求快餐店向其付费就太霸道了。细想一下，快餐店不但没有损害超市的利益反而便利了超市。同样的道理，摄制、改编、翻译、注释这些行为不仅不损害作者财产利益，反而可能为作者带来更多的收益。

我国著作财产权控制的属于向他人提供作品的行为有：发行、出租、展览、公开表演、放映、广播、信息网络传播。这些列举并没有涵盖所有类型的提供作品行为，比如免费出借行为。什么概念能够准确又简洁地概括“向他人提供作品的行为”？唯有“传播”。《现代汉语词典》对“传播”的解释是：“广泛散布：传播花粉，传播消息，传播先进经验。”[①]也就是说，“传播”的核心内容是向行为者之外的主体提供某种事物，这个事物可以是具体物，如花粉，也可以是抽象物，如消息。所以将“向他人提供作品的行为”称为“传播”作品，完全符合“传播”一词的日常用法，不需要进行任何特别的“定制”。

综上所述，只有传播作品的行为才可能对作者财产利益造成损害。通过这个结论，就可以合乎逻辑地把不构成传播的行为排除在著作权人控制的行为之外。

有些作品传播行为对作者利益影响甚微且难以发现，比如私人出借、非公开表演，就应该排除在控制范围之外。因为此类行为缺乏控制的必要性和可行性。用什么标准把这种对作者利益影响甚

① 中国社会科学院语言研究所词典编辑室：《现代汉语词典》，商务印书馆2007年版，第20页。

微且难以控制的行为排除呢？ 答案是该传播行为的受众必须是公众。 作者的财产利益源于受众支付的对价，所以受众范围的大小直接决定了作者财产利益受影响的程度。 如果某传播行为并非面向公众，一方面对作者利益影响微小，另一方面也难以控制，自当排除。

所以，向公众传播的行为就是著作财产权应当控制的行为，是著作财产权只能控制而且应当全部控制的范围。顺理成章的结论是，我们应该以“向公众传播权”为基础来构建著作财产权。

本文的“向公众传播权”和《世界知识产权组织版权条约》（以下简称《版权条约》）中“向公众传播的权利”在内涵和外延上都是不同的。《版权条约》第 8 条规定了作者享有“向公众传播的权利”，其目的是为了将通过互联网传输作品的行为纳入著作权控制范围。 但是《版权条约》并没有直接规定一项和互联网络传输行为对应的权利，而是采用了一种所谓的“伞形解决方案”①，即规定了一个控制范围更宽的权利——“向公众传播的权利”来将互联网传输行为纳入控制范围。 按照第 8 条的规定，“向公众传播的权利”控制的行为是“将作品以有线或无线方式向公众传播”。“有线或无线方式”可以涵盖广播网、电视网、电话网以及互联网，所以这一权利控制的是通过各种类型网络传输作品的行为，范围显然比本文所使用的“向公众传播权”要窄。本文的“向公众传播权”对应所有向公众提供作品的行为，基本符合大众的用语习惯，做到“望文知义”。 而将这个词对应各种网络传输作品的行为，则需要费口舌解释一番。 我们认为将“Right of Communication to the Public”中的“communication”翻译为“传输”，进而将其整体译为“向公众传输的权利”会更为贴切，“传输”一词更容易与“网络”联系起来，便于中文读者理解。

“向公众传播权”不仅可以作为著作财产权的基础，还可以作

① 王迁：《知识产权法教程》，中国人民大学出版社 2007 年版，第 162 页。

为作者精神权的基础。发表本身就是一种传播行为，因此“向公众传播权”可涵盖发表权；如果不实施向公众传播行为，无论他人怎样署名和修改，都于著作权人的精神利益毫发无伤；至于保护作品完整权，其理一也，不再赘述。[①] 一言以蔽之，各项精神权利只有在作品传播过程中才可能被侵害。因此，不仅是著作财产权体系，整个著作权权利体系都可以在“向公众传播权”的基础上构建起来。

(二)复制权基础地位之否定

1. 复制的内涵与外延

作品本质上是形式，是抽象物，无法直接操作，人们针对作品的各种行为，都是通过对作品载体的操作来完成的。作品从诞生的那一刻起，必须依附于某种载体之上。作品的载体是我们认识作品、认识著作权的一个逻辑起点，必须对其进行精准定位和细致分析。

以载体的功能为标准，可以将载体分为固定载体、展示载体、传输载体。载体的功能有三种：展示、固定、传输。展示功能就是将作品表现出来，诉诸受众视觉或听觉，受众可直接体验作品内容。固定功能就是将作品记载下来以便于重复展示。传输功能就是利用载体物自身运动将作品传至他处。相应的，载体就可以分为固定载体、展示载体、传输载体，有的载体既具有固定功能又具有展示功能。人们通过歌手的演唱欣赏一首歌曲时，歌手的演唱是展示载体，但演唱结束，载体就没有了，要想重复体验，必须再次演唱。怎样实现一次制作，重复体验呢？可以将该演唱录制到磁带上，磁粉状态就起到了将该歌曲固定下来以便重复体验的功能，是

---

① 何鹏：“知识产权传播权论——寻找权利束的束点”，载《知识产权》2009 年第 1 期，第 24 页。

固定载体。以后可以通过磁带播放机进行重复播放，此时，人们通过音箱膜的振动体验到作品，音箱膜的震动是展示载体。如何让远在他地的人也能体验这首歌曲呢？可以将磁带运送过去，一个更为快捷的办法是：通过磁电转化，将磁信号转变为电磁波信号，然后通过电视塔发射出去，这里的电磁波信号就是传输载体。接收端可以用电视机直接将该传输载体转换为展示载体，供人们直接体验，也可以先转变为固定载体。

按照载体本身能否被人们直接感知，可将载体分为无形载体、有形载体。抽象物属于主观领域，无所谓有形无形。具体物则有有形无形之分。无形物，就是在通常情况下，人们需要借助某种设备、通过某种方法才能感受到其存在的物，比如电、磁。反之则是有形物。相应的，作品的载体可以分为无形载体、有形载体。固定载体都是有形载体；传输载体都是无形载体；展示载体是有形的，否则无法通过其直接体验作品。

按照载体能否直接用来体验作品，可将载体分为人读载体、机读载体。机读载体需要借助特定装置转换为人读载体，人们才能识别其所承载的作品。展示载体都是人读载体，传输载体都是机读载体，固定载体有的属于人读载体，有的属于机读载体。

复制的概念。不管如何定义复制，有一点是必须坚持的：具体物皆不可复制，能够复制的是抽象物。任何一个具体物，相对于其他具体物，都是“另一个”，既然是“另一个”，怎么能是复制呢？正所谓“世界上没有两片相同的树叶”。而抽象物却能做到载体可以有多个，而其自身却保持着“一”的状态。作品是抽象物，是可以复制的，对于一个作品，无论怎么复制，作品只有一个。变多的是作品的载体，而不是作品。

我们从范围最大的复制概念出发来确定选用何种复制概念。

范围最大的复制概念：复制就是再现作品的行为，即作品的载体在量上由少到多或者表述为将作品的载体由一份制作成多份。不管是何种载体，只要是将载体由一份制作成多份，就是复制。这是外延最广的复制概念。根据这个概念，放映、表演、广播作品，都属于复制行为。放映行为是将作品的机读载体转换为展示载体，表演行为以演员的肢体活动作为展示载体，广播行为提供的是传输载体。这种复制定义不仅范围广泛而且包含有面向他人之意——再现，当然是向他人再现。这样理解复制，就和传播的概念一样，都是再现作品。如果将这种复制解释为著作财产权的基础，逻辑上还是可行的，因为这种范围的复制概念涵盖了所有影响权利人经济利益的行为。但这个范围的复制概念难以被广泛接受，广泛接受的复制概念范围要窄。可以将这个大范围复制概念所涵盖的行为分为三类：

（1）在原载体的基础上产生展示载体，例如放映、表演；

（2）在原载体的基础上产生传输载体，例如广播；

（3）在原载体的基础上产生固定载体，例如将表演录制下来、将电视节目录制下来、将书本进行复印等。

广泛接受的复制概念应该仅仅涵盖第三类行为——以作品原载体为基础制作新的固定载体，而不包括前两类行为。[①] 我国现行《著作权法》中的复制就是这种复制。虽然其在表述上提到“将作品制作一份或多份”，貌似范围最广的复制，但是其明确列举了“印刷、复印、拓印、录音、录像、翻录、翻拍”，这些都属于第三类行为——产生固定载体的行为，却没有列举放映、表演、广播等属于前两类的行为，这实际表明我国《著作权法》中的复制只涵盖产生固定载体的行为。这种复制概念并不包含面向他人之意，就是一种自我行为，只要以作品原载体为基础制作了新的固定载体，不管是否提供给他人，都是复制行为。后文中的“复制”，如未作特别说明，皆指这种复制。

---

① 张玉敏：《知识产权法》，法律出版社2005年版，第103页；王迁：《知识产权法教程》，中国人民大学出版社2007年版，第119页；张今：《版权法中私人复制问题研究》，中国政法大学出版社2009年版，第32页。

2. 复制权自身正当性的消退

如前所述，复制行为本身并没有损害作者财产利益，但是却出现了控制这种行为的复制权，且从版权产生之初便产生，其正当性从何而来呢？ 来自两个历史条件：

首先，当时的传播方式极少且发行占统治地位。 发行的一个重要特点就是发行之前必须复制，且发行量依赖于复制量。 虽然影响作者利益的是发行行为，但是，复制是发行的前置环节，控制了复制就控制了发行，控制了发行就几乎等于控制了所有当时能影响作者利益的行为。 控制复制比控制发行能更为简单有效地保护权利人的利益。 这使得复制权有了存在的必要性。

其次，当时复制技术落后，实施复杂且昂贵，只有发行商才可能进行复制。 这就意味着复制行为之后肯定是发行行为——损害作者利益的行为，控制复制不会冤枉无辜。 如果除了复制之后发行这种现象外，还存在大量的复制之后却根本不向公众传播的现象，那么适用复制权就会将不影响作者财产利益的行为纳入控制范围。 而当时的技术条件下几乎不存在复制之后不传播的情况，复制权有了存在的可行性。

“历史”当然是要过去的，复制权正当性所依赖的两个历史条件现在已经消退。 首先，当前的传播方式向多样发展，发行的地位日趋下降。 那些挤占发行地位的传播方式，不以复制为前提或不依赖复制，控制复制在这里就不再简单有效了。 广播的兴起，展览、出租地位的提高，使作品利用出现了一番新的景象，不依赖复制，也可以传播作品，从而实现作品利益。 其次，复制技术日益先进，复制既简单又便宜，这使得人人都可以进行复制，从而出现了大量不以传播为后续行为的复制。 比如，为了备份，将作品从电脑硬盘的一个分区复制到另一个分区，或者从硬盘复制到光盘；为了方便使用，将作品从台式机复制到自己的笔记本电脑上，从笔记本复制到 MP3 播放器上。 这种不以传播为目的复制简直成了家常便饭。

这种情况下复制权的适用就会"滥杀无辜"。复制权已失去存在的正当性，不应再作为著作财产权的权利项。当然，从权利项目中删除复制权并不意味者著作权法对复制行为拒之门外，无视复制行为和传播行为之间的联系。

3. 复制权基础地位的否定

已经失去正当性的复制权本当退出历史舞台，但其不但没有从著作权法律制度中消失，反而被当做著作权的基础权利。这是为什么呢？

版权产生之初的复制权，本意是通过控制复制来控制出版（发行）行为，出版行为才是实现作品财产利益的行为。此时的复制就是出版（发行）之前的复制行为，即以发行为目的的复制。但是当时的立法上并没有表明复制仅仅指发行之前的复制，因为不以发行为后续的复制极其少见。此时制度上根本就没有发行权，因为控制复制和控制发行在功能上完全一致。我们可以这样理解，版权产生之初的复制权就是现在我们理解的发行权，在这个意义上，二者没有必要都规定。正是因为如此，许多国家的版权法中并没有单独规定发行权。《法国著作权法》是最为典型的，《日本著作权法》亦是如此。《伯尔尼公约》没有提到发行权，仅在涉及电影作品时提到发行和投入流通的权利。世界贸易组织TRIPs协议也没有规定版权人的发行权。

在《著作权法》规定发行权之后，复制权本应退出，但实际却并非如此。随着技术发展，出现了发行之外的新的作品传播方式。这些传播方式同样实现了作品之上的财产利益，版权人当然想控制这些新的传播行为。如何实现呢？在《著作权法》增加新的权利项目之前，版权人发现借助于已有的复制权，就可以达到控制目的。一方面立法上并没有表明当时的复制仅指发行之前的复制，另一方面，这些新的传播方式，如展览、出租、广播等，在实施过程中都会或多或少出现复制行为，例如，不制作复制品就不能出租。

于是，复制权成了版权人手中的万能武器，不再仅仅控制发行之前的复制行为，而是指向一切复制行为，本意在于控制发行的复制权演变成控制一切传播行为的复制权。但是，借助复制权控制发行之外的传播行为毕竟不是完美的，理由非常牵强。否则后来的《著作权法》上就不会出现新的权利项目。“不制作复制品就不能出租”，这个理由就经不起推敲。出租者购买一份复制品就可以出租，而这里的复制行为是谁实施的呢？是前面的发行者实施的，出租者根本没有实施复制行为，怎么能向他主张复制权呢？实际上，虽然发行之外的传播方式在实施过程中也会或多或少出现复制行为，但复制在这些传播方式中的地位与复制在发行中的地位有天壤之别。

在《著作权法》针对新的传播行为增加相应权利项之后，版权人就可以直接运用相应的权利来实现控制目的。此时复制权这个万能武器总应该“功成身退”了吧？但它还是被保留下来了。对于版权人来说，一方面多一项权利毫无害处，另一方面还可以应对未来出现的新的传播方式。版权立法是一个利益斗争过程，在这个过程中，代表版权人利益的一方始终处于强势地位①，他们怎会轻易放弃作为万能武器的复制权？于是复制权的基础地位得以形成：制度方面，复制权形式上一般作为一个权利项和其他控制传播行为的权利并列在一起，内容上则控制一切复制行为而不限于发行前的复制。理论上、实务上被视为著作权的基础权利。这个基础地位的形成源于历史条件的限制、法律的滞后性以及立法中博弈双方力量的不均衡，而不是因为复制权能解释或涵盖其他权利。复制权基础地位形成之后之所以能够屹立不倒，还有一个重要原因：合理使用制度的补救。复制权控制的复制本来不影响权利人利益，但如果控制的是为传播而进行的复制，这种提前介入的控制还能被接受。当面对不应控制的非传播目的的复制时，在不否定复制权的前提下

① 易健雄：《技术发展与版权扩张》，法律出版社2009年版，第142页。

只能求助于合理使用制度，合理使用制度使本来失去正当性的复制权得以继续运作。但这种解决办法已经遭到研究者的质疑——“著作权的首要权能是复制权，但为何日常生活中诸多未经权利人许可的复制行为却不属于侵犯著作权？何以需要专门设计一个‘合理使用’制度以解决该问题，为何不直接在界定著作权权能的时候就将这些复制行为排除在外？”①

既然复制权自身都失去了存在的正当性，其所谓的“基础地位”也就不攻自破。接下来便可进行“重建”工作，以“向公众传播权”为基础构建新的著作财产权体系。

三、以“向公众传播权”为基础重构著作财产权

构建新的著作财产权体系，可供选择的权利项关系模式有三种：总括式的单项权利，即只列一项权利——“向公众传播权”，用该权利来控制全部向公众传播行为；分列式的多项权利，即设计多项权利，每项权利各自控制部分向公众传播行为，对目前已知的传播行为，应当完全列举，长期来看，是不完全列举；总括式权利加分列式权利，“向公众传播权”与分列的权利项目都纳入制度设计。基于众所周知的理由，第三种模式显然具有比较优势，我们将按此种模式构建著作财产权体系。

（一）传播行为分类

列举“向公众传播权”的具体权利项的目的是促成著作权交易的顺畅进行，因此具体权利项分列的标准是传播者的市场需求，即

---

① 何鹏：“知识产权传播权论——寻找权利束的束点”，载《知识产权》2009年第1期，第17页。

该权利所控制的行为在传播者（市场主体）的眼中是一种独立的传播方式——该行为具有市场独立性。只有这样，相应的权利才能正好符合传播者的需求。简而言之，检验某个权利项是否应当存在的标准是相应的传播行为是否满足市场独立性。将“向公众传播权”分列为若干权利项的过程就是按照上述标准将传播行为分为若干类别，然后参照传播行为分类分别设计出相应的权利。

对于传播行为，可以不同的标准进行多种分类。我们需要什么样的分类取决于我们分类的目的——设计权利项。所以，为著作财产权分列而进行的传播行为分类，分类结果必须满足市场独立性。如果某种分类只有技术独立性而没有市场独立性，就不应当作为著作财产权权利项设计的参照，比如，通过互联网传输作品的行为从技术上可以分为点播和直播，但是这并不应当作为财产权设计的参照，因为在市场上，网站根据情况面向相同的网络用户，针对同一个市场可能提供点播服务也可能实施直播服务。将这两种行为分别纳入两种权利的控制范围，明显不利于著作权市场交易。如果依照某种技术标准，分类结果具有市场独立性，也是可以的，即技术只有在影响到传播方式的市场独立性的时候，才被考虑到。下面我们从传播者的角度出发，以市场独立性为标准，对传播行为进行分类。

1. 直接传播、演绎后传播、表演后传播

从技术角度讲，直接传播作品与传播演绎后的作品、表演后的作品并没有任何区别。但是，从传播者的需求出发，必须进行以下两个区分：

（1）作品的直接传播和表演后的传播。在目前的财产权体系下，并没有区分作品的直接传播和表演后的传播，例如，对于音乐作品，传播者直接将乐谱印刷发行和将表演后的音乐录制后发行录制品，都在一个发行权的控制范围之内。而在传播者的眼中，这是两种完全不同的传播行为，一个传播者往往只进行其中一种行为。

为了满足传播者的市场需求，应当将这两种行为区分开来，设计两种权利，分别控制。

（2）作品的直接传播和演绎后的传播。以“向公众传播权”为标准，演绎权应当去除，但是演绎之后的各种传播行为仍在权利人的控制范围之内。在目前的财产权体系下，并没有区分作品的直接传播和演绎后的传播，例如对一篇英文小说，传播者直接发行英文版本和发行翻译后的中文版本，都在一个发行权的控制范围之内。如果权利人将该英文小说的发行权转让，那么受让者是否拥有中文版本的发行权呢？如果权利人许可他人发行该小说——并没有进一步说明，那么，被许可人是否能发行中文版本呢？这两个地方对发行权的解释是不是一致的？还有，一个中文语言区的传播者若想通过转让取得该小说中文版本的发行权，转让如何进行？所以应当区分演绎前的传播行为和演绎后的传播行为，设计两种权利，分别控制。需要特别指出的是，不应当区分汇编前的传播权和汇编后的传播权。因为这两种传播行为的市场利益是重叠的。例如，一篇小说，先许可甲发行（独占许可），然后许可乙汇编后发行，也是独占许可，很显然，两个被许可人的市场利益出现重叠，不可行。实际上，对于某类作品，都有比较固定的传播方式，或单独传播，或汇编传播，并不会出现两个市场，例如，对于长篇小说，以单独发行为常态，对于微型小说，自然以汇编后发行为常态。相比之下，翻译就不一样，一篇英文小说，翻译以前的发行和翻译为另一种语言后的发行，面向两个不同的市场，会出现不同的传播需求。

根据以上两个区分，我们可以将传播分为直接传播、演绎后传播和表演后传播。

2. 现场展示类、转移类、传输类传播

这三类传播行为之间的区别是传播者向受众提供作品的方式不同，实质是提供作品的载体不同。在传播者的眼中，这三类行为是

相互独立的，而且这三类行为还可以进行细分，细分后在传播者的眼中仍然具有独立性。通过这个分类可以明确，某项权利所控制的行为只能属于这三类中的一类，而不应当跨类，否则就应当再进行拆分。三类传播行为区别如表5所示：

表5

类名	举例	表面差异	实质区别
现场展示类	展览、放映	载体不动，通过受众移动克服传播者与受众的距离	提供功能载体
转移类	发行、出租	移动有形载体，克服传播者与受众的距离	提供固定载体：永久转移固定载体或暂时转移固定载体
传输类	广播、信息网络传播	传输无形载体，克服传播者与受众的距离	提供传输载体：受众得到功能载体或固定载体

上述三类传播行为可进一步细分为八种传播行为，具体见表6所示：

表6

现场展示类	现场展播：直接向公众展示作品的功能载体或者通过技术设备将作品的机读载体转换为功能载体后展示给公众（即展览或者放映） 公开表演：以演员的表演为功能载体将作品展示给公众
转移类	发行：永久性向公众转移作品的固定载体（出售或者赠与） 向公众出借：暂时性向公众转移作品的固定载体（出租或者免费向公众出借）
传输类	广播网络传播：通过广播网向公众提供作品的传输载体 电视网络传播：通过电视网向公众提供作品的传输载体 电话网络传播：通过电话网向公众提供作品的传输载体 互联网络传播：通过互联网向公众提供作品的传输载体

以上细分和目前财产权体系对传播行为的分类有一定差异，下面分别讨论。

（1）关于展览和放映。在我们的划分中，并没有将展览和放映分开，而是合为“现场展播”。理由是，展览和放映都是让公众在现场体验作品，二者的市场是重合的。虽然我们可以将展览和放映两种行为区分开来，但是这种区分对于这里的权利设计来说，没有价值，因为从传播者的需求来看，没有必要分开。对于同一作品，会出现一个传播者通过转让获得了展览权，而另外一个传播者需要该作品的放映权的情况吗？不会。一个作品，往往只适合展览，或者只适合放映。即使存在既适合展览又适合放映的作品，一旦一个传播者获得了展览权，另一个传播者再去获得放映权就失去意义，二者的市场是重合的。当然，将展览和放映分列开来并分别设计权利并不会对市场交易产生负面影响，但法律应当尽可能简洁。

（2）关于公开表演。按照目前的财产权体系，公开表演包括两类行为：“活表演”和“机械表演”。将这两种行为糅合在表演权的控制范围内，会产生一些问题。首先，这两种行为之间具有市场独立性，各自迎合不同的传播者。常见的需要进行“机械表演”的传播者是卡拉 OK 厅、需要播放背景音乐的营业场所等，这些组织和要进行“活表演”的演出组织之间的行业分工是非常明确的。针对这两种行为设计一项笼统的权利，会使相应的转让不能顺畅进行，许可合同变得繁琐。其次，将表演解释为包括“机械表演”在用语上和人们的生活经验相去太远，给权利人行使权利，传播者进行市场交易，学习者学习都带来麻烦。例如，人们就很难理解，同样是播放，播放电影要取得放映权的许可，而播放音乐却要取得表演权的许可。有研究者指出：“放映不就是一种机械表演吗？有了表演权的规定，放映权是否有画蛇添足之嫌？”[①]所谓的“机械表演”实质上就是一种现场播放行为——将作品的机读载体转换为功能载体后展示给公众，归入现场展播行为中不存在任何逻辑上的

---

① 何鹏：“知识产权传播权论——寻找权利束的束点”，载《知识产权》2009 年第 1 期，第 16 页。

障碍。

（3）关于出租和出借。单纯从概念上讲，出借是可以涵盖出租的：出租就是有偿的出借。问题是，免费向公众出借是否应该纳入著作财产权的控制范围？答案是肯定的，因为这种行为属于向公众传播行为。如果将免费向公众出借这种向公众传播行为排除在著作财产权的控制范围之外，就破坏了整个权利设计的逻辑。至于公共图书馆向公众出借图书的问题，如果要对该行为“优待”，也应当通过合理使用制度来解决。此外，其他组织向公众免费出借时，权利人怎么办？市场是复杂的，这种行为完全有可能出现，比如，某刚开张的影碟出租店为了吸引顾客，在开业一周内向公众免费提供影碟。依照目前的财产权体系，权利人无法控制这种行为，因为目前的权利体系只涉及出租。

此外，应当将出租和免费向公众出借行为分列开吗？不应该。对于传播者而言，这两种行为之间不具有市场独立性。就像发行行为包括有偿的发行和无偿的发行一样，出借包括有偿的出借和无偿的出借，没有必要分列。

（4）关于广播。这里将广播行为分为两种：电台广播和电视广播。分列的理由是这两种行为指向不同的市场，相互之间具有市场独立性。这从广播电台和电视台的行业分工就可以明显体现出来。将这两种行为分开后分别设计出广播网络传播权和电视网络传播权正好能满足电台和电视台的需求。

另外，这里对广播权的界定和目前立法对广播权的界定有较大差异。目前的解释是：“以无线方式公开广播或者传播作品，以有线传播或者转播的方式向公众传播广播的作品，以及通过扩音器或者其他传送符号、声音、图像的类似工具向公众传播广播的作品的权利。”这种解释过分拘泥于技术细节，导致覆盖不全：直接以有线方式发送广播节目或电视节目的行为如何定性？我们不能因为这种行为在市场上少见或者没有就不将其纳入控制范围——只要其属于向公众传播行为就应该纳入。技术是变化的，市场是复杂的，从技术细节出发而不是从传播者的需求出发，会导致权利体系缺乏适应性。面对这个过分拘泥于技术细节的定义，人们只能解释说，我国《著作权法》第10条第1款第（17）项“应当由著作权人享有的其他权利”应当包含实施有线广播行为的专有权利。① 这显然只能是权宜之计，根本的解决办法是在广播行为的定义中不要限定是有线还是无线。

（5）关于电话网络传播。目前的财产权体系没有涉及通过电话网络传播作品的行为，而这种行为毫无疑问属于向公众传播行为，例如声讯台提供的电话点歌业务。不应当将这种行为纳入广播权、表演权（机械表演权）或信息网络传播权的控制范围，这种行为具有市场独立性，声讯台的存在就说明了这一点。

（6）关于信息网络传播。我国《著作权法》中的信息网络应该就是指互联网，而不包括电话网。本文将互联网络传播和信息网络传播作为同义词使用。目前我国《著作权法》对信息网络传播的界定是“以有线或者无线方式向公众提供作品，使公众可以在其个人选定的时间和地点获得作品”。这个界定是有瑕疵的。“公众可以在其个人选定的时间和地点获得作品”从技术上可以总结为“按需发送”或者是“交互式传播”。“按需发送”不应当进入信息网络传播权的定义中。首先，“按需发送”不是互联网独有的特征，通过电话网络传播作品，同样是“按需发送”，例如电话点歌。广播网、电视网是单向网络，无交互功能，而电话网、互联网是双向网络，有交互功能。单向非交互式网络只能实现“主动发送”，公众被动接受，不能选择。电话网、互联网这种双向交互式网络则能实现“按需发送”。其次，通过互联网也能实现“主动发送”，例如网络电台、网络电视台（还是网站）往往提供“网络广播”服务，用户只能在线收听或收看该网站这一时刻正在播出的节

① 胡康生主编：《中华人民共和国著作权法释义》，法律出版社2002年版，第63～64页。

目，不能选择。这种明显是通过互联网络实施的行为当然要归入互联网络传播行为当中，进而受信息网络传播权的控制。仅仅因为这种行为在技术上和广播行为具有相同点就将这种行为挪到广播权的控制当中[①]，则是钻入了技术丛林而无视市场交易的需要。事实上，按照目前《著作权法》，也无法纳入广播权控制范围，因为该表述包含“有线转播”却排除了“有线直播”。

我国《著作权法》用“交互式传播”（按需发送）来界定互联网络传播行为，是受了《版权条约》第8条的影响。第8条规定的内容可以分两部分，第一部分是“文学和艺术作品的作者应享有专有权，以授权将作品以有线或无线方式向公众传播”，第二部分是“包括将其作品向公众提供，使公众的成员在其个人选定的地点和时间可获得这些作品”。第8条的目的是将通过互联网传输作品的行为纳入著作权控制范围，这个目的在第一部分已经完成了！因为“有线或无线方式”可涵盖各种网络。从这个意义上说，第二部分完全可以不要。第二部分的内容总结起来就是“交互式传播”，交互功能确实是互联网的显著特征[②]，但这并不等于在互联网上只能实现交互式传播。第二部分对“交互式传播”的列举只涵盖了互联网上主流的传播方式，没有涵盖全部互联网传播方式。但这无损于第8条的功能，其目的在第一部分已经达到，这里仅仅是列举，而列举可以是不完全的。第8条并没有直接规定一项互联网络传播权，所以它根本没有给这项权利下定义。而我国《著作权法》将第二部分的列举拿过来定义互联网络传播权，就导致了覆盖不全的

---

① “虽然按照作者的信息网络传播权定义，网络广播行为不在其规制对象的范围之内，但可以按照著作权法第十条有关广播权的定义，将其纳入广播权的规制对象之中，由广播权来规制而非信息网络传播权。”参见胡云红：“界定信息网络传播权化解利益冲突”，载《知识产权报》2009年8月16日，第5版。

② 电话网也有交互功能，但利用它实现交互式传播作品的功能并没有充分显示出来，因为交互式功能除了要求双向网络外还要求终端设备智能化，而模拟条件下智能设备成本较高。

问题。

（二）著作财产权体系的构建

在构建著作财产权体系（向公众传播权体系）之前，应当明确一个问题："向公众传播权"的权利项是否必须覆盖前述各种向公众传播行为？根据第二部分的论述，向公众传播行为是著作财产权只能控制和应当控制的范围，自然应当全部纳入，我们可称之为"全面覆盖原则"。至于说基于某种特别的理由，将其中一部分划出来特别对待，那是合理使用制度解决的问题，不应在这里考虑。根据"全面覆盖原则"，我们不能因为某种传播行为在市场上很少见或者没有出现而不纳入著作财产权的控制范围。比如，某些网吧在电脑上储存电子书供用户阅读，这种行为显然属于向公众传播行为，但是确实不多见，并非常见的成熟商业模式。这种行为无法纳入目前财产权体系的任何一个传播权项目。虽然这种漠视少见行为的做法对整个著作权交易市场影响不大，但有两个缺陷：一方面破坏了整个著作财产权体系设计的整体逻辑，因为既然是向公众传播行为，必然影响权利人的财产利益，就应当纳入控制范围。虽然从整个市场看，该现象不普遍，但对于某个权利人而言，其利益损失并非微小。另一方面也削弱了法律的适应性，在市场上，一种商业模式从无到有，从不成熟到成熟，是很常见的事情，将这种传播行为纳入控制范围，可以适应市场的变化。

按照总括式权利加分列式权利项的模式，参照前述对传播行为的两种分类，可构建如下财产权体系：

总括式权利：向公众传播权；

分列式权利项：

现场展示类权利，包括现场展播权，公开表演权，演绎后现场展播权，演绎后公开表演权，表演后现场展播权；

转移类权利项，包括发行权，向公众出借权，演绎后发行权，演绎后出借权，表演后发行权，表演后出借权；

传输类权利项，包括广播网络传播权，电视网络传播权，电话网络传播权，信息网络传播权，演绎后广播网络传播权，演绎后电视网络传播权，演绎后电话网络传播权，演绎后信息网络传播权，表演后广播网络传播权，表演后电视网络传播权，表演后电话网络传播权，表演后信息网络传播权。

对于这个体系，有两点需要说明：

第一，各项权利定义是否应该针对特定作品？ 目前的立法中，明确规定出租权仅适用于电影作品和计算机软件，展览权仅适用于美术、摄影作品。 在权利定义中限定作品种类，无非是出于两种考虑，一是在市场上，该传播行为仅适用于这些作品，法律在这里明确一下，排除“天然”不适用的对象。 市场上，传播行为和作品之间确实存在一定的对应关系，比如美术作品适合现场展播、发行，不适合公开表演。 但是基于此而明确限定作品种类没有实际意义，不明确限定作品反而有更强的适应性。 因为只要该传播行为属于向公众传播行为，就应该纳入著作财产权的控制范围，不管传播的是哪一种类的作品。 即使某类作品不适合该项权利，法律的这种笼统规定并不会引发任何问题，相反，这种做法增强了法律的适应性。 例如，目前立法在表述表演权的内容时并没有限定表演权适用于何种作品，实际上，美术作品、建筑作品、摄影作品等就不适合表演，但是，这种笼统规定并没有在实践中导致任何不便。 如果将来出现新的作品种类，而该类作品适合表演，那么，这种笼统规定的表演权就不需做任何修改便可适用于该类作品，适应了形势的发展。 另一种考虑是，该种传播行为本来适合很多种作品，但通过明确列举作品种类而排除了一些“不想”适用的作品——排除“人为”不适用的作品，因为立法者想给予相应行为以“优待”。 例如，出租这种传播行为完全可以适用于文字作品，市场上也存在大量的出租图书的行为，但是立法者给予此种行为以“优待”，其做法就是在出租权的定义中明确列举部分作品种类。 这种做法破坏了著作财产权的整体构建逻辑。正确的做法应该是将这种行为纳入权利控制范围——因为其构成向公众传播，然后通过合理使用制度来达到“优待”该行为的目的。总之，在著作财产权各个权利项的定义中不应当明确列举作品种类。因此，在新的财产权体系中，各个权利项的权利内容中均不列举作品种类。

第二，关于权利名称。按照知识产权法定原则，如果一项权利和另一项权利的内容不同，其名称当然应当不同，这样才便于公示，做到名副其实。对于表演后的各种传播权，名称上应当带上前缀“表演后”，从而和各种直接传播权区分开。例如，对于某一音乐作品，表演后发行和直接发行就应该分别对应“表演后发行权”和“发行权”，两种行为在市场上是完全不一样的：前者表现为发行录制品，后者表现为发行印刷的乐谱。如果权利名称都采用“发行权”，公示就起不到应有的作用。对于演绎后的各项传播权，权利名称则要更细致。翻译后的各种传播权，除了表明“翻译后”，还应当表明语言。因为不同语言的翻译版本，面对着完全不同的市场，相应的传播行为之间具有市场独立性，应当对应不同的权利。例如，对于一部中文小说，“发行权”、“翻译后发行权（日文）”、“翻译后发行权（英文）”这三个权利名称就能准确区分三种互不相同的传播行为，在公示时会达到“公知”的效果。同样的道理，改编后的各种传播权，权利名称除了表明“改编后”，还应当表明改编的形式，如“改编后发行权（戏剧）”、“改编后发行权（相声）”。

对于这个以向公众传播权为基础而构建的著作财产权体系，立法上可进行如下表述：

著作权人拥有向公众传播作品的权利，包括但不限于下列权利：

现场展播权；

公开表演权；

发行权；

向公众出借权；

广播网络传播权；

电视网络传播权；

电话网络传播权；

互联网络传播权；

作品表演后，著作权人拥有表演后的上述权利；

作品摄制、改编、翻译、注释、整理之后，著作权人拥有改编、翻译、注释、整理之后的上述权利。

但是，考虑到这个体系和我国《著作权法》中的著作权归属制度的协调，必须将新体系中的“摄制后传播权”替换为原来的摄制权。根据我国《著作权法》，摄制行为是指以摄制电影或者类似摄制电影的方法将作品固定在载体上的行为。这种行为并非传播行为，本不应纳入新的财产权体系当中，为何又将其保留呢？原因在于电影作品著作权归属上有特别之处。电影作品是一类特殊的作品，需要各种人员的共同劳动才能完成。一方面，要保障各个作者如剧本作者、导演、作曲者、作词人、摄影师等的权利；另一方面，又要保障制片者的权利。他们的收益最终都来自电影摄制完成之后的各种传播行为，所以各个作者本应当享有“摄制后”的各种传播权。但是我国《著作权法》在电影作品著作权归属上采取的做法是：除各作者的署名权外，其他权利皆归制片人，各个作者不能控制电影作品的各种传播行为。所以必须保留摄制权，以实现其作品被摄制成电影后进行传播而产生的利益。这种摄制权的实质功能就是“卖绝”，将摄制后的各种传播权一次性转移给制片人。所以这种摄制权实质上是以“向公众传播权”为基础的。

（三）复制在新体系中的地位

虽然我们将复制行为排除在著作财产权控制范围之外，但却不能完全无视复制和传播的联系。复制的作用是增加作品固定载体的数量，传播行为的作用是向他人提供作品，向他人提供作品必须提供作品的载体（但不一定是固定载体），所以二者之间必然存在联系。下面分五种情况分析复制和各种传播行为的关系。

（1）不管传播者采用何种传播方式，自己得拥有至少一份固定载体，这个固定载体当然是复制而来，这种复制几乎是必须进行的（原件除外）。但不能因此而将复制视为各种传播方式的基础。因为按照传播者与著作权人之间的转让合同或许可合同关系，这种复制行为是由著作权人自己来完成的。

（2）为了传播方便，比如为了同时在两个地方展览，传播者可能会复制多份固定载体，但这种复制对此传播方式并非必须。

（3）通过互联网传播作品时，电脑等受众终端设备出于技术需要而自动进行的临时固定式复制。这种复制行为并非传播者实施的，传播者将作品载体置于互联网的服务器之上，使作品处于随时可能被网络访问者接触的状态，其传播行为已经完成。因此，不能说复制是传播者实施互联网络传播行为的基础。

（4）通过广播网、电视网、电话网、互联网传播作品时，在受众端人为进行的固定式复制。和第三种情况的理由一样，这里也不能得出复制是传播者实施网络传播行为的基础。

（5）以发行的方式传播作品时，传播者必须先实施复制行为，发行量越大，复制件越多。

综上，我们可以总结出复制和各种传播方式的关系：各种方式传播作品的过程中都会出现复制行为，但只有发行依赖于复制，发行量越人，复制件越多。这个结论也能在一定程度上解释，为什么早期版权法将复制权作为最基本的权利，因为当时发行这种传播方式占了统治地位，而发行依赖于复制，控制复制就控制了发行，控制发行几乎就控制了全部财产利益实现途径。

基于复制和传播的关系，我们发现复制具有预兆传播功能，但仅限于预兆传播中的一种——发行，即大量进行复制的下一步几乎就是发行。在著作权保护比较困难的大形势下，必须积极利用这一功能。为了便利权利人行使权利，便利执法，可以考虑在立法中明确规定：大量复制，视为即将发行，除非行为人有相反证据。这个规定应当放在权利保护板块，而不是权利构建板块，因为这个规定并没有扩大著作财产权的控制范围，仅仅是一种加大著作权保护力度的措施，行为人可以据此而申请法院责令复制人停止有关行为。

四、著作财产权重构后合理使用制度的调整

（一）合理使用制度的实质

构建著作财产权体系的结果就是划定了一个范围，范围内的行为受到权利人的控制，权利人有权许可或禁止。为讨论方便，下面将划定范围比做“画圈”。立法者在划定了著作财产权控制圈之后，发现圈内的某些行为应当给予特别“优待”——无需许可和付酬，就特别规定行为人虽然实施了权利控制圈内的行为，但例外对待，即勾画出若干小圈。为何不事先排除这些行为，也就是在划定著作财产权控制圈的时候稍微画小一点呢？问题在于，立法者优待某些行为的出发点多样且可能变化，所以被优待的行为之间缺乏统一的标准，无法以一致的逻辑直接缩小著作财产权控制圈，只能就需要“优待”的行为勾画若干不同的小圈。所以，合理使用制度实质上就是一种例外制度。著作财产权控制圈越小，合理使用圈数量就越少，著作财产权控制圈越大，合理使用圈就会越多。著作财产权体系和合理使用制度结合界定了著作权权利人最终的经济利益范围。著作权人的经济利益圈等于著作财产权控制圈减去合理使用圈。

（二）合理使用制度的设计原则

在制度设计上，合理使用这种例外应当尽量少用，能够预先排除的行为，尽可能通过优化著作财产权体系预先排除。理由有两个。首先，合理使用制度虽然达到了和预先排除一样的效果——特定行为不需要许可和付酬，但二者是有区别的。在适用合理使用制度时，行为人负有举证义务，他要证明自己的行为符合合理使用制度规定的条件。而且在合理使用制度下，使用虽然无须许可和付酬，但人们仍然感觉到这里是权利人的"领地"，并非真正的公共领域。其次，合理使用实质上是一种"例外"制度，"例外"过分膨胀，以至于接近一种常态，说明常规制度——著作财产权体系设计不完善，其控制范围过大。那些看起来和利用作品有关但实际上并不影响著作权人财产利益的行为，例如复制，应该通过缩小著作财产权控制圈预先排除，那么进行该种行为本来就是自由的，不须求助于合理使用制度。正是由于目前以复制权为基础的财产权控制圈过大，导致在理论和实务上要频繁地引用合理使用这种"例外"制度来为本该自由进行的行为辩护。另外，那些对权利人经济利益虽有影响但影响微小且难以控制的行为，如果能找到统一的标准，也可以预先排除在著作财产权控制圈之外。例如，"向公众传播"的标准就将那些在特定范围内的传播行为排除在外，诸如私人出借图书，小范围内部表演等行为就不需要借助合理使用制度。

（三）合理使用制度的调整

根据以"向公众传播权"为基础的著作财产权体系和上述原则，目前合理使用制度应作如下调整。

（1）现行《著作权法》第 22 条的下列各项应当删除。

第一，"为个人学习、研究或者欣赏，使用他人已经发表的作品"。为个人学习、研究或者欣赏而使用作品的行为根本不可能损害权利人的经济利益，本来就应当预先排除在著作权控制圈之外。在新的财产权体系下，这类行为不可能落入“向公众传播权”的控制范围。

第二，“图书馆、档案馆、纪念馆、博物馆、美术馆等为陈列或者保存版本的需要，复制本馆收藏的作品”。按照新的著作财产权体系，复制行为本身就排除在控制圈之外。但是，这些机构将作品现场展示给公众的行为，如陈列美术、摄影作品，将文字作品提供给公众现场阅读，则属于向公众传播作品的行为，如果立法者认为不需要取得许可和付酬，应当通过合理使用制度来将其“豁免”。图书馆向公众出借行为，同理。

第三，“为学校课堂教学或者科学研究，翻译或者少量复制已经发表的作品，供教学或者科研人员使用，但不得出版发行”。既然“不得出版发行”，必然不能面向社会公众传播，所以本条“优待”的对象是以学校教学或科学研究为目的的内部小范围传播行为，这种行为在新的财产权体系中本来就在著作权控制圈之外，只要不构成“向公众”传播，皆不受著作权人控制。

第四，“对设置或者陈列在室外公共场所的艺术作品进行临摹、绘画、摄影、录像”。临摹、绘画、摄影、录像本质上属于复制，只要不向公众传播，对著作权人的利益没有任何影响，在新的著作财产权体系之下，不属于著作财产权的控制范围，自不需要特别“优待”。但是，如果临摹、绘画、摄影、录像后向公众传播，则属于著作财产权的控制范围，是否给予“优待”，须根据立法政策区别对待。

（2）现行《著作权法》第22条第（2）、（3）、（4）、（5）、（9）、（11）、（12）项规定的行为，性质上属于向公众传播作品的行为，只要立法者认为有“优待”的必要，仍然可以作为合理使用项保留。

（3）关于出租电影作品、计算机软件之外的作品。按照新体系，这种行为落入著作财产权的控制范围，如果立法者从政策上考虑认为这种行为不需要获得许可和付酬，应当在合理使用制度中明确规定。

正如易健雄博士所说，“批评旧制度具有这样那样的缺陷是容易的，要构筑既克服了旧体系的不足、又没有引发新的甚至是致命缺陷的新制度绝不是件容易的事。”本文“冒险”致力于构建以“向公众传播权”为基础的著作财产权体系，也许这个体系过于理想化，会面临社会制度变迁上的重重障碍。但如果能在制度上确立这个体系，将会给理论和实务等带来诸多有益改变，这个前景实在太“诱人”，值得继续“冒险”。

数字环境下的版权补偿金制度研究

张 今*

在互联网时代，“上传”、“下载”已经成为人们日常生活的组成部分，在此过程中，不可避免地发生大量的复制行为：粘贴文字作品、拷贝音乐影视、刻录软件光盘。数以千万计的计算机用户大规模、低成本的复制行为使版权人的利益受到了严重损害。然而，与轻而易举的私人复制行为相比，权利人制止这种行为却困难重重，面对汪洋大海似的私人复制，维权成本巨大而获得赔偿的可能性极小。在这种背景下，《著作权法》如何调整著作权人专有权利和社会大众信息获取权之间的利益平衡，各方人士都在积极探索，其中版权补偿金是一个关注度较高的问题。版权补偿金究竟是一种什么样的做法，它如何可以对私人复制进行必要限制而给予版权人适当补偿？我国《著作权法》是否有必要，有条件引入这一制度？这些问题值得思考。本文的目的即在于反思补偿金制度产生的根源及其在网络时代的作用。文章拟从以下几个方面展开：（1）以传播科技的发展为背景评介补偿金的性质和功能；（2）从法理和经济学的角度分析补偿金制度的正当性和必要性；（3）阐述补偿金在不同法系国家的理论基础和发展进程，指出各国普遍采取

---

* 张今，法学博士，中国政法大学教授。本文原载《政法论坛》2010年第1期。

补偿金制度的趋势；（4）厘清技术保护措施和补偿金的关系，说明继续施行补偿金的现实基础；（5）分析现行《著作权法》，提出在我国设立补偿金的对策建议。

一、补偿金制度的产生及发展

版权补偿金制度起始于德国。《德国著作权法》引入补偿金制度发端于最高法院的两个判决,即 Grunding Reporter 案和 Personalawsweise 案。① 在此之后，为了解决版权人利益和私人复制之间的矛盾，1965 年的《德国著作权法》作出如下规定，允许为个人使用目的而进行复制（第 53 条）；但应当支付报酬（第 54 条）。这两条规定将以录音录像方式对作品进行私人复制和支付报酬的义务构成一个整体：消费者可以为欣赏目的录制音乐，但该作品的作者对录音设备制造商享有报酬请求权，该请求权应通过著作权人集体管理组织实施。这就是补偿金制度。

1985 年，德国对补偿金制度进行了第一次改革，主要内容

---

① 1955 年 Grunding Reporter 案。德国著作权集体管理组织（GEMA）对录制设备制造商发出侵害著作权之警告，认为录音不应当属于著作权法为私人使用而复制的范围，要求录制设备制造商支付一定数额的补偿金。在协商未果的情况下，GEMA 向法院提起侵犯著作权之诉。德国最高法院倾向于保护著作权人，认为当时的著作权法并没有预见到后来的家庭录制技术的发展，将旧法适用于新科技时自然会有不足，不能因为著作权人难以对个人私下的复制主张权利，就认为他们没有权利禁止私人复制行为。家庭复制行为即使没有营利目的，著作权人也应获得合理报酬。最后，德国最高法院要求制造商停止销售录制设备，但没有涉及录制设备是否侵害著作权，并驳回了 GEMA 损害赔偿的请求。1964 年的 Personal Awsweise 案。GEMA 起诉录音设备制造商，要求其向 GEMA 提供购买设备的消费者名单。德国最高法院认为，录制机制造商因提供录制设备使消费者利用设备进行侵害著作权的行为，应负侵权责任，因为录制设备制造商从消费者普遍的复制行为中获得显著利益。但是 GEMA 要求录音机制造商提供购买设备的消费者名单，违反了《德国基本法》第 13 条关于私人住宅不可侵犯的规定。

是，第一，征收“空白媒体税”。1965年建立补偿金制度时仅适用于录音设备，称为“设备税”，而录制媒介（空白录音录像带）没有作为收费对象。原因是当时还无法区分空白录音带到底是用来复制版权作品，还是其他不涉及版权的东西。但这一困惑到1985年修改《著作权法》时已被现实所化解。录音设备越来越便宜，依售价比例收取的补偿金越来越少，已不足以补偿版权人的损失，而空白录音录像带越卖越多且较多地被用于翻录音乐。在这种情况下，补偿金的征收对象扩大到录制媒介，凡生产和进口录音录像带的企业都要支付一定的版权补偿金。第二，征收“复印设备税”。1965年建立补偿金制度时，复印机尚不普及，且原本《德国著作权法》规定只有为商业目的的复印才须付费，为了个人进行复印是允许的。到了1985年时，复印机的广泛使用已影响到图书期刊的市场销售，因此也不得不将复印设备纳入补偿金制度。[①] 经过1985年《德国著作权法》的改革，德国建立起了完整的补偿金制度，包括录制设备税、空白媒介税和复印设备税。

2000年之后，为了适应信息社会的技术发展，《德国著作权法》开始进行第二次改革——数字化改革。这次改革的一项中心任务就是修订家庭录制补偿金制度，讨论范围涉及数字权利管理与补偿金的关系等问题。2007年9月21日，德国参议院通过了《规范信息社会著作权的第二部法律》。该法于2008年1月1日生效。这次法律改革的主要内容包括：数字形式的包括网络环境的私人复制原则上为法律所许可。对私人复制给著作权人带来的损害仍然实行一揽子补偿。根据新的法律，负有缴费义务的是所有通常被用来制作合法复制件的机器和储存介质。那些从理论上来说可以被

① Prof. P. Bernt Hugenholtz, Dr. Lucie Guibault, Mr. Sjoerd Van Geffon, *The Future of Levies in a Digital Environment*, From: http://www.ivir.nl/publications/other/ORM&Levies-report.

用来复制的储存芯片，但实际上被用于完全不同的其他功能的数字设备，例如手机则没有补偿义务。有关补偿费的确定方法，之前补偿费的征收比例被规定在《德国著作权法》的一个附件中。根据新法，补偿费率不再由法律来确定，而是由著作权集体管理组织、机器和储存介质的生产商协会等进行协商。如果无法取得一致，则由调解和司法机制介入。通过这个市场经济模式，补偿机制可以对于新技术发展做出更灵活的反应，补偿的支付也可以更顺利地达成一致。

版权补偿金制度由德国率先施行之后，欧洲大多数国家将其引入本国法律，现在除了英国、爱尔兰及卢森堡的版权法无此制度外，欧洲其他国家均建立起补偿金制度。① 其他一些国家也先后将补偿金制度引入本国版权法。

日本在1992年针对数字式复制建立补偿金制度，规定对数字复制机器和复制媒介的生产商、进口商收取一定比例的补偿金用于支付版权人，并对补偿金的授权分发等管理作了规定。《日本著作权法》第30条"个人使用的复制"规定，允许以个人使用目的进行录音、录像，但必须支付相当金额的补偿金给版权人。第5章"个人录音录像补偿金"规定，仅可由特定的管理团体收取补偿金；特定机器和记录媒体的购买者在购买时一次性支付，补偿金的额度由文化厅长官认可，特定机器和记录媒体的制造者或进口者对补偿金的支付请求和领取必须予以协助。②

加拿大在1999年10月新《加拿大版权法》实施之前，家庭复制并不属于权利之例外，即使按照合理使用原则加以判断，也容易得出属于非法的结论，当然也就不存在对私人复制的经济补偿。

---

① See Prof. P. Bernt Hugenholtz, Dr. Lucie Guibault, Mr. Sjoerd Van Geffon, *The Future of Levies in a Digital Environment*, From: http://www.ivir.nl/publications/other/ORM&Levies-report.

② 《日本著作权法》第104条之2；第104条之4；第104条之6；第104条之5。引自日本著作权信息中心发行的《日本著作权法》，1999年3月。

1997年《加拿大版权法》修订时，加拿大在很有限的范围内引入私人复制税，新的《加拿大版权法》第82条规定，允许个人为自己利用而复制音乐作品，同时生产、销售、进口空白录音媒体的人，必须向版权集体管理组织缴付法定的使用费，以补偿音乐版权人。

美国唱片业版权人虽然在20世纪70年代末期就开始向家庭录像机的制造商提起侵犯版权之诉，目的是从录像机生产商的销售收入中分得一部分利益。国会也曾考虑过立法，但直到1992年美国才通过《家庭录音法案》（American Home Recording Act of 1992）。该法案通过对《加拿大版权法》第十章的增修，对家庭录音设备的制造、销售、使用等问题予以规范。这项法案的主要内容有三点：一是要求凡在美国境内所销售的数字录音设备都必须加装“连续复制控制系统”，以使原版唱片被复制后，复制件无法被再次复制。二是设立法定补偿金（Statutory Levy）。制造数字录音设备及媒介的厂商必须缴纳法定的版权使用费，以补偿版权人因家庭录音行为可能遭受的损失。三是不得对消费者非商业性地录制音乐制品提起侵犯版权诉讼。尽管姗姗来迟，《家庭录音法案》毕竟为美国建立了家庭数字化录制补偿金制度的基础。

以上各国版权补偿金制度在收费范围、费率上有所差异，但在制度构成、运作机制上有基本的共同点。具体而言，版权补偿金制度由以下几个方面组成：

1. 权利人

获取补偿金的权利人主要是作品创作者，另有表演者、录音制品制作者、电影制片人。由于受保护的作品及其制品可以被制作为私人录制品，公民无须通过购买就可以享受到音乐影视作品，经济利益由此而受到减损的作者及其相关权利人可获得适当报酬，以使专有的复制权得到补偿。

2. 义务人

缴付补偿金的是复制设备或复制媒介的制造商和销售商。从理论上说，合理报酬应当由复制者个人支付，是他们通过复制占有版权人的劳动成果，但由于实际上无法操作，而且考虑到制造商可以将补偿费转嫁给最终用户，所以补偿金的缴付者是制造商和销售商。

3. 费用的收取和分配

由于补偿金的收取不可能由权利人个别地去实施，各国法律大都规定由权利集体管理组织集中收取后，再按事先确定好的比例配给作者及相关权利人。由于私人复制都是个人行为且具有隐秘性，根本无法查明复制的作品是哪些，所以补偿金的实际分配只能通过市场调查进行概略的计算而得出，这也正是补偿金制度的粗陋之处。

4. 例外

并非所有的复制设备或介质都在境内使用，有些会出口境外，也有些不涉及版权的复制，例如娱乐业或其他专业领域自己创作活动的记录、保存及研究使用，也有可能是作为协助残疾人或保存档案使用，这些活动都不应该纳入复制补偿金范围。各国法律都有针对上述情形的例外条款①，或者于实务上予以排除。②

① 《法国知识产权法典》L. 311 - 8 条，个人复制报酬的返还；《日本著作权法》第 104 条之 4“个人录音录像补偿金的例外”。

② 荷兰实务上对于专业使用的复制设备与媒介予以排除，转引自章忠信：“著作权补偿金制度之初探”，资料来源：http://www.copyrightnote.org.

二、补偿金的法理分析

从制度的初衷看，补偿金并非复制权权利金，而是对超出合理限度的部分给予版权的适当补偿，从而巩固合理使用的“合理”基础，或者说是矫正合理使用的偏差。补偿金的基本理念是，版权人不得以复制权反对为个人使用目的而进行的复制，但是可以得到经济补偿。在技术水平不够发达的时期，为个人使用而复制作品对版权市场的影响微不足道，因此私人复制是合理使用的一部分。但历史推进到电子时代，消费者个人掌握了复制和传播的工具，私人复制的能力大幅提升，成为不合理地损害版权人利益的一种来源。复制权和个人使用权产生的冲突，破坏了著作权法原有的利益平衡。补偿金为解决这一失衡重新配置权利，使版权人和作品使用人的利益在新的基础上得到平衡。由于补偿金并非复制权使用费，因此也不可能达到“权利与义务相适应”的实质公平。

补偿金制度作为一种不得已而为之的折衷方案，体现了法律在版权专有和社会公众获取作品两种利益冲突之间的协调作用。复制专有权是版权人的基本权利。授权复制或禁止复制是权利行使的基本内容。但权利人对于个人私下的复制行为很难主张权利，真要落实执行，无疑使版权人进入使用者的私人领域而对隐私权造成侵害。况且，无论是个别交易还是侵权控制其成本都远远大于收益。而补偿金制度设计一方面将版权人的专有权向社会公众作出一定的妥协，另一方面仍为作者保留着获得适当报酬这一最低限度的条件。从理论上说，补偿金制度虽然可以“弥补”权利人因私人复制行为而遭受的损失，但这项损失的实际金额如何估算并不容易。即使在个别授权状况下，版权人收益的多少也取决于其经济地位和谈判能力的强弱而难以达到实质公平。因此，与其说补偿金是为版权人寻求损失的补偿，还不如说是版权人收益的扩张。因为强制性地从复录设备、媒介上收取一些费用，让版权人得到一定补偿，版权人的收益较之于没有补偿金时毕竟是增加了。从社会公众角度看，私人复制和个人使用具有文化积累与学习的功能，在任何时代都不会消失。补偿金制度最明显的优点就在于使用者能够合法地、便利地使用作品，复制设备和媒介的制造商、销售商可以摆脱侵权指控的困扰，从而有利于实现著作权法促进作品更广泛传播和利用的目标。

从权利管理的角度看，补偿金制度须通过集体管理组织得以保障，因此补偿金制度可视为版权集体管理的一部分。世界上凡实行补偿金的国家，都有比较成熟的著作权集体管理组织，依赖于集体管理组织及其运行机制，使得补偿金的收取和分配能够顺畅地实施。集体管理组织收取和分发补偿费由法律直接授权，对补偿金的受益者而言，法律规定其享有报酬请求权，但该请求权只能通过集体管理组织来行使，这种权利管理即强制性集体管理。著作权集体管理产生的前提条件是作品市场规模的扩大和传播技术水平的发展。这一前提条件在模拟技术时代就已存在，而当今数字技术和网络化加剧了这一前提条件的程度，作者个人管理权利更加困难了。在版权交易中作者通常是弱势一方，既得不到合理的报酬，也得不到合适的期限和条件，这种情况已不是什么秘密了。① 为作者保留的最低限度的合理报酬权要真正得以实现不仅需要权利的集体管理，而且需要强制性集体管理。强制性集体管理看上去是对作者权利的限制，然而，由于集体管理的保障，作者所得到的版权最重要的价值——经济利益，比起徒有无法控制的专有权有效益得多。

---

① ［德］西尔克·凡·莱温斯基："专有权的非自愿集体管理——与国际版权法和欧盟版权法兼容性的案例研究"，刘跃伟译，载《版权公报》2004 年第 1 期。

三、补偿金制度的经济分析

文学艺术作品在本质上是流动的、共享的且不会被消耗，具有公共产品属性。[①] 公共产品属性使得作品的使用和传播必然产生“搭便车”和“外部性”问题。“搭便车”用来指得到一种物品的利益但避开为其支付对价。“外部性”，是指某种活动给与这项活动无关的第三方带来的影响。[②] “搭便车”和“外部性”造成的结果是，版权作品生产的数量可能小于社会需求总量，市场资源得不到有效配置，市场在这里失灵了。

消除“外部性”可以采用私人解决方法，即由负担成本的生产者和获得利益的使用者通过私人谈判签订合约来解决“外部性”产生的无效率，并使双方的状况都变好。如果私人各方可以无成本地就资源配置进行协商，那么他们就可以自己解决外部性问题。这个结论就是著名的科斯定理。[③] 然而，科斯定理的真正意义在于引申出“交易成本”。现实生活中，交易是需要成本的，有时成本还是昂贵的。利益各方能否通过私人谈判解决外部性问题，取决于交易成本。很明显，只有当交易后，新增加的价值大于交易所花费的成

---

① 物品的公共产品属性取决于两个特征：非竞争性和非排他性。非竞争性，是指一种物品可以被同时使用，并且每个人的使用都不会妨碍他人使用；非排他性，是指一种物品可以被所有的人获取，要阻止任何人使用或者向使用者收费不太可能。

② ［美］曼昆：《经济学原理》，梁小民译，机械工业出版社 2003 年版，第 172 ~ 190 页。

③ 科斯定理具体规范的表述是：“如果交易成本为零，那么说无论产权如何界定，市场机制都可以实现资源的有效配置。”［美］曼昆：《经济学原理》，梁小民译，机械工业出版社 2003 年版，第 177 页。卢现祥主编：《新制度经济学》，武汉大学出版社 2004 年版，第 34 ~ 36 页。白群燕、段平利：《写给法律人的微观经济学》，法律出版社 2004 年版，第 270 页。

本时，交易活动才有可能而且有交换的意义。若交易所带来的收益等于交易费用或不及交易费用，则交易活动难以进行。由于交易成本的存在，私人谈判往往不能解决外部性所引起的问题。当利益各方人数众多时，达成有效协议更加困难，因为协调每个人的代价更高昂。显然，私人复制属于市场失灵的领域，由于交易成本过高使得私人谈判没有效率而无法实行。如果版权所有人在市场之外，通过诉讼进行权利救济，也只有针对少数人才能符合效率的要求。反之，起诉数量巨大而又分散的个人消费者，同样会是不经济的。因此，私人复制是一个无法通过私人谈判而消除外部性的领域。

既然外部性的消除往往无法以私人方式解决，就需要公共政策的介入。政府应对公共产品外部性的政策可以是征收税收或者是给予补贴。税是国家向人们提供公共物品的对价，是向整个社会征收的，因而不考虑谁获得了公益事业的利益。费是提供服务的人依据个人接受服务的数量向特定的受益者收取的对价。版权补偿金虽然也被称为版税、复印税、录制税，但均属于“费”的范畴，而不是纳税。但是作为一种经济手段，版权补偿金和税收确实有着相似之处：一是集中处理。依照补偿金的法律依照规定，作者及其他权利人享有对私人复制的报酬请求权，但该请求权只能由著作权集体管理组织代表权利人集中行使权利，排除了个人自行管理权利的可能。二是强制性。补偿金制度的设计采用了征税的形式，交费义务人是生产和经营复制设备、复制媒介的厂商，而消费者通过购买产品成为补偿费用的最终负担者。这样一来凡是购买复录器材、复录媒介的消费者无论是对作品进行大量复制的人，还是对作品只少量复制的人，还是没有复制作品的人，都同等地支付使用费。然而，这种“不公平”的强制性交费却是一种有效益的办法，它使作品创作和传播活动引起的外部效益转变为私人收益的一部分。

集中处理、强制性收费的社会效果是，作品使用所产生的外部性得以克服，版权交易的成本减少，版权领域消费效率和生产效率之间实现了平衡，使社会总收益大于成本有了实现的可能性。

四、补偿金在不同法系之间的比较

梳理补偿金制度的立法例，不禁发现绝大多数实行此项制度的是作者权体系的欧洲国家，而在版权体系国家这种制度较为罕见。这种情形看起来是很矛盾的：作为一种经济补偿的制度在作者人格权受到极大关注的作者权法域十分普遍，而在注重财产权利的版权法的国家却很罕见。其实，这只是两种立法理念的差异，导致补偿金制度在两个法系的不同

传统的作者权立法理念为“作品是人格之反映”、“作者权利是人格权”。[①] 在这种哲学基础之上，作者权法体系以作者权利保护为立法的出发点和制度的价值功能，在权利内容设置上，特别关注作者的人格权利。作者在其作品上拥有一种垄断地位，除了法律明文规定的权利限制和例外以外，任何人不得未经授权而利用受著作权保护的作品。在权利体系中，私人复制属于权利限制和例外，作者无权控制私人复制领域的作品使用。由于技术的进步加剧了私人复制活动的影响力，私人复制不再属于复制权的例外。[②] 但如何使版权人对这种复制行使禁止权，又面临着公民基本权利，特别是私人住宅不可侵犯的宪法权利。补偿金之所以被接受，是因为它既保护了作者的复制权又尊重了私人生活空间，体现了作者权法所秉承的基本理念及民主思想。可以说，版权补偿金制度的创建是为

---

① 国际版权学界一般认为，主张作者权利是人格权的观点自康德始。参见［德］M. 雷丙德：《著作权法》，张恩民译，法律出版社2005年版，第25页；［西］德利娅·利普希克：《著作权与邻接权》，联合国译，中国对外翻译出版公司、联合国教科书组织2000年版，第41页。

② See P · Bernt Hugenholtz, “The Future of Levies in a Digital Environment”, From: http://www. ssrn. com.

了解决一个法的基本问题：协调使用者个人的私生活所受到的宪法保护和作者对其作品享有著作权的权益之间的冲突。[①]

版权体系的哲学基础是功利主义的公平原则。从英国的出版商版权到美国现代版权法，版权保护的政策基础始终没有改变，那就是保护版权作品的市场，在生产者的需求和消费者的需求之间寻求一个平衡点。美国宪法“知识产权条款”鲜明地表达了保护版权的目的并不是为了作者的权利，而是在于提供给作者和出版商一种激励机制，以促进文学艺术创作领域的繁荣。在这一政策目标之下，版权立法者更为关注通过版权市场的正常运作来保证版权人的经济利益，较为偏袒版权利用行业市场主体的利益。只要作者和版权所有者能够从消费者购买中获利，就不轻易地扩大版权的范围，以免抑制新的传播技术的发展。唯一的例外是，如果不将版权的范围加以扩充，会使得作者或版权所有者因此而失去创作和投资的动力时，立法者才会扩充作者的权利范围。[②] 这也正是补偿金制度较晚被版权体系国家接受的原因。

两个法系虽然出发点不尽相同但都选择了相同的制度安排。可以说，面对数字时代私人复制所引发的问题，各国都在尝试补偿金这一解决方法。欧洲大陆的补偿金制度比较成熟，美国和加拿大的经验则表明补偿金在版权体系将会进一步发展。

五、数字技术对版权补偿金的挑战

补偿金是以无法对私人复制进行分别控制为前提的，其最大的

① See Andrew F. Christie, “Private Copying Licence and Levy Schemes: Resolving the Paradox of Civilian and Common Law Approaches”, From: http://www.ssrn.com.

② ［美］Paul Goldstein：《捍卫著作权——从印刷时代到数位时代的著作权法》，叶茂林译，五南图书出版有限公司2000年版，第293页。

好处是通过集中式、强制性管理使各利益团体得到自己想要得到的。但随着数字版权管理时代的到来，补偿金存在的前提受到了质疑。数字环境下，技术保护措施的广泛应用使得版权人对作品使用的控制成为可能。数字权利管理技术是用以控制数字化作品的工具，包括技术保护措施与权利管理信息两种技术。技术保护措施多为密码或防复制技术，使用者未经版权人授权，无法访问、打印、储存、复制或修改作品的内容。权利管理信息表明版权权利状态与授权条件，它使版权人对于用户私下的使用行为可以精确的收取费用。数字权利管理技术具有限制消费者复制数字作品的可能性，这样，版权补偿金存在的前提——交易费用和个人隐私的困扰似乎消失了，补偿金存在的合理性自然引起争议。

与此同时，补偿金制度也因其固有的弊端遭到非议。收取补偿金要由制造商和销售商付费，这与起诉中间服务商一样，是将目标对准上游的技术而不是侵权行为人，因此仍可能会对技术的创新和应用产生一定的阻滞作用。而且，为了使收费率较低，必须大范围地针对复制设备和复制媒介收费，从录音录像机到电脑、刻录机、MP3播放器等数字设备和媒介，这样收费无异于对技术创新征税。大面积收取补偿金也会给消费者带来不公平的结果：利用数字设备进行复制的人要付费，没有复制的人也要付费，复制大量的和复制少量的都一样收费。此外，还有收费的不准确性。一次性收费必须设定费率，但是费率能否反映市场价格，能否根据复制行为的次数和强度进行调整，都是不可期望的。而合理的做法应当是将收费与复制行为相联系，按照使用次数或使用时间计算。

有关补偿金的废存引起了各利益团体的争议。产品制造商和销售商一直反对补偿金制度，他们认为，在模拟时代要防止任意复制非常困难，一个重要原因是为了避免对个人隐私和住宅等基本权利造成侵害，所以用补偿金制度来适度弥补版权人的损失有其正当性。然而，在数字科技时代可通过技术措施实现个别授权，并且可以使个人隐私得到保护。私人复制与隐私权之间的冲突将会越来越弱化。因此有必要对补偿金制度重新审视，也不宜将模拟时代的补偿金扩大适用于数字技术产品。① 与此相反，支持补偿金制度的版权人集团致力于扩大补偿金的适用范围，要求及于新出现的可以用于复制的各种设备，甚至及于网络服务业者。

从理论上讲，数字权利管理系统确实有诸多优于补偿金之处，特别是对防止盗版和实行个别授权来说是必不可少的手段。但在短时期内数字权利管理不会取代补偿金，两者应是此消彼长，互补长短的关系，这是今后一段时间两者发展与互动的基本方向。首先，两种制度的出发点和功能不同，数字权利管理技术是用来处理授权使用的工具，通过它可让消费者按使用作品的时间或数量支付费用。而补偿金不是个别授权，也不是法定许可，是合理使用制度下对版权人的补偿，不能取代使用许可制度。其次，权利管理技术是用来解决作品许可使用及收费途径的，无疑为新的网络内容经营模式提供了前提条件，但是它却无法解决传统版权市场上的作品使用问题，如复印图书、杂志、录制广播电视节目等涉及版权的作品不可能都处于技术保护措施之下，这个市场也不会被互联网所取代，仍然需要通过补偿金来限制私人复制。最后，数字权利管理技术尚未起到预期作用，目前采用这种技术不仅需要较高的费用，而且技术措施也会遭到破坏、规避、黑客攻击等威胁，在这种情况下，补偿金具有很大的适用空间，短期内是无法被取代的。

---

① See Prof. P. Bernt Hugenholtz, Dr. Lucie Guibault, Mr. Sjoerd Van Geffon, "The Future of Levies in a Digital Environment", From: http://www.ivir.nl/publications/other/ORM&Levies-report. 罗莉："德国的版权补偿费及其改革"，见张玉敏主编：《中国欧盟知识产权比较研究》，法律出版社 2005 年版。

六、补偿金在我国的运用

补偿金制度在我国属于法律空白，我国是否有必要引进补偿金制度？基于前文的分析研究，笔者认为，立法者应持积极的态度谨慎论证。就我国目前的情况而言，全面建立补偿金制度的条件尚不成熟，但可以从两个方面着手准备：一是加快基础制度建设，建立健全各类集体管理组织以及其他代表各方利益的行业协会及中介组织。二是作品的网络传播可先行采用类似补偿金的收费机制。

我国若实行补偿金首先应当对《著作权法》进行必要修改。现行《著作权法》中的财产权利包括专有使用权和获得报酬权。但此“获得报酬权”是指作者行使其专有使用权而得到的物质报酬，系由专有使用权派生出来的一种债权，不是一种独立的权利形式。①《德国著作权法》中也有“报酬请求权”但它是赋予作者的一种特殊权利，即对特定情况下的作品使用所产生的报酬请求权。因私人复制而获得报酬即适用报酬请求权。我国《著作权法》中的“获得报酬权”完全不同于《德国著作权法》的“报酬请求权”，并不是补偿金的法律依据，因此如引进补偿金需要在立法上作出明确规定。其次，须完善和加强著作权集体管理制度。补偿金的运作依赖于集体管理组织，没有完备的著作权集体管理，补偿金制度就没有生存的空间。我国已经成立了中国音乐著作权协会，音像著作权会，其他著作权集体管理组织如表演权管理协会，文学、美术作品的著作权管理协会等尚未正式建立。从整体上看，集体管理组织仍处于主体缺失状态，无法适应实行补偿金制度的需要。此外，我国

① 韦之：《著作权法原理》，北京大学出版社1998年版，第63页。

的集体管理实行自愿授权管理原则。[①] 按照自愿集体管理原则，著作权人与集体管理组织订立著作权集体管理合同，成为该组织的会员。集体管理组织基于授权进行权利管理活动，对于非会员的权利，只能根据《著作权法》的规定开展某些管理活动。目前这类活动限于法定许可使用费的转付。[②] 除此以外，集体管理组织既无权利也无义务为权利人行使许可权和报酬请求权。因此，强制性地由集体管理组织负责补偿金的收取和分配，必须有明确的法律依据，而不仅仅是一个法律解释的问题。[③] 因此，建议《著作权法》除了增加“报酬请求权”之外，还应明确确认著作权集体管理组织的强制保障义务，使其为著作权人的报酬请求权提供服务。

征收版权补偿金，牵涉产品制造商、服务商、产品使用行业、最终消费者，实乃牵一发而动全身。从我国目前版权利用行业的版权管理能力和社会公众对版权制度的认知程度来看，像德国那样全面征收私人复录补偿金，条件尚不成熟。但是否可在网络传播领域对数字化复制征收补偿金，却是可以探讨论证的。实际上，大规模私人复制与版权人利益的冲突肇始于数字信息的网络传播，而使版权人深受其害的是网络音乐、音像制品和计算机软件的网上复制和传播。其中音乐最具有代表性。因此，从规范网上数字音乐的复制和传播入手率先实行数字音乐补偿金，无异于解决了音乐作品版权保护的重要问题。现实中，用户缴付的上网费、手机费已包含了用户为获取内容而支付的费用，而流量费是按照下载流量计算的收费，更是为获得作品而支付的对价。关键问题是如何“明算账”，使作者、录制者等版权人能够从该收费中获得相应的份额，来作为对他们利益的补偿。

---

① 《著作权法》第 8 条，《著作权集体管理条例》第 19 条。

② 《著作权集体管理条例》第 47 条规定，依《著作权法》第 23 条、第 32 条第 2 款、第 39 条第 3 款使用作品应当支付的费用可以由著作权集体管理组织转付。

③ 已建立补偿金制度的国家，面对数字技术的挑战改革补偿金制度，由模拟复制设备扩大到数字复制设备，不是什么新的立法措施，而是对法律的解释。

结　论

补偿金制度来源于设备的生产商和销售商的共同侵权责任这一概念。作为一种不得已而为之的折衷方案，补偿金使版权人对超出合理限度的复制行为获得适当补偿，使个人的复制行为在支付适当费用后保持在合理限度内，从而巩固了私人复制的合理性。补偿金制度的经济分析表明，在私人复制领域集中地、强制性地收取版税是解决版权作品"公共产品"难题的一个有效率的办法，它使版权所有人和使用者都得到好处。补偿金在两个不同法系之间的比较则预示着，作为一种经济手段，在数字化的私人复制给版权人造成的损害日益加重的情况下，补偿金将得到更为普遍的运用。从实际绩效看，补偿金制度在欧洲大部分国家已经平稳实施了20年。目前，这一制度完成了数字化改革，更加适应信息社会的需求。就我国目前的情况而言，全面构建补偿金制度的条件尚不成熟，但可以从两个方面着手准备，一是网络先行采用类似补偿金的机制收取和分发上网费和电信资费。二是加快基础制度建设，建立健全各类集体管理组织以及其他代表各方利益的行业协会及中介组织。上述制度建设的过程是面向全社会开展的知识产权教育，将会提高社会公众的知识产权意识，从而为知识产权执法创造良好的人文社会环境。

论非物质文化遗产的私权保护

黄玉烨*

我国的非物质文化遗产保护立法，不仅仅是漫漫长路、举步维艰，而且在保护模式上也经历了一个从纯粹的公法保护到以公法为主、兼顾私法的过程。长期以来，非物质文化遗产在我国主要是采行政保护模式，如《文物保护法》、《传统工艺美术保护条例》以及云南、贵州、福建、广西等省（自治区）颁布的民族民间传统文化保护条例。从性质上来说，这些法律多属于公法，其作用方式主要是通过国家支配公共资源，维护、促进非物质文化遗产的存续与发展。2002 年向全国人大递交的《民族民间文化保护法》建议稿（2004 年全国人大将法律草案的名称调整为《中华人民共和国非物质文化遗产保护法》）也采用公法模式，但在 2007 年重新提交给国务院的《中华人民共和国非物质文化遗产保护法（草案）》（以下简称《非物质文化遗产保护法（草案）》）增加了私权保护的内容，虽然分量不重，但是意义非凡，将极大地促进我国的非物质文化遗产保护。尽管如此，有关非物质文化遗产的私权保护问题仍然困扰着学界与立法机关，有诸多尚待解决的问题，为此，国务院法制办公室专门在 2008 年 1 月和 6 月组织了非物质文化遗产保护法民

---

* 黄玉烨，法学博士，中南财经政法大学知识产权研究中心教授。本文原载《中国法学》2008 年第 5 期。

事权利保护专家论证会。本文试就非物质文化遗产的私权保护问题进行探讨，以期有益于我国的非物质文化遗产保护立法。

一、非物质文化遗产私权保护的抉择

（一）非物质文化遗产私权保护的必要性

目前对非物质文化遗产的保护模式主要是采公权保护，包括两个方面：一是对具有特别重要价值的非物质文化遗产通过行政手段予以确认和保护，使他们能够保持成为人类文化遗产中的一部分，得以更好地保护和传承。如日本“重要无形文化财产”和“人间国宝”的认定制度，我国已经建立的非物质文化遗产保护目录体系和“代表性传承人”的认定制度。二是在国内层面上制定保护非物质文化遗产所需要的法律，并募集保护基金。如菲律宾颁布了《土著人权利法案》及其细则来保护土著人的非物质文化遗产、遗传资源和科学技术等，为实现《土著人权利法案》确认、保护、促进当地文化社区或土著人权利的目的，建立了土著人国家委员会，并设立了一个执行机制恰当的基金。秘鲁于2000年公布的《土著人集体知识保护制度》设立了土著人发展基金，该基金对基于传统知识形成的商品收取其市场销售额的0.5%作为佣金。在国内法中，有的国家把有形文化遗产与非物质文化遗产的保护放在一部法律之中，由国家指定机构资助非物质文化遗产的保护，比较典型的是日本和韩国。2000年联合国教科文组织对成员国进行了一次全球性的调查，有103个国家做了回答，主要的结果为：57个国家将无形文化遗产作为国家文化政策的一部分；80个国家对致力于保护无形遗产的个人和机构提供道义上或经济上的支持；在63个为艺术家和从业者提供支持的国家中，28 个给予国家支持，14 个给予荣誉或地位，还有 5 个给予国家职位；52 个国家的立法中包含了无形遗产的“知识产权”方面的条款。①

现代法学一般认为，凡涉及公共权力、公共关系、公共利益和上下服从关系、管理关系、强制关系的法即为公法，而凡是涉及个人利益、个人权利、自由选择、平权关系的法即为私法。② 而非物质文化遗产上体现的利益既有公共利益、公共关系，又有私人利益、个人权利：一方面，非物质文化遗产通常是由民族集体创作并世代相传，反映该民族特性的文化，处于不同地域、不同地理环境以及有着不同历史经历的民族的非物质文化遗产具有不同的文化特性，其表现形式色彩纷呈。各种各样的民间文化汇萃起来，就是整个人类伟大的文化宝库的一个重要部分，成为文化多样性的重要组成部分。长期以来，有着历史、人文、社会、心理、经济、政治价值的非物质文化遗产，以其丰富多样的表现形式为文化的多样性作出了重大贡献。在经济全球化日益发展的形势下，保护和发展非物质文化遗产成为一项非常紧迫的任务，也是保存文化多样性的需要。《保护世界文化和自然遗产公约》首先提出文化遗产和自然遗产需要同样的保护，非物质文化遗产和世界遗产名录上的遗址、古迹一样是全人类的特殊的文化财富。《文化多样性宣言》指出，文化多样性是人类的共同遗产，应尊重、承认并发展文化的多样性，保护非物质文化遗产有利于保持文化多样性。从非物质文化遗产保护的有关国际公约来看，文化权利、公民的文化自由和民主权利、民族或地区的文化发展权是《世界人权宣言》、《公民权利和政治权利国际公约》及《经济、社会及文化权利国际公约》中规定

---

① ［美］兰德尔·梅森、玛尔塔·德·拉·托尔：“在全球化社会中遗产的保存和价值”，胡奇玮译，见联合国教科文组织编：《世界文化报告——文化的多样性、冲突与多元共存》，关世杰等译，北京大学出版社 2002 年版，第 163 页。

② 张文显主编：《法理学》，法律出版社 1997 年版，第 89 页。

的基本人权，保护非物质文化遗产是为了更好地实现这一人权。此外，非物质文化遗产是一种智力劳动财产，涉及产权的确认、利益的归属、权利人利益的保护等问题。从产权经济学的角度来看，通过产权的确认可以激励非物质文化遗产所有人的积极性，尤其是传统的口头文学、表演艺术、美术以及传统的手工技艺、医药等知识和实践活动等，予以私权保护更有利于非物质文化遗产的保护。

相应地，在非物质文化遗产的保护模式上，也应公、私兼顾，以公法为主、兼顾私法。事实上，许多国家和国际组织也意识到了非物质文化遗产私法保护的必要性，除了主要采用行政保护之外，还明确对非物质文化遗产中的民间文学艺术给予知识产权保护。1967 年非洲的突尼斯率先将民间文学艺术作品列入著作权法保护范围，开创了民间文学艺术著作权法保护的先河。此后有图尼西亚（1967）；玻利维亚（1968）；智利（1970）；摩洛哥（1970）；阿尔及利亚（1973）；塞内加尔（1973）；肯尼亚（1975）；马利（1977）；布隆迪（1978）；象牙海岸（1978）；几内亚（1980）；安哥拉（1990）；多哥（1991）；巴拿马（1994）以及 1971 年文本《伯尔尼公约》和非洲知识产权组织于 1977 年制定的《班吉协定》。所有这些法律文本都认为民间文学艺术是一国文化遗产的组成部分。[①] 1982 年，WIPO-UNESCO 通过了《关于保护民间文学艺术、防止不正当利用和其他不法行为的国内法示范条款》（以下简称 1982 年《示范条款》），该示范条款基于民间文学艺术的特点而建立起了知识产权特别权利保护体系。印度尼西亚 2002 年著作权法为现代木雕、蜡染艺术以及其他有特色的，作为印度尼西亚丰富文化遗产组成部分的艺术产品提供传统著作权保护。该法允许版权作品非强制性登记，国家版权局每个月都会收到许多主

① Model Provisions for National Laws on the Protection of Expressions of Folklore Against Illicit Exploitation and Other Prejudicial Actions with a Commentary, Unesco & WIPO. 1985，http://www. wipo. int.

要来自中小企业的有关新蜡染艺术的注册申请。另外，该法还为民族民间文化提供特别权利保护。此外，在20世纪90年代之前，斯里兰卡及法语非洲国家等一大批发展中国家，也已经在知识产权法中开始了对民间文学艺术作品的保护。到目前为止，世界上在著作权法或地区性著作权条约中明文保护民间文学艺术作品的，已超过40个国家，其中非洲国家占大多数。另有一些国家，其著作权法中虽无明文规定保护民间文学艺术，但也无明文排除。所以，在司法实践中也可认定提供这种保护。①

公法保护的目的在于维护公共利益，其权利主体是国家，主管部门行使的是“权力”而非“权利”，主管部门的职能只能是代表国家行使权力，运用公权力来保存非物质文化遗产，但不能维护非物质文化遗产所有人或管理人的利益。民事权利属于私法保护，私法是保护一切私人利益的法律，私法能够保证人们按客观经济规律办事，实现商品交换中的等价、自愿、有偿，体现权利主体的自主和平等，体现着保卫人们的财产不受侵犯。私法的规范主要是授权性规范，当事人可以根据自己的需要和意志进行选择。其价值侧重于自由和效率，实现的是校正正义，它的调整能量是自下而上的，与市场经济的自行调节相适应，主要关系到社会资源的初次分配。② 对非物质文化遗产进行保护，仅仅依靠公权力、政府的投资

---

① 这些国家，非洲有1977年的非洲知识产权组织《班吉协定》的参加国；此外，还有突尼斯、阿尔及利亚、贝宁、布隆迪、喀麦隆、中非、刚果、加纳、几内亚、科特迪瓦、肯尼亚、利比里亚、马里、摩洛哥、卢旺达、塞内加尔、扎伊尔（现刚果民主共和国）、尼日利亚、加篷、马拉维、安哥拉、布基纳法索、尼日尔、莱索托、马里（这些国家有的是非洲知识产权组织的成员）等。亚洲国家有：中国、印度尼西亚、斯里兰卡、越南。拉丁美洲国家有：玻利维亚、智利、哥伦比亚、多米尼加、巴巴多斯、阿根廷。现今在著作权法体系中明文规定保护民间文学的有：《突尼斯文学艺术产权法》、《安哥拉作者权法》、《多哥版权、民间文学与邻接权法》、《巴拿马版权法》、《坦桑尼亚版权和邻接权法》以及我国《著作权法》。参见郑成思：《版权法》，中国人民大学出版社1997年版，第128～129页。

② 孙国华、杨思斌：“公私法的划分与法的内在结构”，载《法制与社会发展》2004年第4期。

是不够的，毕竟政府的力量有限，还应采取私权保护，通过授予非物质文化遗产的权利主体以专有性权利来促进动态文化遗产的可持续利用与有效保护，有利于防止对非物质文化遗产的不正当使用与贬损性使用，有利于保存、发展以及合理利用本群体、本民族的非物质文化遗产。在诸多的文学、艺术和科学领域中，非物质文化遗产是现代文化的创新之源，尤其是民间文学艺术为现代作品的创作，遗传资源为生物技术领域中的新产品研发作出了重要贡献。因此，非物质文化遗产的获取条件、非物质文化遗产提供者人格利益的尊重以及非物质文化遗产使用后的利益分享等都是非常重要的问题，有必要进行私法规制。非物质文化遗产的私权保护可以控制对非物质文化遗产的获取、披露和使用；可以行使对任何获取、披露和使用非物质文化遗产要求取得事先知情同意的权利；可以旨在确保对利用非物质文化遗产所取得的惠益进行公平和公正的惠益分享制度，并通过有效的机制防止未经授权的利用；可以确保继续对非物质文化遗产的合理开发和利用并避免发生不良效应；可以防止第三方声称对非物质文化遗产拥有知识产权。这样不仅有利于非物质文化遗产的所有人，还有利于整个社会。这种机制适用于按照国家法律或有关社区的习惯法未被法律承认是传统知识、创新和做法的“所有者”或“持有者”的所有人或社区。①

（二）非物质文化遗产私权保护的经济学分析

非物质文化遗产的法律保护有产权问题。产权经济学和新制度经济学的理论表明，产权实质上是一套激励与约束机制，影响和激励行为是产权的一个基本功能。产权的一个主要功能是导引人们实现将外部性较大地内在化的激励，产权安排直接影响资源配置效率，一个社会的经济绩效如何，最终取决于产权安排对个人行为

① UNEP/CBD/WG8J/3/7，http://www.wipo.int.

所提供的激励。共有制意味着共同体否定了国家或单个的市民干扰共同体内的任何人行使共有权利的权利，私有制则意味着共同体承认所有者有权排除其他人行使所有者的私有权。① 在私有产权下，私产所有者作出一项行动决策时，会考虑未来的收益和成本倾向，并选择他认为能使他的私有权利的现期价值最大化的方式，来作出使用资源的安排；而且他为获取收益所产生的成本也只能由他个人来承担，因此，在共有产权下的许多外部性就在私有产权下被内在化了，从而产生了更有效地利用资源的激励机制。② 作为一种智力创造成果，非物质文化遗产具有有益的外部性，能够为人们所认识和利用，造福于人类社会，创造经济效益。非物质文化遗产具有边际收益递增性，非物质文化遗产作为一种生产要素投入到生产中，不仅可使原有的生产技术得到改善，而且能提高其他投入利用率，同时还可以通过利用非物质文化遗产后的附加信息反馈增加其本身的价值，所以即使在其他投入不变的情况下，边际收益也会不断上升。作为知识资产的一种，非物质文化遗产具有经济价值或潜在的经济价值，对非物质文化遗产的商业性使用往往能产生一定的经济利益。将激励理论适用于非物质文化遗产的保护，明确非物质文化遗产的产权关系，授予权利人经济权利，有利于非物质文化遗产的保存与进一步发展。

非物质文化遗产具有公共产品的属性，在消费上不具排他性，在某一时空条件下可供不特定的多数人同时使用，一个人对非物质文化遗产的消费也不会妨碍其他人的消费。非物质文化遗产一旦公开，其权利人很难控制不向其支付费用而享受其产品利益的“搭

---

① ［美］H. 登姆塞茨：“关于产权的理论”，见［美］R. 科斯、A. 阿尔钦、D. 诺斯等：《财产权利与制度变迁——产权学派与新制度学派译文集》，上海三联书店、上海人民出版社 1994 年版，第 98 ~ 105 页。

② ［美］R. 科斯、A. 阿尔钦、D. 诺斯等：《财产权利与制度变迁——产权学派与新制度学派译文集》，上海三联书店、上海人民出版社 1994 年版，译者的话，第 7 ~ 8 页。

便车”行为。从已有的对非物质文化遗产的使用情况来看，非物质文化遗产作为一种重要的文化资源，被人们直接使用或作为创新之源使用，在使用过程中已经产生了巨大的经济利益，但非物质文化遗产专有权人却没有得到任何经济利益。所以，在回答非物质文化遗产是公有还是私有问题的时候就要考虑非物质文化遗产的“外部经济效益”和“搭便车”问题，以效益最优为原则来设置有关制度，以矫正外部经济效益，并通过保护非物质文化遗产创造者的无形财产垄断权，来激发其创造积极性以及对非物质文化遗产的传播。诚如1982年《示范条款》指出的，保护民间文学艺术的一个很重要的原因是“科学技术的迅速发展，特别是在录音、录像、广播、有线电视和电影摄制领域的发展，可能导致对该国文化遗产的不正当使用。缺乏对起源国的文化或经济利益的应有尊重，民间文学艺术在世界范围内被商业化了，同时也不承认民间文学艺术的创作者对使用的收益享有任何利益。”①

（三）非物质文化遗产的知识产品特性

知识产权是有关智力创造成果与工商业经营活动中产生的标记、信誉的专有性权利，作为区别于传统所有权的另类权利，其保护对象主要是人们在科学、技术、文化等知识形态领域中创造的知识产品。尽管在不同历史时期的不同国家，受经济、科技、文化等因素的影响，知识产权的保护范围有所差异，但是，作为一种类型化的逻辑产物，知识产权法意义上的知识产品必然具有某些共同的法律属性。在知识经济时代背景下，吴汉东教授综合各家之言对知识产权的客体——知识产品的蕴意作了高度概括：一是非物质性，即知识、信息是区别于物的另类客体，属于非物质财富的范畴；二是创造性，即知识、信息与人们智力活动有关，产生于知识或精神

---

① Model Provisions for National Laws on the Protection of Expressions of Folklore Against Illicit Exploitation and Other Prejudicial Actions with a Commentary, Unesco & WIPO. 1985.

领域；三是价值性，即知识、信息作为民事客体，其意义在于它们构成知识产权法所保护的利益。①

非物质文化遗产是被各群体、团体、有时为个人视为其文化遗产的各种实践、表演、表现形式、知识和技能及其有关的工具、实物、工艺品和文化场所，②这种知识、信息也具有上述知识产品的法律属性：

第一，非物质文化遗产具有非物质性的特点。非物质文化遗产是来自某一文化社区的全部创作，这些创作以传统为依据，由某一群体或一些个体所表达并被认为是符合社区期望的，作为其文化和社会认同感的表达形式；非物质文化遗产，是显示某个社会或某个社会群体精神与物质，智力与感情的不同特点的总和；除了文学和艺术外，非物质文化遗产还包括生活方式、共处的方式、价值观体系、传统和信仰。可见非物质文化遗产是知识形态的精神产品，虽然具有内在的价值与使用价值，但没有外在的形体，不占有一定的空间，人们对非物质文化遗产的“占有”不是一种实在而具体的控制，而是表现为认识和利用。

第二，非物质文化遗产具有创造性的特点，是一种智力创造成果。非物质文化遗产是由劳动人民集体创作、反映劳动人民思想感情、表现他们的审美观念和艺术特色并在广大人民群众中流传的智力成果，非物质文化遗产的智力成果属性决定了它适合使用知识产权保护。

第三，非物质文化遗产能够为人们带来经济利益，具有价值性特点。非物质文化遗产基于传统的以语言、音乐、舞蹈、手工艺品、设计、故事等形式表达的，具有内在的价值与使用价值，通过对非物质文化遗产的商业性使用，可以产生经济利益。如美国迪斯尼公司拍摄的卡通电影《花木兰》为其创造了3亿美元的票房。

① 吴汉东主编：《知识产权法》，法律出版社2004年版，第17～22页。

② 《非物质文化遗产公约》第2条。

非物质文化遗产的知识产品特性决定了其应当受知识产权的保护，非物质文化遗产上的利益是文化群体享有的私益。而知识产权的本质是私权，意指私人享有的各项民事权利。知识产权作为民事权利的属性取决于它所调整的利益关系的性质，而利益关系是客观的，它不以人的主观意志而改变。知识产权之所以属于民事权利是由于它所反映和调整的社会关系是平等主体之间的财产关系，因而具备了民事权利共同的本质的特征。①

二、应重视非物质文化遗产精神权利的保护

（一）非物质文化遗产中反映的人格利益应得到尊重和保护

非物质文化遗产具有民族性的特点，是某个民族特性的反映，各民族通过各种宗教信仰、神话故事、语言文字、象征符号来表达其民族意识和民族情感，反映其价值观念和伦理规范。许多民族的非物质文化遗产具有特别的含义，往往与其祖先的足迹、事件和地点相联系，权利人非常重视其领地形象。美国最大的土著群体之一纳瓦霍人的头领，相信他们的文化财产，包括圣物和人类遗迹由于被不当占有和不是为了纳瓦霍人的利益而遣还，将与邪恶的灵魂相联。这就指出需要把这种不合法的使用行为确认为是一种罪行，从而阻止它的发生，一旦这种文化财产占有行为发生了，损害将不可

① 刘春田："知识财产权解析"，载《中国社会科学》2003年第4期。

避免地产生。[①] 可见，非物质文化遗产是创作者民族特性的体现，人格的反映，创作者在其非物质文化遗产中表达了一定的思想或情感，非物质文化遗产专有权人对其非物质文化遗产的人格利益理应受到法律的保护，创作者对其非物质文化遗产应享有相应的精神权利。“一部适当的保护非物质文化遗产的法律必须包含法律救济和防止未经授权的占有、复制被认为是神圣的艺术品，因为在公众市场对圣物的纯粹使用或者长期的展示对相关土著人是无礼的。”[②] WIPO-UNESCO 主持下的保护非物质文化遗产的政策目标之一便是“增进人们对传统文化和非物质文化遗产以及对保存并维持这些文化和非物质文化遗产表现形式的各族人民和各社区的尊严、文化完整、思想和精神价值的尊重。”[③]

因此，非物质文化所有人在其中所反映的人格利益非常有必要得到尊重和保护。

（二）非物质文化遗产精神权利的内容

1. 以适当的方式表明非物质文化遗产来源的权利

该项权利不仅在原非物质文化遗产的使用中行使，还应当在基于非物质文化遗产创造产生的作品、发明创造等成果或传播活动中行使，意在表明再创造成果与非物质文化遗产的渊源关系。在民间文学艺术保护方面，1982 年《示范条款》也明确规定了“来源的承

① Lucy M. Moran, Intellectual Property Law Protection for Traditional and Sacred “Folklife Expressions” -Will Remedies Become Available to Cultural Authors and Communities?, *University of Baltimore Intellectual Property Law Journal*, Spring, 1998, p. 9.

② *See Daes Study on IP Protection*, *supra* note 7. 转引自 Lucy M. Moran, Intellectual Property Law Protection for Traditional and Sacred “Folklife Expressions” -Will Remedies Become Available to Cultural Authors and Communities?, *University of Baltimore Intellectual Property Law Journal*, Spring, 1998, p. 10.

③ WIPO/ GRTKF/IC/7/3, annex 1.

认”，要求在所有的印刷出版物中以及有关的任何公开传播中，必须用恰当的方式标明其来源，即通过提及所使用的非物质文化遗产表现形式的起源社区和（或）其地理位置的方式来标明，要求进行起源地的承认而没有进行承认的，应处以罚款。在遗传资源方面，《生物多样性公约》提出了“遗传资源来源披露要求”，即专利申请人应当在专利申请中披露其在请求保护的发明中所使用的遗传资源的来源或原产国（地）以及事先知情同意和惠益分享的证据。这一规则得到了有丰富遗产资源的广大发展中国家的支持，许多地区性组织和国家已经率先在其有关获取和惠益分享的立法以及专利法中认可了披露要求，如安第斯共同体、欧洲联盟、哥斯达黎加、印度、巴西、秘鲁、挪威和丹麦等。我国正在研究讨论的《专利法》第三次修正案也增设了“遗传资源来源披露要求”。某些发达国家在世界知识产权组织的框架内积极推动修改《专利合作条约》和《专利法条约》，从而达到认可披露要求的目的。①

非物质文化遗产公开、使用的时候，权利人有权决定是否表明该文化遗产的来源，使用人应当以适当的方式表明该文化遗产的来源。如果违背权利人的意愿或者在使用与非物质文化遗产有关的产品中没有标明其来源，则构成侵权；如果在专利申请中没有按照规定披露遗传资源来源，则该专利申请不予批准，即便被批准了也属无效专利。如我国发生的《乌苏里船歌》案就属于典型的侵犯非物质文化遗产专有权人表明其文化遗产来源权利的行为，《乌苏里船歌》分明是在赫哲族民间音乐曲调的基础上改编完成的，但编曲人在使用其作品时却没有注明该歌曲曲调来源于赫哲族传统民间曲调。

当然，有时候判断非物质文化遗产的实际起源社区比较困难，尤其是在起源地涵盖的地区不止一个国家或民族的时候，或者是某

① 张小勇：“专利申请中遗传资源来源的披露研究（一）”，载《贵州师范大学学报》2006 年第 6 期。

种非物质文化遗产在某个地区已经接受、保护、进一步发展了，但最终的分析证明该种非物质文化遗产最初起源的却是其他地区。所以在 WIPO-UNESCO 出版的 1982 年《示范条款》及评论中指出，只有在民间文学艺术的起源地是可能确定的时候，也就是说，当民间文学艺术的使用者有可能知道该文化来自于何处或者起源于哪个社区的时候，才会尊重其权利，标明该民间文学艺术的来源。①

此外，1982 年《示范条款》又规定了两种不要求承认民间文学艺术的来源，因为如果坚持要求承认将是不合理的：一是为创作原创作品而借用民间文学艺术；二是对民间文学艺术的使用是伴随性的使用，特别地包括：为了报道时事新闻而在摄影、广播或者录音录像中使用能在时事事件中看见或者听见的民间文学艺术，而且这样的使用对于增进知识的目的来说是正当的；在摄影、电影电视制片中使用在公共场所中长久安置的、包含有民间文学表现形式的物体。② 对 1982 年《示范条款》的这一规定，笔者以为不妥。“表明来源”权作为一种“天赋”创作者的精神权利，基于民间文学艺术的创作完成而产生，这种权利不能剥夺，不能放弃，也没有适用的例外，在任何情况下的使用都应注明民间文学艺术的来源。

2. 保护非物质文化遗产不被不适当使用和贬损性使用的权利

该项权利设定的目的在于赋予创作者禁止他人将非物质文化遗产作贬损性使用，歪曲篡改其思想观点。在使用非物质文化遗产时，应当尊重产生非物质文化遗产的民族或群体的宗教信仰、风俗习惯和精神权利，不得擅自对非物质文化遗产进行修改，不得歪曲、

① Model Provisions for National Laws on the Protection of Expressions of Folklore Against Illicit Exploitation and Other Prejudicial Actions with a Commentary, Unesco & WIPO. 1985，http://www.wipo.int.

② Model Provisions for National Laws on the Protection of Expressions of Folklore Against Illicit Exploitation and Other Prejudicial Actions with a Commentary, Unesco & WIPO. 1985，http://www.wipo.int.

篡改原生作品，不得违背原生作品独特的表现形式或艺术风格，不得作不适当使用。在澳大利亚地毯一案中，被告将原告部族神圣的“形象”使用在地毯上任人践踏，就是一种贬损性使用，该行为给“形象”文化权人的精神造成了极大的痛苦。在民间文学艺术表达特别权利保护体系的构建过程中，该项权利的授予得到了广泛的认可，对民间文学艺术法律保护问题的提出理由之一便是“由于没有得到有效的保护，民间文学艺术被不正当或贬损性使用”。① 1982年《示范条款》的保护原则就是“防止在本法定义下的对民间文学艺术的不适当利用和其他损害性行为”的发生，并规定“直接或间接地公开使用民间文学艺术表现形式时，有意歪曲该形式，以至损害相关社区的文化利益的，将受……惩罚”。在WIPO-UNESCO保护传统知识的的相关文件中，也首先是要求对“文化完整”的尊重。

三、非物质文化遗产经济权利的授予与权利行使以惠益分享为原则

（一）非物质文化遗产所有人享有分享经济利益的权利

惠益分享理论源于关民理论，关民理论是由美国威廉·伊文教授和爱德华·弗里曼教授提出的著名经济伦理理论，是指应由利益

① Model Provisions for National Laws on the Protection of Expressions of Folklore Against Illicit Exploitation and Other Prejudicial Actions with a Commentary, Unesco & WIPO. 1985, http://www. wipo. int.

创造者和相关的贡献者共享利益。1992年《生物多样性公约》将惠益分享原则确定为保护遗传资源的三大原则之一，指出“认识到许多体现传统生活方式的土著和地方社区同生物资源有着密切和传统的依存关系，应公平分享从利用与保护生物资源及持久使用其组成部分有关的传统知识、创新和作法而产生的惠益”，要求“每一缔约国应采取一切可行措施，以赞助和促进那些提供遗传资源的缔约国，特别是其中的发展中国家，在公平的基础上，优先取得基于其提供资源的生物技术所产生成果和惠益”。在2002年召开的第六次CBD缔约方大会通过的《关于获取遗传资源并公正和公平分享通过其利用所产生惠益的波恩准则》对利益分享原则作了进一步规定，该准则指出“获取和惠益分享制度，应以国家或地区范围内的全面获取和惠益分享战略为基础”，“惠益分享机制应包括在科学研究和技术开发方面进行充分合作，并包括那些从商业产品中产生的惠益，包括信托基金、合资企业以及条件优惠的使用许可”，可见在遗传资源的利用中适用惠益分享原则已经成为制定国际法律标准和满足社会期望的共同要求。非物质文化遗产与遗传资源具有相同的法律特征和法律属性，是现代文化的重要创新之源，往往能够为使用人带来经济利益，如好莱坞根据中国传统故事“木兰从军”拍成的娱乐大片，在全球赚取了20亿美元的票房收入。因此，当非物质文化遗产作为一种重要的创新之“源”被直接使用或间接使用并产生经济利益时，其权利人有权根据惠益分享原则对有关的创新成果分享经济利益。

（二）经济权利适用的前提条件应限定为“以营利为目的”

按照现有知识产权法律制度，除法律另有规定外，使用他人的知识产品均应取得许可并支付使用费。但非物质文化遗产的保护与现代文化的知识产权保护有所不同，作为现代文化的创新之源，非物质文化遗产在为现代文化的创作提供大量素材的同时，也通过现代文化的创作与传播得到了广泛的传播与发展，如果对使用人的行为作过多的限制，强化非物质文化遗产经济利益的保护，将妨碍人们对文化遗产的正常使用，不利于非物质文化遗产的传播与发展。所以，对非物质文化遗产经济权利的保护应当以利益分享为宗旨，“以营利为目的”为适用条件，即只有在使用人以获得经济利益为目的并有可能获得利润的情况下，才要求使用人尊重非物质文化遗产专有权人的经济权利，即征得许可并支付使用费。而且收取的使用费只能用于本国文化和福利目的，用于促进非物质文化遗产的保存与发展。1982 年《示范条款》也将民间文学艺术经济权利适用的一般条件限定为“以营利为目的的使用”，规定“除了示范法规定的例外情况，以营利为目的，并在其传统或习惯范围之外，对民间文学艺术进行的下列利用，须经过相关社区有权主管机关的授权…”。如果是非营利性地使用非物质文化遗产，如为了公共利益目的的使用，为了抢救濒危文化遗产的使用等，则不受经济权利的限制。此外，使用费的支付应当在使用人获得经济利益之后，而非使用之时。即利益分享适用的前提是对非物质文化遗产进行利用后已经获得了收益，如果使用人没有获得经济利益，则不宜要求使用人支付使用费。

（三）经济权利内容的界定应以“营利使用”为限

对非物质文化遗产经济权利内容的界定是个难题，争议较大。一方面，非物质文化遗产的范围较为宽泛，不同的文化遗产，其使用方式也不相同，如传统的口头文学、表演艺术、美术与传统的手工艺、医药和历法等知识和实践活动的使用就有较大差异。另一方面，对于相同表现形式的非物质文化遗产，各国立法、理论与实践也不尽相同。例如民间文学艺术，在采用著作权保护模式的国家，有的国家如巴巴多斯、布隆迪、喀麦隆、智利、加纳、印度尼西亚、肯尼亚、马达加斯加、卢旺达、斯里兰卡和扎伊尔等，将民间文学艺术视为一般的文艺作品给予保护，有关作品的著作财产权内容当然地适用于民间文学艺术；有的国家将民间文学艺术与民间文学艺术作品予以区别，对民间文学艺术做了专门的规定；①此外，安哥拉、多哥、巴巴多斯、布隆迪、刚果、加纳等国还规定了“进口权”，即未经主管机构的批准，禁止向这些国家进口和传播任何国家的民间文学艺术及其翻译、改编作品，以防止未经授权制作的作品歪曲、篡改本国的民间文学艺术进口到国内,对本国的民间文学艺术和经济利益构成冲击。② 巴拿马等国的著作权法还规定了对民间文学艺术的“改编权”，即改编民间文学艺术的表现形式应取得权利人的许可并按规定支付使用费。 但有学者认为不应授予改编权，因为民间文学艺术的改编者多是艺术家，其改编目的多不在营利，而在于发扬或提高民间文学艺术的艺术水平，传播与发展文化瑰宝。 如果要求作为改编者的艺术家们事先取得许可及事后付酬，有可能妨碍民间文学艺术的发掘、发扬、提高及传播，有可能不利于文化事业的发展。③

笔者以为，非物质文化遗产经济权利的具体内容仍然与“以营利目的”相关联，应将其界定为“营利使用”，无论是何种使用方

---

① 如突尼斯将民间文学艺术的经济权利适用于任何商业性使用的情形，其《文学艺术产权法》第7条规定：“民间文学艺术构成国家遗产的一部分，任何为营利使用而抄录民间文学艺术，均应取得文化部授权，并向依本法所成立的版权保护代理机构的福利基金会支付报酬。”多哥1991年《著作权，民间文学艺术及邻接权保护法》第69条规定：“不论以何种形式为营利目的而公开表演或复制本民间文学艺术，均须取得多哥版权局授权并支付版税，版税额依有关类型作品原有额度比照执行”。

② 如《安哥拉作者权法》第15条之3款规定：“未经主管当局许可而在安哥拉国外制作的安哥拉民间文学艺术作品的复制品，以及安哥拉民间文学艺术作品文译本、改编本、安排或移植本的复制品，均禁止向安哥拉进口或在安可拉出售。”多哥《版权、民间文学艺术及邻接权保护法》第71条规定：“未经多哥版权局授权而制作的本国民间文学艺术复制品，或本国民间文学艺术文译本，改编或移植本的复制品，均禁止进口或销售”。

③ 郑成思：《版权法（修订本）》，中国人民大学出版社1997年版，第132页。

式，只要是与营利有关的使用行为均应纳入非物质文化遗产经济权利的范畴。除法律另有规定，当使用人以任何方式营利性地使用非物质文化遗产时，均应取得授权并支付使用费。

（四）经济权利的限制

利益平衡原则是知识产权法律制度的核心原则，在非物质文化遗产的知识产权保护中，同样需要平衡私权保护与公共利益的关系，平衡非物质文化遗产创造者、传播者、使用者三者之间的利益，从而保护非物质文化遗产的正当利用。利益平衡的需要在有关加强非物质文化遗产保护的讨论中经常为参加讨论的各类持有人所强调。① 利益平衡原则也成为 WIPO-IGC 保护非物质文化遗产的政策目标与核心原则之一，该原则指出，保护非物质文化遗产应当反映那些发展、保存和保持非物质文化遗产的人的权利、利益与利用非物质文化遗产并从中获利的人之间的利益平衡；以及反映具体的保护措施与保护目标、实践经验及需求相适应的需要。②

非物质文化遗产的保存、传播与弘扬往往是依赖于传承人的表演、讲述、再创作等活动，如被誉为“西部歌王”的王洛宾，为我国西部民歌的传承耗费了毕生精力，也为我国西部民歌的传播与发展作出了巨大贡献，他先后收集整理、改编翻译了十几个民族的700多首民歌，并创作了大量具有浓郁西部特色的优秀民歌，先后出版了8部歌曲集，使中国的西部民歌不仅流传全国，而且传遍了全世界。可以说，传承人对非物质文化遗产的保存与弘扬是功不可没的。此外，以非物质文化遗产为源泉创作新的作品也是非物质文化遗产予以传承的主要方式之一，古往今来，世界著名的文学艺术家们往往从非物质文化遗产的沃土中寻求灵感，从非物质文化遗产里汲取营养。例如，在歌剧《图兰朵》中，普契尼就把中国民歌

① WIPO/GRTKF/IC/10/4.

② Ibid.

《茉莉花》作为贯穿主题之一，非常成功。在现当代中国音乐家的作品里，直接采用民间音乐素材的作品也不胜枚举。因此，允许文艺家们为创作原创作品而自由地对非物质文化遗产加以利用，将实现当代创作与非物质文化遗产传承的“双赢”。

在非物质文化遗产知识产权保护的研究与制度设计中，均主张在授予其专有性权利的同时，也对其经济权利予以限制。

WIPO-IGC 保护民间文学艺术表达的政策目标与核心原则实质性条款第 5 条是有关民间文学艺术表达专有权的例外与限制。该条指出：

（a）民间文学艺术表达的保护措施

（i）不得限制或阻碍相关社区的成员以传统和习惯的方式，按照习惯法和惯例对民间文学艺术表达进行常规使用、传播、交流与发展；

（ii）应仅适用于对民间文学艺术表达在传统或习惯方式外的利用，无论其是否以商业性赢利为目的；

（iii）不适用于下列利用民间文学艺术表达的情形：

——为教学和学习目的的使用；

——非商业性研究或私人学习；

——批评或评论；

——新闻或事件的报道；

——在法律程序中使用；

——为存档目的制作录音制品和其他复制品，或者为非商业性保存目的而编制文化遗产目录；以及附带性使用。

在任何情况下，上述使用应当符合合理使用的原则，相关社区是被认可的民间文学艺术表达可实行和可能的来源地，上述使用不会对相关社区造成损害。

（b）民间文学艺术表达的保护措施应当允许社区的所有成员，包括一个国家的所有国民，按照习惯和传统无限制地使用民间文学艺术表达或其中某些特定的部分。①

1982 年《示范条款》第四节也规定了民间文学艺术专有权的例外，即对民间文学艺术的利用无须取得授权的情况有：

（1）基于教育目的的利用；

（2）在作者或者作者们的原创作品中，以例证的方式使用民间文学艺术表现形式，而这种使用与合理使用相一致；

（3）为创作原创作品而借用民间文学艺术表现形式。如果对民间文学艺术表现形式的使用是伴随性的使用，也无须取得授权，特别地包括：为了报道时事新闻而在摄影、广播或者录音录像中使用能在时事事件中看见或者听见的民间文学艺术表现形式，而且这样的使用对于增进知识的目的来说是正当的；在摄影、电影电视制片中使用在公共场所中长久安置的、包含有民间文学表现形式的物体。

对非物质文化遗产权利的限制是对经济权利的限制，在具体制度上应为合理使用制度。合理使用是指在法律规定的情形下，使用已经公开发表的非物质文化遗产可以不必征得权利人的许可，也不必向权利人支付使用费，但应当指明非物质文化遗产的来源，注明非物质文化遗产的出处并尊重权利人的其他权利。

非物质文化遗产经济权利的限制包括以下两种情形。

第一，族群内部成员基于传统或习惯方式使用非物质文化遗产。

非物质文化遗产的创作具有群体性和民族性的特点，其专有性权利应由该民族、部落或地区的人民所共有。在非物质文化遗产的长期传承与使用过程中，往往会在族群内部形成一种使用非物质文化遗产的习惯，即允许族群内部成员在某种情况下基于习惯法或实践而使用其非物质文化遗产，该种使用无须征得许可，也不必支付使用费。对非物质文化遗产的保护应尊重传统社区的习惯，不应妨碍传统社区按照传统或习惯方式使用、发展、传播、传承其非物质

① WIPO/GRTKF/IC/10/4.

文化遗产。所谓“传统方式”是指根据某社团的长久使用，在其合适的艺术框架内使用一种民间文学表达的方法，如在其传统环境里表演宗教舞蹈。“习惯方式”是指按照该群体的日常生活习惯，对其非物质文化遗产的使用，如当地手艺人按其习惯方式出售非物质文化遗产有形表达方式的复制品。①

第二，为公共利益目的合理使用非物质文化遗产。

如前所述，利益的平衡原则贯穿于知识产权法律制度的始终，在赋予非物质文化遗产以私权保护的同时，为了公共利益的目的，有必要对其予以一定的限制。一般地，为公共利益目的合理使用非物质文化遗产的条件是：（1）仅限于已经公开的非物质文化遗产，未公开的非物质文化遗产不得进行合理使用。（2）必须是非营利性目的的使用。尽管合理使用制度是对非物质文化遗产经济权利的限制，但是，对非物质文化遗产的合理使用仍然应当不影响非物质文化遗产的正常利用，合理使用以不损害权利人的经济利益为限。（3）应当指明非物质文化遗产的来源，注明非物质文化遗产的出处。（4）不得侵犯非物质文化遗产专有权利人的其他权利。

四、余　论

我国的《非物质文化遗产保护法（草案）》即将提交给全国人民代表大会审议，笔者还想就其中的民事权利保护问题补充两点：

第一，《非物质文化遗产保护法》规定非物质文化遗产的民事权利保护是非常有必要的，但不宜规定过多民事权利。私法是一种授权性规范，当授予非物质文化遗产持有人一种垄断性权利（如知

---

① Model Provisions for National Laws on the Protection of Expressions of Folklore Against Illicit Exploitation and Other Prejudicial Actions with a Commentary, Unesco & WIPO. 1985.

识产权）时，任何人要使用该非物质文化遗产时，除法律另行规定外，都应征得许可并支付使用费。非物质文化遗产固然是有经济价值的，有的还蕴含着巨大的市场价值，但也有为数不少的非物质文化遗产不具有市场价值，尤其是一些被现代文明摒弃的，也不具有表演欣赏价值的；还有许多文学艺术家们在传承利用非物质文化遗产时无法预测其市场前景，还有许多传承人原本经济困难，无力支付使用费。如果要求传承人在利用非物质文化遗产之初就付费的话，他极有可能选择放弃，这无疑会影响到非物质文化遗产的保存与传播。所以，如果《非物质文化遗产保护法》过多地赋予持有人以民事权利，将影响其保存与传播，不利于非物质文化遗产保护宗旨的实现。

此外，从非物质文化遗产的范围来看，统一适用民事权利保护有困难。非物质文化遗产的范围极其广泛，包括：（1）传统的口头文学、表演艺术、美术；（2）传统的礼仪、节庆、民俗活动；（3）传统武术、竞技、游艺等体育活动；（4）传统的手工技艺、医药和历法等知识和实践活动；（5）其他反映某一地区的文化特征，具有历史、文化、科学和艺术价值的各种实践、表达、表演、知识技能及其相关实物和场所。在这些类型之中，并不是所有的非物质文化遗产都适于授予民事权利。传统的口头文学、表演艺术、美术和传统的手工技艺、医药可以授予民事权利，但传统的礼仪、节庆、民俗和传统的武术、竞技、游艺活动等却不合适，适于用行政手段、国家公权力的形式把中秋、端午这样一些节庆加以推广和弘扬，而不是用垄断性权利保护起来，限制其传播。所以，并不是所有的非物质文化遗产都需要给予民事权利保护，即便需要，不同的非物质文化遗产也应规定不同的民事权利，民间文学艺术的民事保护应当予以强化，有关遗传资源的保护可以与《专利法》相匹配，传统医药知识的保护宜单独立法。

第二，从我国已有的立法情况来看，《非物质文化遗产保护法》有关民事权利的规定与其他知识产权法尤其是国家版权局正在制定的《民间文学艺术作品保护条例》应该是相互补充的关系，而非重复关系。如前所述，对不同的非物质文化遗产适于规定不同的民事权利。目前国家版权局再次提出《民间文学艺术作品著作权保护条例（草案）》，为民间文学艺术作品提供著作权保护；“遗传资源来源的披露”已经成为《专利法》第三次修订的内容之一，将规定“依赖遗传资源完成的发明创造，申请人应当在专利申请文件中申明该遗传资源的直接来源和原始来源；申请人无法申明原始来源的，应当说明理由”。“依赖遗传资源完成的发明创造，该遗传资源的获取或者利用违反有关法律、行政法规的规定的，不授予专利权”；[①]其他的知识产权现有立法也可以从一定程度上为非物质文化遗产提供民事保护。因此，《非物质文化遗产保护法》有关民事权利的规定与其他知识产权立法应该是相互补充的关系，在其他立法中已经规定的，不宜再重复规定，更不能相互矛盾。

① 《中华人民共和国专利法修正案草案》第5条第2款、第27条第6款。

知识产权的民法传统与现代性

康添雄*

在这个世界上，你可以超越习俗和限制，但不能无视它们走得太远。

——［美］理查德·加尼班

像古老雕塑的碎片一样，我们只是在等待最后一个碎片被找到，以便我们可以把所有的碎片粘合在一起，创造一个与最初的整体完全相同的整体，我们不再相信这个碎片存在的神话。我们也不再相信曾经存在一个最早的整体，或者最后会有一个整体在未来的某一天等着我们。

——［法］吉尔·德勒兹

一、知识产权的民法传统何以存在

按照《辞海》的说法，传统，是指旧有的思想、艺术、制度等

* 康添雄，西南政法大学讲师，知识产权法博士。本文原载《知识产权》2010年第5期。

社会因素。就如南澳岛渔民出海捕鱼之前一定会拜祭关二爷，而不一定是被尊为海神的妈祖；再如，西班牙人检验伊比利亚生火腿品质的工具，不是仪器，而一定是细长的白色鱼骨。[①]由此看来，传统具有明显的地方性和文化品格性，有着维持秩序与稳定的功能。但有时候，传统反而会成为一种行进的负担，一个时代确凿无疑的观念有时候是下一个时代的难题。知识产权，作为制度、权利，甚至是新文化，在中国大多时候都被认为是舶来品。那么，它有没有中国的地方性特质或文化品格，换言之，有无中国的法律传统？

审视这个问题并期待恰当的回答，需要考察这种法律现象：每逢重大民事立法或修法之际，知识产权与民法的关系往往成为各方讨论的焦点之一。近日《商标法》拟进行的第三次修改，便引发了"民法原则与商标立法"的激烈讨论："《商标法》从诞生起，历次修订虽然具体任务不同，但是方向和结果是明确的，除了商标制度本身的技术性问题外，都体现了对商标法的本性——民法的回归。"[②]有论者强调将《商标法》调整对象从"注册商标法律关系"回归到"商标法律关系"[③]，讨论的也是行政关系向民事关系的本质转向。甚至更远一些，在讨论中国民法典创设的时候，学者们总是争论着应否给知识产权留存一席之地，等等。这些讨论和争议来自不同的部门法学者，其中来自知识产权法和民法学界的声音最引人注意，不同声音的汇集促成知识产权法学与民法学的交流与融合。于是我们似乎可以得到这样的结论：民法是知识产权的源头和传统；知识产权的梳理和重整，必然绕不开对民法的讨论。那么，这里所凝炼的"知识产权的民法传统"，如何产生并何以存在？

---

① 林裕森：《欧陆传奇食材》，三联书店2008年版，第115页。

② 刘春田："民法原则与商标立法"，载《知识产权》2010年第1期。

③ 邓宏光："中国经济体制转型与《商标法》的第三次修改"，载《现代法学》2010年第2期。

（一）语义和逻辑的分析

“知识产权的民法传统”是关系和性质判断的命题，即使算不上新命题，但为了使论证更充分，诠释其语义仍然是必要的。此处讨论的知识产权，是指法律和制度层面上的知识产权，暂时不考虑作为文化的知识产权。“民法传统”一词，一般被认为是指渊源于上古罗马法，指罗马市民法（Jus civile），并以其法律制度为基础演进发展而最终形成的法律传统。[①] 本文的“民法传统”意非如此，而是指知识产权普遍被认为是私权，是民事权利之一种，民法是“源”，知识产权是“流”，二者系为一族。从法的形式上看，中国迄今尚无民法典或知识产权法典，虽然《民法通则》给定了知识产权术语和规范，但因社会剧烈迁移，这些术语和规范如今已显得不够准确也不够充分。因此在今天的法学研究中，词语选用及表达的准确性似乎更值得关注。那么，根据以上所述语义，“知识产权的民法传统”的命题是否能够以其他问题形式实行替换？既然这是一个性质判断的命题，那么“知识产权法与民法是什么关系”或者“知识产权法学与民法学是什么关系”可以替换么，二者是同构的吗？论者时常在无意识中将两者相互替换，这大致不能说是逻辑的混乱，实质上是二者之间存在内在关联的一致性，例如在“知识产权属于民事权利”的观念指导下，将产生“知识产权法是民法的组成部分”的看法，最后形成“知识产权法学是民法学不可分离的一个部分”这样的结论。但是，这里讨论的事实上已经不再是“A与B的关系”，而是试图证立“B是A的传统”，前者的外延远大于后者，内核也非同构。因此，从语义和逻辑上讲，“知识产权的民法传统”是一个独立而不得替代的命题。

---

① 江平、米健：“论民法传统与当代中国法律（上）”，载《政法论坛（中国政法大学学报）》1993年第1期。

（二）道德基础的论证

知识产权立法者和学者争论着“回归民法”以及“如何回归”的问题，这样的讨论不能说没有意义，但论者往往只停留于技术层面的规范，而没有触及规范背后的道德伦理。或许只有在道德基础面上进行更为充分的论证，才有可能更好地理解“知识产权的民法传统”是一种现实存在，而不是臆想。一方面，知识产权作为法律规范的存在，必然需要道德基础的支撑。虽然知识产权与人类科学技术紧密且直接相关，但不能据此认为知识产权就仅仅只是技术规范，而不需要道德。知识产权的存在，仍然需要道德评估和伦理分析。“既然法律是从伦理规范里发展出来的，既然伦理规范需要道德基础，法律也就同样需要道德基础。”①以如此观念为立法指导，才有了知识产品法律保护的排除规则：反人类常理常情的作品及商业标记不受保护、反人伦常识的技术发明不授予专利权，等等。新近出现的“人造生命细胞技术”接受立法部门伦理评估的事件，虽然发生在境外，但对于知识产权这类“舶来品”而言，仍具有相同的法律意义——技术无国界。②知识产权必须是把道德考虑在内的法律，法律的技术性要求也不应该超越道德和伦理的要求。另一方面，知识产权的道德观念直接源自民法的精神和伦理，是流与源的关系。知识产权的客体或对象，是不得违反人的常识、常情及常理，亦即知识产权必然是一种道德和伦理上的“善”。“伦理”，不言而喻地，是最高的“善”和最高善的知识，这是我们生活中最大的关键。③先哲的洞见，至今不失其真义，“善”与人类

---

① 赵汀阳：《论可能生活》，中国人民大学出版社 2004 年版，第 243 页。

② 路透社：www. reuters. com，Hearing on synthetic life to examine breakthrough，2010 年 6 月 15 日 .

③ 亚里士多德：《尼各马可伦理学（第 1 卷）》，苗力田译，中国社会科学出版社 1999 年版，第 3 页。

满足感和幸福感紧密相关，因此，知识产权必然且必须是提升人类集体和个体幸福感的规范，否则将失其作为生活规范存在的意义。那么，这种“善”作为社会规范的存在，渊源在何处？实际上，作为社会规范而存在的伦理，就是民法。换言之，知识产权就是以民法规范的形式作为存在，这是由民法的性质所决定的。民法以平等主体之间的财产关系及人身关系为调整对象，知识产权也以实现社会集体、个人幸福作为存在的意义，在市民社会中，社会集体与个人均为平等关系中的主体。同时，民法是最贴近社会经济、文化生活的法律，恩格斯说，“民法准则只是以法律形式表现了社会的经济生活的条件”。文化产品、技术产品、商业符号消费，本质上也是社会的经济生活条件，由此可见，在物质前提尚未实现突破的情况下，知识产权道德观并没有超越民法伦理的范围。

（三）世界观和方法论的比较

知识产权的民法传统，还需要从哲学的角度加以观察。关于民法的普遍本质的思考，论者一般称之为“民法哲学”，换言之，即观察和适用民法规范的世界观和方法论，“民法学的整体观和方法论”。这里的哲学本质是指一种哲学性的观察，而不是哲学本身。哲学或哲学性的观察，与道德不同。前者从主体与客体出发，以获得知识为目的；后者以幸福为追求的目标。据此，民法哲学可以分为主体的、客体的。那么，知识产权能否进入民法哲学的范畴，甚至形成独自的哲学观呢？论者认为，知识产权的哲学基础主要在于知识产权客体的哲学基础，而知识产权客体的哲学基础又主要在于这个客体的上位事物的哲学基础。[①] 彼得·德霍斯从客体角度完成了知识产权哲学性的观察，探讨知识产权作为“抽象物”的特点及在抽象物上设立知识产权的情况，提出要用工具主义的哲学态度来

① 张勤：“知识产权客体之哲学基础”，载《知识产权》2010年第2期。

指导建立相互制约的知识产权方法和理论。① 虽然最终的结论是工具主义的哲学态度，但不可否认的，其论证过程很大程度上依赖着洛克、马克思等人的劳动理论。劳动获得价值，从而使有形物和无形物进入法律的视野。从主体哲学上看，知识产权主体由知识财富享有与分享的观念支配，例如，国家是否应当享有无继承人的作品的财产权利？这必然回到对权利主体正当性的考察，即作为民事主体的国家进行民法哲学的考察。国家的职能在于为社会提供公共产品，而不能是与民争利。② 再有，知识产权设置了诸多限制，从主体与客体关系上，仍然可以获得民法哲学的解释。例如，在全球气候变暖的背景下，有论者建议对绿色技术实行特殊的专利许可制度。③ 专利的"绿色与环保"，正符合"新人文主义民法哲学"生态论要求，生态论阐述如何贯彻绿色原则问题，从而缓解人与资源的紧张关系。如此梳理知识产权的理论脉络，其法律规范及理论体系无疑能得到民法哲学的支持与丰满。无论是主体哲学、客体哲学，还是主体与客体关系的哲学，知识产权均无法回避对民法传统的溯源。

二、民法传统的困境与力图摆脱的努力

(一)困境的存在及形态

中国知识产权获得长足进展，这除了经济建设的推力外，还得

① [澳]彼得·德霍斯：《知识财产法哲学》，周林译，商务印书馆2008年版。

② 康添雄："国家民事主体地位的民法哲学"，载《青海社会科学》2010年第2期。

③ 何隽："从绿色技术到绿色专利"，载《知识产权》2010年第1期。

益于民法传统发挥的法制助力。借助民法建设，知识产权在《民法通则》颁布后，随即获得权利体系中的稳定地位。到今天，这种依托民法传统的发展模式，已经受到多方面的冲击：市场的充分发育、私权的觉醒、法律移植的多源化、公权干预的顽固、公众的感受、外方的压力，等等。知识产权呈现了民法传统的困境——民法传统无法容纳现今和未来的知识产权体系。于是，就有了摆脱困境的努力。当然，也有论者包括立法者，甚至干脆地试图摆脱民法，尝试着编纂“统一知识产权法典”。即便是以法律规范形式存在，知识产权仍然是一种动态的存在而非静止不变。知识产权的民法传统可能由于上述各类社会因素，而变更、修正，甚至更迭。因为“传统并不只是我们继承得来的一宗现成之物，而是我们自己把它生产出来的，因为我们理解着传统的进展并且参与在传统的进展之中，从而也就靠我们自己进一步地规定了传统”。① 既然如此，那么有必要检视知识产权民法传统困境的具体形态及表现。

1. 混乱的学科术语体系

中国民法大体上继受了大陆法系的民法特征，无论是权利体系、逻辑结构还是术语表述，都具有明显的欧陆民法特质。虽然有学者批评我国现在流行的文化结构趋向西化，包括话语与学术规则，文化形态与文化产品，几乎都已成了“外来的复制品”，外来的价值体系、文化观念已经悄然凌驾于民族传统文化之上，甚至认为这一趋向的危害将是毁灭性的。② 但是，对于民法而言，实际上其在中国的本土化早在清末和民国时期便已经逐步实现。相比之下，由于产生及全球性兴起较晚，知识产权在中国至今尚未实现地

① ［德］汉斯－格奥尔格·伽达默尔：《诠释学Ⅰ真理与方法》，洪汉鼎译，商务印书馆2007版，第403页。

② 冯勤：“论全球化时代中国传统文化的困境与重构”，载《西南民族大学学报（人文社科版）》2006年第12期。

方化和本土化，而此时中国借鉴的对象不再是欧陆国家，转而学习英美。一方面，是因为当今世界实际为英美所主导；另一方面，则是欧陆民法典的缺陷使然。曾世雄先生评价法德民法典时，称法国"无体之财产权在民法上几成弃婴"，德国"对于法国民法所忽视之事项，亦多遗忘。"①不同的法系，不同的民事权利体系，导致民法和知识产权很难采用可以相互接受的话语（text）体系。同时，大陆法系的民法学传统，因在中国的传播较早，更为中国社会所接受，这使知识产权在与民法进行对话的时候显得较为弱势。

时间间隔的存在和法律移植来源国的转换，导致中国知识产权产生一种奇特现象——立法者或学者未能运用已有的民法学体系，对知识产权现象进行恰当概括和解释，某些表述与论证简直就是对英美法的生吞活剥；甚至部分法院在立法尚未规范的情况下，积极造法，在判决书中生搬硬套英美知识产权术语及理论。前者如"许诺销售"、"即发侵权"、"间接侵权"等，均是英美法的概念，相当于民法体系中的"支配权"、"侵害之虞"、"共同侵权"；后者如部分地方法院判决直接引述侵犯专利权判定的"多余指定原则"，以及最高法院对该原则适用的否定。②在本土已有概念和术语足以规范的情况下，引进不同法系的术语只能徒增体系的混乱和歧义。"因为在文化转换的过程中，或者说当两个陌生的世界相遇后要以一种事物说明另一种事物时，人们总是会充分利用已有的文化资源而避免创造陌生的新词；人们确信这样会更有效的达到理解的目的，达到传播文化的目 的……"。③或许在术语表述的意义上，当今知识产权已经成为两种外来话语和衍指符号交融和抗争的场域。如此一来，知识产权研究将变得更加复杂和困难，因为这已

---

① 曾世雄：《民法总则之现代与未来》，中国政法大学出版社 2001 年版，第 5 页。

② 参见最高人民法院民事判决书［2005］民三提字第 1 号。

③ 王健：《沟通两个世界的法律意义——晚清西方法的输入与法律新词初探》，中国政法大学出版社 2001 年版，第 55 页。

经不再是法学和语言学普通的研究方案：一方面要分析衍指符号的各种形式特征，另一方面，也要对本土词源与外来因素的互动过程提出自己的历史解释。①

2. 通过公权的社会控制，背离私权自治的民法精神

因为性属私权，知识产权方才被认为具有民法传统。私权领域属于私人，奉行意思自治的思想观念和处事原则。这是通过私法的社会控制，而不是通过公权的法律秩序——即通过有系统地、有秩序地使用政治组织社会的强力来调整关系和安排行为的制度。② 然而，现行知识产权体系强烈主张通过公权力的社会控制，这背离了民法传统。《商标法》开宗明义地声称，《商标法》的制定，是"为了加强商标管理"。这里的管理当然不是指权利人内部的自治，而是行政力量的管理。第三次修订后的《专利法》，仍然保留罚款等诸多行政责任。《著作权法》，除了授予行政组织诸多行政权力外，还与《继承法》编织了严密的国家意识网络，这足以侵蚀公共领域和公共知识财富：无继承人的作品的财产权利，由国家享有，并由行政机构实际行使。③ 公权力的社会控制，形成所谓的"私法行政双轨保护"模式。依据民法传统所彰显的自治精神以及竞争市场所需的自由精神，这种模式值得怀疑，尤其是在倡导私权，抑制公权的当下。双轨模式所定义的社会控制，必然是公权力的可能世界，并顽固地拒绝权利的可能世界。因此，这样的基本假设应当加以检查和反思，而不应当使其成为对于思想而言是非法的"意识形态"。

---

① 刘禾：《帝国的话语政治》，三联书店2009年版，第48～49页。

② ［美］罗斯科·庞德：《通过法律的社会控制》，沈宗灵译，商务印书馆2008年版，第20页。

③ 参见《著作权法》第19条，《著作权法实施条例》第15～16条，《继承法》第32条。

3. 超越民法传统的“善”与正义，趋向工具主义

道德和伦理基础，是知识产权之所以存在民法传统的理论支持。而今的知识产权，则不断地超越民法传统所规定的“善”与正义，逐渐趋向工具主义。工具主义，是杜威对其实用主义理论的一种表述。他强调，思想、概念、理论等不过是人们为了达到某种目的而设计的工具，只要它们对实现目的有用或对有机体适应环境有用，便是真理。它们并无真假之分，只有有效或无效，适当或不适当，经济或浪费之别。① 在论证知识产权的正当性过程中，论者多以洛克劳动理论作为依据。在《著作权法》中，这似乎能够获得合理解释，因为著作权自创作行为（智力劳动）完成而产生。这是自然的正义，属于民法“善”的范畴。但是，到了《专利法》、《商标法》，劳动产生价值的理论则无法恰当地解释权利的产生。在中国，这两种权利都必须通过申请和行政授权程序方能取得。后申请或未申请专利的在先发明人，无论其投入的独立研发成本有多大，都很可能无法获得专利权。商标权的取得也同样存在类似的问题。至此，我们可以看到，知识产权中的正义理念，实际上已经超越了民法“善”的道德基础，更趋向于形式正义。这种形式正义，以一种工具主义的面貌呈现：达到激励技术竞赛这一社会控制目标。显然，这已经具有公共政策的味道，与纯粹私权的特质存在某种差别——程序与实质的正义。知识产权在发展中体现新的道德性，实际上远不止于此。知识产权普遍受到严格的限制，包括纵向维度的时间性和横向维度的特许方式。权利受限，意味着对个人财富的抑制，同时对民众整体幸福的提升。时间性的存在，也是权利的限制形式之一。时间就如同利益流通的管道，从私人手中流向社会公众。同样，在公共卫生、公共健康、国家安全等领域，知识产权并

① ［美］约翰·杜威：《实用主义》，杨玉成、崔人元译，世界知识出版社 2007 年版。

不单纯作为私益而存在，更多地是作为一种集体幸福的提升工具而准备着。如果将上述情形视为个体利益与社会利益之间的分配机制，那么，与民法传统中的“善”不同，知识产权不单单是财富本身，而且还承担私人之间财富分配和分享职能：个人与企业之间的利益分配与分享，即职务作品、职务发明的权益分配；个人之间的利益分配与分享，即合作作品、合作发明的利益分配；个人与家庭成员之间的财富分配与分享。后者属于家庭伦理范畴，知识产权并非以财富的形态介入，而是以收益分配工具的形式出现。①

（二）摆脱困境的努力：回归民法的体系化

民法传统的话语体系和道德基础，在社会转型时期受到内外的冲击，于是，知识产权立法者和论者开始努力寻找摆脱困境的道路。在思索过程中，民法传统成为启迪之源。探寻者遵循民法传统的成文法特征，找到了一条技术化道路。根据成文法特征，知识产权问题可以技术地解构为：事实判断、价值判断、解释选择。探寻者将此归结为知识产权体系化的构建，而且是回归民法的体系化，可以说，这是一种回归传统话语体系的努力。

回归民法的理由——民法为“源”，知识产权为“流”，得到学界普遍的认同，即便是有人认为知识产权具有公法化趋势，也未能动摇这一普遍认同。② 知识产权是私权，知识产权法是民法的组

---

① 参见《婚姻法》第17条，《最高人民法院关于适用〈中华人民共和国婚姻法〉若干问题的解释（二）》第12条。

② 李永明、吕益林：“论知识产权之公权性质——对‘知识产权属于私权’的补充”，载《浙江大学学报》（人文社会科学版）2004年第4期；冯晓青、刘淑华：“试论知识产权的私权属性及其公权化趋向”，载《中国法学》2004年第1期；刘华关于知识产权公权化的观点主要体现在《知识产权制度的理性与绩效分析》一书中，中国社会科学出版社2004年版。对此针锋相对提出批判，认为“知识产权是纯粹私权”的有，吴汉东：“关于知识产权私权属性的再认识——兼评‘知识产权公权化’理论”，载《社会科学》2005年第10期；孙海龙、董倚铭：“知识产权公权化理论的解读和反思”，载《法律科学》2007年第5期。

成部分，民法的基本原理、原则和基本制度对知识产权法具有指导意义。知识产权的体系化前提，必然是对知识产权与民法关系的重整和梳理。以知识产权为审视原点，大致获得内部体系化与外部体系化的区分。外部体系化主要描述的，是与民法体系的衔接或者说如何合理地嵌入民法的固有体系，甚至在必要时对民法体系进行改造，使之更有容纳力，换一个角度讲，这种梳理更多的表现为知识产权寻找自身在法学学科中的位置并为其合理性论证的努力①；知识产权内部体系化主要是对《著作权法》、《专利法》、《商标法》、《反不正当竞争法》等具体部门法的梳理，寻求何以成为一个整体的合理解释或基础理论②。知识产权学者在关注内部体系化的过程中，试图从更宽广的视角来观察和描述，于是有不少学者从一开始就采用的是“贯通内外”的研究方法，认为从与民法体系的对接中可以获取更多理论的精细养分，进而去除知识产权内部结构的粗糙。

在回归民法传统的技术化道路中，有论者主张以民法为核心重塑整体性知识产权法观念，认为民法才是知识产权权益的兜底保护法，为此，民法也应当回应知识产权法，在民法体系中建立与利益保护相适应的不法行为责任制度，只授予利益享有者债权性质的请求权。将民法概念、权利体系结构直接引入知识产权的表述，是技术化回归的普遍思维进路和实现模式。例如近期讨论较多的“知识产权法定”，这一概念认为，知识产权的种类、内容、限制等重大内容都应当由制定法明文规定。对于词语渊源，学者并不隐晦，直

① 黄台英：“知识产权对现代民法的省思”，中国政法大学博士论文 2005 年；蒋万来：“知识产权与民法的关系”，中国人民大学博士论文 2006 年。

② 李琛：《论知识产权法的体系化》，北京大学出版社 2005 年版；杨雄文：《系统科学视野下的知识产权》，法律出版社 2009 年版；王莲峰：《商业标识立法体系化研究》，北京大学出版社 2009 年版；费安玲：“著作权的权利体系研究——以原始性利益人为主线的理论探讨”，中国政法大学博士论文 2004 年；齐爱民、李仪：《商业秘密保护法体系化判解研究》，武汉大学出版社 2008 年版。

言“知识产权法定观念来源于物权法定观念”。[①] 再如，有学者主张，在著作权性质的二元论基础上，将著作权人身权或者作者精神权纳入民法上的普通人身权，与人格权、身份权并列成为独立一种人身权，形成人身权体系的开放格局。[②] 更有从物权法中直接截取法律原则和方法——物权法定原则、一物一权原则、公示公信原则——以知识产权是“类物权”的判断为立论基础，构建以知识产权为核心的信息财产权体系。[③] 如果作为理论的试验，在知识产权学科尚未形成范式的阶段，这种努力无疑值得赞许。因为，以大陆法系现有的财产权体系为依托展开思索，不失为一种温良且有益的立论和认识路径。当然，甄别知识产权与物权之间的异同，应当成为这种认知模式首先需要解决的基本问题。但是，如果作为制度的设计，那么可以说，这忽视了知识产权对民法传统已有的超越和突破，即使全盘借鉴也无力全面涵盖。如此的回归，似乎仅仅停留在技术层面的术语体系，而无法触及知识产权的现代内核；如此的体系，也与现代工业社会文明、成熟的市场经济体制不相吻合。

三、知识产权的现代性——作为另一种出路的描述

走出民法传统的困境，徒有技术层面的体系化不足以实现。那么，是不是要将传统摔个粉碎，完全地重构所谓的“现代知识产权”？这颇有后现代的解构色彩，破坏有余而建设不足。走出知识产权民法传统的困境，是意在建设的命题。吉尔·德勒兹对“破

① 李扬：《知识产权法总论》，中国人民大学出版社2008年版，第4页。

② 刘有东：“著作人格权制度研究”，西南政法大学博士论文2010年。

③ 齐爱民：《捍卫信息社会中的财产：信息财产法原理》，北京大学出版社2009年版。

坏与建设”的表述很隐晦，古老雕塑意味着过去的传统，雕塑碎片是解构的象征，努力寻求的东西是未来的现代性。这是触及精神内核的命题，走出民法传统的困境，需要外层的体系化改造，更需要对知识产权精神内核——道德基础、方法论、世界观——进行改造与提升。现代性，是一个复杂和多层次的概念：无限进步的时间观念；民族国家的形成及其组织机制与效率问题；以人的价值为本位的自由、民主、平等、正义等观念。[①] 无疑地，我们是在第三个层面探讨知识产权的核心价值。“时间观念”则作为一个重要的辅助分析方法，这里的论证遵循哈贝马斯对“现代”含义的解释，“人的现代观随着信念的不同而发生了变化。此信念由科学促成，它相信知识无限进步、社会和改良无限发展”。[②]

(一)生产社会幸福的新文明模式

知识产权的现代性，追求以人的价值为本位的自由、民主、平等和正义。吉登斯从社会学角度将现代性定义为“社会生活或组织模式”，“大约十七世纪出现在欧洲，并且在后来的岁月里，程度不同地在世界范围内产生着影响”。[③] 知识产权的现代性，可被认为是一种新的文明模式，但并非对立丁民法传统。新的文明模式，是将知识产权视为一种现代生产结构而得出的结论，其产品是现代科技文明和人类幸福，而不是其他。冯象认为，在中国，无论是官方的还是学术界的评论者，在讨论为什么知识产权在中国不被重视的原因时，都会指出两个自我解释的因素，即所谓的传统文化及经济发展的现实水平。“这实际上归结为用一个词即可描述的争论：

① 陈晓明：《现代性与中国当代文学转型》，云南人民出版社2003年版。

② 哈贝马斯：“论现代性”，转引自王岳川、尚水编：《后现代主义文化与美学》，北京大学出版社1992年版，第10页。

③ 安东尼·吉登斯：《现代性的后果》，田禾译，译林出版社2000年版，第1页。

现代化。”[①]民法传统中个体“人的价值”已经被知识产权的社会性追求超越，但传统与现代性之间，并非后者吃掉前者的关系。一个吃掉另一个是单向思维，双向思维是对话，而且要平等对话、协商。那么，如何协商，如何对话？创建对话新平台的社会成本是相当高的，施特劳斯对现代性后果开出了一剂成本较低的药方——返回传统。虽然其论述从政治哲学角度出发，但结论仍然有助于理解民法传统与知识产权现代性的衔接问题。[②]民法传统厚重的人文关怀和“善”的道德底蕴，足以为知识产权现代性进程提供合理性支持。知识产权的现代性进程，将必定是一种泛法制的政治、经济和思想文化的历史变迁过程。以社会整体性为基础，重新规划知识产权社会组织制度、法制体系、价值观念、审美认知方式，等等，知识产权现代性正是在以上诸多方面展开的一项强大而长期的社会变革和精神变革。[③]在中国，知识产权具有浓烈的国家色彩，那么褪去行政色彩将会是迈进现代性的第一步。在这以后，知识产权应当走出民法传统个体幸福的“善”，而进入社会的“善”。从国家而个体、而社会，这是根本性的转变。与之相应的，是社会行政组织结构的改革与限缩。唯有如此实践现代性，冯象所言及的中国知识产权难题方能得到妥善解决。

（二）现代性论述的引入——理性与本土化

知识产权的现代性，呈现为文明模式的进化，表现出对社会公共福利和幸福的追求。方向确定了，那么，现代性的论述如何具体进入知识产权？将现代性论述引入知识产权，这不仅是一个有意义

---

① Peter Feng, Ph. D., J. D. Intellectual Property in China (Second Edition), HONGKONG · SINGAPORE · MALAYSIA, SWEET&MAXWELL ASIA. 2003, p. 6.

② 曾裕华：“传统与现代性——利奥·施特劳斯的政治哲学”，载《厦门大学学报（哲学社会科学版）》2000 年第 1 期。

③ 陈晓明：“现代性：后现代的残羹还是补药？（上）”，载《社会科学》2004 年第 1 期。

的概念，而且是一个具有实用价值的命题。意义源自新文明模式中的理性，而实用价值则决定于知识产权的中国本土化。

现代性的论述，将知识产权法学、知识产权法制置于广阔的历史语境之中，从而解脱简单的当下性描述，面向未来进行勾勒，从而摆脱是移植英美话语还是遵循大陆法系规则的困惑。之前，无论是知识产权的法律移植，抑或本土化改造，均尚且处于启蒙之中。因为实现知识产权认知的，仅是外力之下的官方，而并非社会整体。与官方相反，普通民众的认知带有强烈的抵触情绪。至今，这一情绪仍然尚未完全抚平。这并非仅仅只是一个情感化的问题，实际上，民众的选择和情绪蕴含强烈的理性成份——在正常思维状态下，基于正常思维结果的行动。对此，我们可以从伽达默尔的论述得到启发，“启蒙运动的普遍倾向就是不承认任何权威，并把一切都放在理性的审判台面前。所以，书写下来的传承物、《圣经》以及所有其他历史文献，都不能要求绝对的有效性，传统的可能的真理只依赖于理性赋予它的可信性。不是传统，而是理性，表现了一切权威的最终源泉”。[①] 知识产权启蒙是理性的诞生与生长过程，无论是外方的压力，还是官方的权威，民众选择了抵触性的接受，这是市场观念的使然，而市场观念恰恰是中国近现代以来最为宝贵的思想和理性之一。因此看来，知识产权的根本问题不是中外之争，而是中国经济形态的改变——政府主导而社会主导——而引起的传统与现代之争，前者是地理区域的解释，后者则是时间维度的视角。哈贝马斯阐述了现代性与理性的关系，现代性的哲学基础是理性，理性是自启蒙以来不断得到崇奉的思想价值，所有现代性的其他观念，都是在理性的基础上建立起来的。[②] 据此，知识产权的现代性基础，必将是在启蒙之后，在市场发育中形成的社会理性。

---

① 刘禾：《帝国的话语政治》，三联书店 2009 年版，第 371 页。

② 李中原：“16 世纪到 19 世纪欧洲大陆民法学思潮的演进——以法国和德国为中心”，见《私法研究（第 5 卷）》，第 29 页。

民众对知识产权的选择，是抵触性的接受，这一选择隐喻了知识产权现代性的中国实践——既是一种围绕市场展开的社会理性，又是法律地方化的过程。现代性将知识产权放置于历史的过程中，而且是属于某一地域的范围，从而构成将知识产权作为地方性知识进行重述的最恰当的理论框架。① 当今知识产权仍然存在地方化不足的问题，例如，洪磊因“番茄花园”软件侵犯微软公司版权获罪，这是法制经过逻辑语义推理之后的必然结果，但是大量的中国网络民众却持与法律规范相反的意见。大众的幸福感并没有因为法律保护力度的加大而获得提升，相反地，是减少甚至被剥夺了幸福感。这不能简单地归结为“民众的感受是非理性的”，或者是“知识产权意识的薄弱”，毕竟知识产权最终仍然要回到民众本身。割裂地方性特质的现代性，显然难以获得认可和成功。再如，知识产权努力向遗传资源、传统知识、民间文学艺术延伸，这并非是个人意愿的结果，而是中国市场发展的理性要求。因为相对于其他国家，在传统文化与遗传资源方面，中国具有优势。同时，知识产权新的类型直接以社会整体福利与和谐的提升为目标，不再如传统知识产权那样强调“人通过科学技术对社会领域或自然界的统治”。因此，现代性的获致，必须有地方性因素及地区民众的参与。换言之，知识产权的现代性，需要制度层面与民间文化、民间话语之间的相互呼应，后者代表着社会整体的福利和幸福，也是现代性的最终归依。

---

① 克利福德·吉尔兹：《地方性知识——阐述人类学论文集》，王海龙、张家瑄译，中央编译出版社2004年版，第222～322页。

知识产权的域外经验

玛吉尔案：知识产权与自由市场的对抗

林　海*

摘　要　玛吉尔案是限制知识产权滥用这一主题的经典案例。欧共体法院通过对此案件的审理，将滥用市场优势地位限制竞争的规制扩展至知识产权领域。从而引起了包括美国司法部在内的知识产权保护者的不满。此案历时十年，最终审结并推动了反垄断法的发展。法院所公布的判决论述了如何判断滥用市场优势的四步骤，并且就知识产权的国内保护与欧洲竞争法的冲突进行了讨论。其慎重的干预态度与对于自由市场的保护，值得我国借鉴。

关键词　玛吉尔案　知识产权　市场优势地位的滥用

一、基本案情

玛吉尔（Magill）集团于1977年成立于都柏林，是爱尔兰一家销量很好的杂志社，其主要的业务在于政治时事评论与爱尔兰文化

---

* 林海，公安部道路交通安全研究中心助理研究员，北京大学法学博士。本文曾载于《人民法院案例选》2009年第6期，收录时进行了修改。

杂志。1985年，这一集团旗下的“玛吉尔电视指南公司（Magill TV Guide Ltd）”（以下简称玛吉尔公司）希望以《玛吉尔电视指南》（Magill TV Guide）为名出版一个节目预告周刊，预告下一周在爱尔兰所有电视的节目，其中包括：电视节目的名称、频道、日期和时间。在这一周刊出版之前，RTE、ITV和BBC这三家电视台分别通过免费的报纸预告它们当日节目，如果是周末或者节假日，就预告当天以及第二天的节目（即提前24或48小时预告电视节目）。这是根据爱尔兰1963年《爱尔兰版权法》（Copyright Act, 1963）第8条确定的规则①：“节目预告单（Television Programme Listings）属于受著作权法保护的内容”，为了公众使用的需要，可以提前一天或两天许可媒体免费复制，进行公告。此外，这三家电视台分别在自己出版的周刊中预告了未来一周其将独家播放的节目。但是，爱尔兰地区一直没有一部综合预告多个频道电视节目的周刊。因此，玛吉尔公司希望出版此类周刊，向这三家电视台提出复制许可的申请，三家电视台均拒绝了申请。于是，玛吉尔公司依据欧共体1962年委员会第17规约第3条，于1986年4月4日向欧共体委员会就此提出申诉，称这三家电视台禁止玛吉尔公司出版其电视指南，构成了滥用市场支配地位的行为，并违反了《欧共体公约》（以下简称《罗马条约》）第86条。② 同年5月玛吉尔公司不顾三家电视台的反对，出版发行了《玛吉尔电视指南》。爱尔兰广播组织立即作出回应，称玛吉尔公司侵犯了对于节目预告单的版权，并同时向法院申请禁止令。同年6月，爱尔兰法院作出了禁止玛吉尔再出版发行此类节目预告周刊的行为。玛吉尔公司上诉，爱尔兰高级法院作出终审判决，维持了初审法院的禁止令，并认为节目预告单是原创性的文字作品，受到版权法的保护，认定玛吉尔公

---

① 在2000年《爱尔兰版权及相关权利法》中，规定在第17条。

② 《罗马条约》经修订后，原85条为现81条，原86条为现82条。但在本案发生时仍为第86条，因而统称第86条。

司复制这类作品的实质性内容，构成了侵权。此案的最终结果是玛吉尔公司的《玛吉尔电视指南》初经发行即告禁印。玛吉尔公司只能通过继续向欧共体委员会申诉的方式来寻求救济。欧共体委员会于1988年12月就其在1986年4月4日受理的申诉作出裁决。这一裁决非常重要，它提出了如何判断是否构成《罗马条约》第86条所规定的“滥用市场支配地位”的四个检查步骤，并据以判定RTE等三家电视台的行为滥用了市场支配地位，从而违反了《罗马条约》第86条。委员会要求这三家电视台以不歧视的方式互相并向第三方提供每周电视节目的预告，并允许它们互相之间及第三方复制它们的电视节目单。委员会的裁决还指出，这三家电视台如果允许第三方复制它们的节目预告，它们可以收取合理的报酬。RTE等三家电视台不服委员会的这个裁决，便向欧洲初审法院(Court of First Instance)起诉，并将欧共体委员会作为主要被告，请求法院撤销委员会的裁决。初审法院受理之后，于1991年作出了与委员会裁决相似的法律意见：“依据特定地域内的市场占有力量，来判断是否构成了支配地位的滥用，”并驳回了上诉。由于1990年英国修改了国内的《英国版权法》，从此在英国和欧盟（除爱尔兰以外）其他成员国，电视台必须公布其节目预告并允许他人进行出版。BBC公司在初审法院判决前就已经退出了此案。但RTE与ITP仍然向欧洲法院（European Court of Justice）就该案提出上诉。此时，位于美国华盛顿的一个知识产权组织“知识产权人组织（Intellectual Property Owners,以下简称IPO）”申请参加诉讼，声称代表版权人的利益，获得批准后和那两家电视台一起参加诉讼。1994年6月，欧洲法院总法律顾问（Advocate General）C. Gulmann发表了一个法律意见，其内容推翻了初审法院的两点意见，其一，初审法院认为知识产权成为了垄断市场的手段，总法律顾问认为，知识产权本来就应授予拥有者排除他人使用的权力。其二，总法律顾问认为初审法院声称《欧共体竞争法》在位阶上高于成员国国内知识产权法的说法，是不恰当的。此案自1986年以来一直未有定论，直到1995年4月6日，欧洲法院才对该案作出终审判决。

二、争议事项

此案最初的争议发生在玛吉尔公司与三家电视台之间。其争议事项为：第一，电视节目预告单是否属于知识产权保护的范围。第二，这三家电视台是否拒绝授予玛吉尔公司复制节目预告并加以出版的申请。

随后，当争议提交至欧共体委员会时，争议事项有所变化：第一，三家电视台是否占有市场支配地位。第二，是否滥用了这种市场支配地位。第三，这种滥用如果成立，是否应对其知识产权形成克减。第四，《欧共体竞争法》与成员国的知识产权法之间的关系如何。

三、判决内容

欧洲法院组成了由 F. A. Schockweiler、P. J. G Kapteyn 共同担任庭长的审判庭。[①] 法庭在终审中未采纳总法律顾问的意见，最终认定两家电视台确实存在滥用其市场支配地位的行为，原因如下：首先，这三家电视台在自己没能满足消费者需求的情况下，凭借其著作权阻止这种能够满足消费者需求的预告电视节目的周刊问世，这

① 法庭成员还包括：G. F. Mancini 法官、C. N. Kakouris 法官、J. C. Moitinho de Almeida 法官和 J. L. Murray 法官，以及总法律顾问 C. Gulmann，报告员 G. C. Rodriguez Iglesias，书记员 L. Hewlett 等。

就构成《罗马条约》第 86 条所指的滥用行为。第二，电视台没有正当理由拒绝第三方出版电视节目预告周刊。第三，这三家电视台拒绝向玛吉尔公司提供电视节目预告周刊必不可少的信息，表明它们准备将其在电视播映市场上的支配地位扩大到电视节目预告的信息市场上。因此，法院作出判决：

(1)驳回上诉，维持原判。

(2)上诉人 RTE、ITP 电视台承担诉至欧洲法院的诉讼费用。

(3)诉讼参加人 IPO 承担自己造成的诉讼费用，并向欧共体委员支付由于其干预此案造成的额外开支。

四、评　析

国内文献对于 Magill 案的介绍不少。可惜内容相近，大多是对王晓晔老师《知识产权滥用行为的反垄断法规制》一文中对此案的介绍和分析的援引，而且大多未读过欧洲法院的判决全文或摘要，以至于弄错了判决的时间。在许多研究介绍中称欧共体高院宣判的时间为 1996 年 4 月 6 日,但此判决作出的实际时间应为 1995 年 4 月 6 日——其实只要在引用时看判决编号即知年份："Cases C-241/91P&242/91P,1995 E. C. R. I 743（C. J.）。"估计是王晓晔老师一时笔误，后来者以讹传讹的结果。

表面上看来，判决何时作出只是个细节问题，无关宏旨，但在本案及其所造成的影响方面却非常重要。欧共体高院作出判决的当天，美国司法部出台了名为《美国司法部知识产权指南》的白皮书——据说是在等待这一判决的作出，其中对玛吉尔案只字未提，却参考判决内容，对于市场占有与知识产权之间的关系进行了对抗性的评论："如果专利或者其他形式的知识产权涉及对于市场的支配地位，其对于市场的支配力量本身并不构成对于反垄断法的破坏。产权人凭借知识产权，获得有形或无形资产方面的显著的、超越其他竞争者的经济优势，这仅仅是一种'优良产品、商业智慧与历史偶然的结果'，并不会违反反垄断法。此类市场占有力也不因此而使知识产权人承担起允许他人使用其产权的强制许可义务。"①这一法律意见显然是针对玛吉尔案作出的回应。随后，同年11月25日，参议员Hyde根据此项指南中的这一法律意见，和参议员Moorhead一起提出了一项议案，即《1995年第2674号知识产权反垄断保护草案》②。此项草案主张，任何基于市场原因而对于知识产权进行的强制许可，在美国都应禁止。在参议员Hyde的评论中提到了欧洲法院的规则（虽然还是未提到玛吉尔案）以及司法部的《美国司法部知识产权指南》，并称需要对欧洲法院的规则进行取舍，才能保护特定集团的利益。《美国司法部知识产权指南》和Hyde参议员的草案无疑都是因为感受到了玛吉尔案对于这一领域发展方向的影响，才立即作出的反应。假如此案（如我国学者普遍引用的）发生在1996年，那么在1995年4月6日及11月25日，美国法律界作出的反应就无法理解。进一步说，判决时间这个小错误，给我们在认识这一案件的重要性与国际影响方面，造成了不小的麻烦。

这一案件的关键问题在于，如何认定知识产权人是否滥用了其市场支配地位，以及这一滥用应受到怎样的限制。Dina Kallay在《反拖拉斯和知识产权法的法律与经济学》中用一章来讨论这个案件。并引用近两页的《小王子》中小王子与商人的对话来说明知识产权必须得到合理利用才有意义，假如锁进抽屉里不用，即使占有也没有意义。"我呢，我拥有一朵花，我就天天与它浇水；我拥有三座火山，我就每个星期给它们疏通清理。我也疏通死火山，因为日

① 参见 http://162.105.138.200/uhtbin/cgisirsi/BBsB7m28fz/北大中心馆/126800213/5.

② 即 H. R. 2674 Intellectual Property Antitrust Protection Act of 1995。全文参见 http://thomas.loc.gov/cgi-bin/query/z? c104:H. R. 2674.

后的事难说。我能做对火山，对花有益的事，才叫做拥有它们，但你却不给星星做有益的事。”[①]不过，商人将星星的数量算出来，写在纸上存入银行，并不具有排除他人使用的特征。相比之下，知识产权的排他性和独占性，则对于其他人具有更深远的影响。比如本案中的三家电视台，各自的周刊仅发布本台的节目预告，以至于爱尔兰的电视客户如果希望得到一周的节目预报（以提前安排收看或外出），就不得不购买两本以上的节目预告周刊。而且，这三家电视台在收视市场上占据了30%~40%的收视率，几乎是“必看”的电视台（作为参照，我国央视所有频道在2006年的收视率总和，也不过是35.1%）。不过，凭此还不能判断其是否拥有了支配性的市场地位，根据Bellamy and Child在《共同市场竞争法》中的论述，证明支配性市场地位的标准包括：（1）市场确定；（2）在该市场上持续享有高市场份额；（3）没有实际的或者潜在的竞争对手破坏支配地位的真正可能性；（4）支配地位及于共同市场或其绝大部分。[②] 这与欧共体委员会于1988年根据《罗马条约》第86条作出“判断是否滥用支配性市场地位的四步骤”的解释在一定程度上类似。不过委员会的“四步骤”在判断其是否具有支配性地位之后，还着力于判断其是否滥用了这一支配性地位。委员会的四步骤如下：（1）确定相关的产品与所在的地域；（2）判断这一企业是否在相关领域的相关市场内拥有数据上占优的占有率；（3）评估其是否存在第82条所规定的滥用其优势地位的行为；（4）检视这一行为是否影响了欧共体成员国的贸易和市场自由。[③] 据此四步骤，欧洲法院检视了以下事实。

---

① 安东·德·圣艾修伯里：《小王子》，艾柯译，哈尔滨出版社2001年版，第12页。

② Bellamy and Child, *Common Market Law of Competition*, 3e, Sweet and Maxwell. 1987, p. 391.

③ Judgement of the Court of 6 April 1995, http://pcmlp.socleg.ox.ac.uk/knowhow/4695.html.

首先，仅仅是电视台对于节目预告的知识产权本身并不会产生支配性的市场地位。不过，这三家电视台是玛吉尔公司希望出版节目预告周刊的唯一信息来源。假如将每一个电视台的节目预告视为产品，将希望读到这些节目预告的观众群视为独立的市场，那么，每个电视台就占有“实际上的信息垄断地位（*de facto* monopoly over the information），并且它们的垄断使得在这每一个独立的市场中不可能产生竞争，因而构成了对于市场的支配性地位。①

其次，三家电视台拒绝授予玛吉尔公司复制许可的行为，并非没有正当性——根据1963年《爱尔兰版权法》，节目预告单属于知识产权保护的文字作品。不过，在本案中它们行使排除权之所以构成滥用优势地位的原因在于，它们拒绝了新产品的出现。只有当其符合《罗马条约》第86条（b）项规定的：“限制产品、市场或技术的发展，造成了对消费者而言不公的后果”的条件，才会构成“滥用优势市场地位”的行为。在本案中，长期以来不存在提前一周的综合性的电视节目预告，只有在报纸上有提前24小时或48小时的预告或者每一个电视台单独的预告周刊，因而爱尔兰的电视观众如果希望提前一周安排自己的休闲时间，就不得不购买两本以上的节目预告周刊。法院认为，在爱尔兰市场上存在着对于一本综合性节目预告期刊的消费需要。而三家电视台的行为构成了对此项市场需求及相应产品发展的限制，因而形成了滥用支配性地位的结果。

再次，这一行为破坏了该领域内的市场竞争。法院认为，电视台拒绝提供这样一份电视周刊所需要的信息或复制许可，表明电视台企图将其在电视播映市场上的支配地位扩大到电视节目预告信息市场上，从而构成了对于竞争的破坏。在1983年的米其林案件中，法院宣称，“一个企业拥有支配地位本身并不受谴责，它仅意味着，不管该企业取得支配地位的原因如何，该企业负有一项特殊

---

① Judgement of the Court of 6 April 1995, http://pcmlp.socleg.ox.ac.uk/knowhow/4695.html.

的责任，即不得允许其行为损害共同市场上真正的未受破坏的竞争”。[①] 尽管版权人拥有排除他人未经许可复制使用的权利，但当这一权利的行使构成实质性的垄断或者造成对于有效竞争的破坏时，在欧洲法院看来，版权就应受到某种程度的克减。

就滥用其支配性地位，破坏竞争的认定而言，欧洲法院已经发展出一系列的判例。最初是在 Commercial Solvents 案与 United Brands 案中，这一原则体现为，如果具有支配性地位的企业在无具体的正当理由的情况下，拒绝向已经存在的消费者提供服务，这就构成其对支配性地位的滥用（阶段 1，如下图）。随后发展出的“必要性原则”对此进行了补充规定，即当出现新消费者时，他们所希望得到的商品或服务对其而言具有必要性，而且替代性的供应方也无法通过复制而提供他们希望得到的商品或服务（阶段 2）。Magill 案将这种滥用行为扩展到了知识产权领域。三家电视台以知识产权作为武器，排除了有效的竞争，使得消费者所需要的新产品无法在该领域出现（阶段 3）。根据弗斯在《欧共体与联合王国竞争法》中的描述[②]，这一发展趋势见表 7 所示：

表 7

阶段	行为	对象	构成要件
1	拒绝提供	已经存在的消费者	①占有支配性地位 ②消费者对其产品已产生依赖 ③没有具体的正当理由
2	拒绝提供	新出现的消费者	①消费者确实需要这些产品 ②替代性供应方无法复制产品
3	利用受保护的知识产权	对于受保护的知识产权产品有需要的新的消费者	①排除了有效竞争的出现 ②避免新产品的出现，而此产品又是符合消费者需要的

① Case 322/81, Michelin v. Commission, (1983) ECR 3461, 3464。

② Mark Furse: *Competition Law of the EC and UK*, 6 ed, OUP, Oxford 2008, pp. 443 - 445.

关于最后一个判断步骤，对成员国之间贸易的影响。三家电视台及其代表称，他们的行为对于英国与爱尔兰之间的贸易关系产生的影响微乎其微。三家电视台中的RTE称，他们对于北爱尔兰的广播市场并无所图。只是因为信号溢出效应，北爱尔兰的一部分地区可以收到他们的节目。而且，他们在北爱尔兰的收视占有率只占英国市场的1.6%，欧洲市场的0.3%。他们在北爱尔兰的电视节目预告期刊，年销售额也只有5 000册左右，只占其在爱尔兰销售额的5%。因此，他们只对本国的市场有所影响，不符合初审法院所认定的对于国与国之间贸易产生影响的情形。对此欧洲法院一方面采用程序性规定予以回避，称本院只受理规则适用发生不当的诉讼请求，而RTE所提出的是针对初审法院的事实认定的诉讼主张，不予考虑。另一方面重申了初审法院的观点，认为三家电视台的行为排除了一切潜在的竞争行为，造成了对于爱尔兰和北爱尔兰市场的分隔。特别是将其在播映上的优势地位延伸至次级市场——电视预告期刊的发行市场，使爱尔兰与英国之间可能的商业交易受到了影响。比如，由于RTE在爱尔兰地区在收视方面占支配地位，因此它所发行的电视收视周刊就压制了英国电视台所发行的电视收视周刊在爱尔兰的发行。欧洲法院坚持认为三家电视台的行为“改变了爱尔兰与北爱尔兰市场上的竞争结构”。不仅如此，欧洲法院对于这一要件的达成标准进行了宽泛解释：“要构成对于成员国间贸易的影响，不需要考虑是否在实质上影响了国与国之间的贸易，只需要考虑这一行为是否可能形成这样的影响。”①从利用程序规则进行的回避策略，和仅仅考虑可能性即可满足要件的宽泛解释，不难看出欧洲法院在本案中对于“影响成员国之间贸易”这一标准的态度，是比较没有把握的。我们甚至可以说，欧洲法院在这一标准上是基本赞同三家电视台的。从这一点上来说，我们反而可以看到，欧洲法院眼中前述另两项标准的重要程度，即对于消费者的不公结果和对于竞争市场的破坏，一旦达到

① Mark Furse: *Competition Law of the EC and UK*, 6 ed, OUP, Oxford 2008, pp. 443 - 445.

后两项标准，即构成了对于优势地位的滥用，而是否影响了国与国之间的贸易，倒不是那么重要了。

三家电视台所提出的另一个抗辩理由在于，英国与爱尔兰已经加入了《伯尔尼公约》，欧洲委员会的裁决将违反《伯尔尼公约》第9条第1款（关于复制权）和2款（仅在特殊的情况下允许对复制权进行限制，条件是不影响对于作品的正常使用获利，且不至于对于作者合法利益产生不利不公的影响）。欧洲法院重新检视了《欧洲竞争法》与《伯尔尼公约》之间的关系。首先，法院认为，欧共体并不是《伯尔尼公约》的成员。其次法院认为，爱尔兰和英国加入《伯尔尼公约》的时候，还不是欧共体成员。成员国在加入欧共体之前所批准的公约条款，不应用于处理欧共体成员国之间的关系（如果纠纷未涉及非成员国的话）。因此，《伯尔尼公约》对于欧共体委员会与欧洲法院没有拘束力。因此，尽管法院宣称尊重《伯尔尼公约》，但仍然认为自己的判决不受其约束。

最后值得考虑的一个问题，是在终审时参加诉讼的美国知识产权组织IPO。IPO向法院提交了两份声明，声称初审法院在适用滥用支配地位的规则时出了错，并且进一步地坚持认为，知识产权非但不会成为破坏竞争的工具，相反，知识产权在其性质上就是有利于竞争的。IPO还认为，当没有明确的规则来确定欧共体委员会规则和成员国国内法的关系时，应该由成员国立法来确定欧洲竞争法规则的效力。因此，初审法院认为《欧共体竞争法》具有高于成员国国内的知识产权法的效力，是不恰当的。对IPO的参诉，欧洲法院于1992年3月25日，以两项命令的形式允许IPO参诉干预此案。在支持初审法院关于滥用支配地位的意见之后，欧洲法院回应了IPO关于欧洲竞争法与爱尔兰国内知识产权法之间的关系。法院承认，当委员会未对知识产权领域作出如何适用法律的规定时，如何进行知识产权保护确实属于国内法规定的事项。法院也认为，欧共体委员会仅仅依《罗马条约》就作判，确实是不合适的。经由综合考虑国内法与欧洲法院此前为各国所接受的判例，法院仍然坚持了自己关于滥用市场支配地位的观点，并称，当未有明确规定国内法与欧洲法关系时，应尊重成员国国内法，但如果涉及市场竞争与成员国之间的贸易自由，则应当秉着促进自由竞争，保护市场的原则进行判决。

Magill 案件随后即成为了“知识产权及其限制”这一法律关系中的经典案例，并于 2004 年影响了德国 Spundfass 案的判决。其实，欧洲法院之所以强调其竞争法的重要性，并坚持保护成员国间的贸易，与其判决具有先例效力有关，更与欧共体的统一化趋势有关。他们所表达的，只代表了对于反垄断与知识产权保护二者之间进行取舍时的一种观点。而参诉的 IPO 以及前文提到的 Hyde 参议员的立法草案，则体现了另一种取舍观点。本来，在私有产权与社会公益之间，从来只有相对的均衡，没有绝对的正误。如同 1995 年《美国司法部知识产权指南》所强调的，应该注意合理原则，为市场参与者提供更多的稳定性与预期性，避免行政权力过大，从而破坏了由知识产权所保护的创新机制，又遵循市场规律，保护充分竞争。这样的慎重干预态度可能更值得我们借鉴与学习。

参考文献

1. Mark Furse：*Competition Law of the EC and UK*, 6 ed, (OUP, Oxford 2008).

2. Bellamy and Child, *Common Market Law of Competition*, 3e, Sweet and Maxwell, 1987, p. 391.

3. Judgement of the Court of 6 April 1995, http://pcmlp. socleg. ox. ac. uk/knowhow/4695. html.

4. 王晓晔：“滥用知识产权限制竞争的法律问题”，载《中国社会科学》2007 年第 4 期。